钓鱼高手技巧百题

沈　凡◎编著

天津出版传媒集团

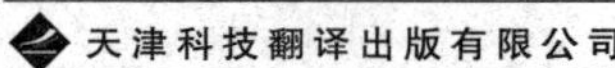

图书在版编目（CIP）数据

钓鱼高手技巧百题 / 沈凡编著．—天津：天津科技翻译出版有限公司，2010.5（2024.7重印）

ISBN 978-7-5433-2700-9

Ⅰ．①钓…　Ⅱ．①沈…　Ⅲ．①钓鱼（文娱活动）—基本知识　Ⅳ．①G897

中国版本图书馆 CIP 数据核字（2010）第 056011 号

出　　版：天津科技翻译出版有限公司
出 版 人：方　艳
地　　址：天津市南开区白堤路 244 号
邮政编码：300192
电　　话：（022）87894896
传　　真：（022）87893237
网　　址：www.tsttpc.com
印　　刷：三河市天润建兴印务有限公司
发　　行：全国新华书店
版本记录：880mm×1230mm　32 开本　7.75 印张　180 千字
2010 年 5 月第 1 版　2024 年 7 月第 2 次印刷
定价：49.00 元

前 言

我国地域辽阔，水力资源十分丰富，池塘、水库、湖泊遍布全国，这些地方都是钓鱼爱好者的好去处。本书是专门介绍钓鱼技巧的书籍，读者可以通过阅读本书了解到钓鱼的基本知识、选用钓具的技巧、选用鱼饵的技巧、选择钓场和钓点的技巧、垂钓的技巧等钓鱼的相关问题，还可以了解十多种常见鱼的生活习性、食性特征及各种巧妙的钓法。

本书作者有着50余年的钓龄，生活在淮河流域，平时喜好钻研钓技、积累资料，善于学习他人之长处，以丰富自己的垂钓经验。他除了经常与当地的钓鱼高手切磋技巧外，也经常出外钓鱼且满载而归。近些年，他经常在各地的报纸、杂志发表钓鱼文章，还在天津、北京、上海、武汉、四川等地的出版社出版了10多本钓鱼书籍，其中在金盾出版社出版的《手竿钓鱼》已27次印刷，总印数计80万册，该书还荣获“首届金盾版优秀畅销书”奖。

本书具有内容充实、言之有物、实用性强的特点，相信本书的出版会受到广大钓鱼爱好者的欢迎。

编者

2009年12月

目录

第一章　知己知彼，百战不殆

第二章　选用钓具的技巧

第三章　选用鱼饵的技巧

第六章 选择钓场、钓点的技巧

第七章 垂钓技巧

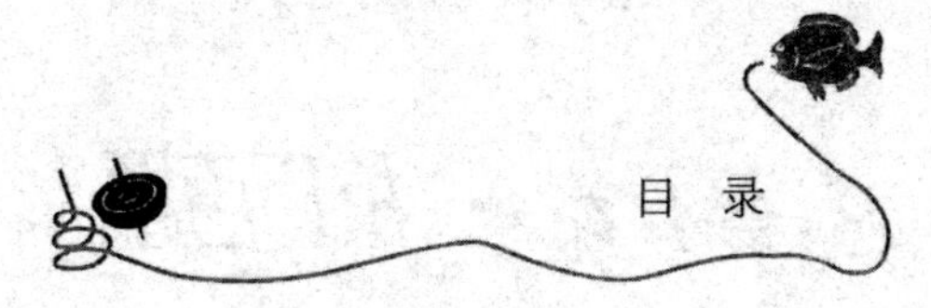

第一章

知己知彼，百战不殆

俗话说:“近山知鸟音,近水识鱼性。”要钓鱼,首先得了解鱼。假如一个人连什么是鲫鱼什么是草鱼都分不清,是很难钓到鱼的。怎样才能钓到鱼呢?这是钓鱼爱好者最关心也是最感兴趣的问题。常常有这种现象:几位渔友同在一个池塘钓鱼,所用的钓具也差不多,都是手竿,可是有的人钓到了鱼,有的人却钓不到鱼,或者是比别人钓得少,其原因是什么呢?有钓鱼经验的人可以从当时的气温、风向、水色、周边环境等情况来做选择,来考虑在什么地方下钩,用什么饵料,所以他钓的鱼多。缺乏钓鱼经验的人(也就是不了解鱼的生活习性的人),到了水边就急忙抛饵投钩,这种做法盲目性很大,钓鱼的成绩自然小于前者。还有些钓鱼人,有时钓的鱼很多,你若问他今天怎么会钓这么多鱼,他也说不出原因。因此,要钓鱼首先得了解鱼,熟悉鱼的生理特征和生活规律。

怎样学钓鱼

初学钓鱼的人往往不知从何处学起,常常会问:“我想钓鱼,不知首先该干什么?”我可以告诉你:“先找你会钓鱼的朋友,让他领你去渔具店挑选一套渔具,回去后再告诉你具体的使用方法。有了渔具,再学习一点关于鱼的基本知识。学习方法多种多样,请朋友介绍,到书店买几本钓鱼技法类的书，平时多浏览关于鱼类学的书籍、杂志或钓鱼杂志。然后用心记，并可做些笔记。再一点就是从实践中学，不断摸索。逐步了解关于鱼的生理特征、器官的构造及功能、生活习性方面的知识。有了这些知识，你就知道钓什么鱼配什么样的饵料，在什么地方下钩，是用底钓还是用悬钓。不要认为学习这些知识是多余的，可有可无的，而是必需的，首要的。有了这些知识，在实践中才可举一反三。面对不同的水情、鱼情都会有办法，才算是一个不盲目的钓鱼人，有些人对这些知识不屑一顾，总想从别人那里弄几个“秘方”，以为就可以成为高手了，这是不可能的。在钓鱼活动中，没有放之四海而皆准的“秘方”。如果不善于学习，不用脑思考，钓技肯定难以提高，你将永远处于钓鱼的“初级阶段”。

钓鱼活动看似简单，表面上看充满了神秘色彩，其实它包含着许多科学知识。如鱼类学知识、水文学知识、气象学知识，甚至还有人文环保、安全保健知识。常常有这种现象：几位渔友同在一个池塘钓鱼，所用钓具也差不多，都是用的手竿，可是有的人钓到了鱼，有的人钓不到鱼，或者是比别人钓得少，其原因是什么呢？原因在于对鱼的了解和熟知的程度不同。因为，在同一片水域，并非鱼的分布十分均匀。有些地方不是鱼喜欢生活的环境，鱼自然不会“光顾”；而有些水域由于深浅适宜，水温恰当，溶氧量较多，鱼大多聚集在这里，这就是人们常说的“鱼窝”，在这里自然容易钓到鱼；有的地方是鱼游弋时经过的“过道”；还有些地方则鱼很少游到。怎么来鉴别这些地方呢？怎么知道鱼会栖息在哪片水域呢？有钓鱼经验的人可以从当时的气温、风向、水色、水生植物的情况、周边环境、水的深浅度进行综合分析后做出选择，其最基本的选择标准就是根据鱼的生活习性。若是缺乏钓鱼经验的人，对鱼的生活习性不了解的人，就会面对水面感到茫然无措，即使钓到了一些鱼，盲目性也是存在的。

钓鱼人要学习一些科学知识

初学钓鱼的人都存在着急于求成的心理，总想着投下钓饵就能钓到鱼。也有的钓者一心想收集几个钓鱼秘方或是钓饵配方，认为有了这些秘方就可以“以不变应万变”，无论在什么时间、任何水域中都能钓到鱼。其实，此法是不可取的，哪位钓鱼高手不是经过多年的“磨炼”才掌握钓鱼的基本规律。钓鱼靠实践，经验靠积累，只有掌握与钓鱼相关的一些科技知识的钓者才是钓鱼人中的“智者”。

有些钓鱼者，有时也能钓到鱼。可是，你若问他，为什么用这种饵，今天为什么钓到这么多鱼，他可能说不清楚。而有些钓鱼者是可以用科学知识来解答的。这两种钓鱼者的不同之处就是前者仅有实践经验而缺乏科学知识，钓鱼技法停留在较低水平，而后者可以说是进入了钓鱼的“自由王国”。

为了说明钓鱼需要科学知识，我讲一个“鱼塘主央求钓鱼高手救援”的故事。某市有位姓郭的老者是钓鱼高手，他和一位养鱼的老板是朋友。有一天，老板匆匆忙忙地打电话请老郭去帮忙，说：“塘边来了许多钓鱼人，两个多小时了总共才钓了1斤多小鲫鱼，说塘里无鱼，要走人。他们走了，我就赚不到钱，你快来帮忙，把他们稳住。”

老郭接完电话后，收拾好钓具立即来到老板的养鱼塘，找到钓位后投饵下钩。说来也真奇怪，他下钩不到5分钟，鱼漂慢慢浮起，一扬竿，一条350克左右的鲫鱼入护了。接着，一条1.5千克的鲤鱼又被钓起。那几位钓手的眼睛瞪大了，奇怪了，兴趣也来了。其中一人向老郭要了一团鱼饵，他刚把饵投入水中，一下竿，浮漂也慢慢升起，一条400克的大鲫鱼被钓了上来。于是，那几位钓手明白了，不是塘里无鱼，而是钓饵不对路，老郭把自己准备的“绝招钓饵”分给了他们，他们都钓到了鱼。钓鱼人高兴了，鱼老板也赚到钱了，与老郭的友情更深了。

老郭的钓饵“秘方”不是凭空而来的,他是位钓鱼的有心人,家中备有水族箱,长期观察和实验气温、气压、空气湿度对鱼生活的影响,以及鱼对各种饵料的吞食情况。他与水产科学家、中科院院士交了朋友,经常发表关于钓鱼的科学知识的论文,屡次获得各种钓鱼比赛的奖项。可以说,他是名副其实的有理论、有实践的钓鱼高手。他的钓技的基础是丰富的科学知识。而那几位钓手的技法与老郭相比就相形见绌了。

钓鱼活动中会引发出许多有趣的问题,若是你缺乏科学知识,对这些问题就不会回答。比如说,“春钓边,夏钓潭,秋钓阴,冬钓阳”,大家都知道应该遵循这种规律,可是为什么要这么做呢?有些人就说不清楚,知其然,不知其所以然。再如,什么会生活在不同的水层——鲫鱼、鲇鱼多生活在水的底层;鲢鱼、鳙鱼多生活在水的中层,也有的生活在上层。其实也是有科学道理的。只有弄明白诸如此类的许多问题,你才是钓鱼的“智者”,而不是盲目者。

也许有人会说,别搞这么复杂好不好?钓鱼不就是为消闲娱乐轻松神经的吗,干吗还要学习那么多科学知识,这不就增加了精神负担,使钓鱼变得不轻松了吗?如果持这种态度去钓鱼也无可非议,有些人出外钓鱼也确实如此,“钓翁之意不在鱼”,反正只当去野外游玩的,这样钓鱼是一种消遣娱乐,也会有收获。而我们提倡的是一种更高一层的钓鱼活动,把钓鱼活动当做一种高雅的综合性体育活动,能够了解各种客观因素对鱼儿的生活的影响,对钓具、钓饵运用自如,精通钓技,娴熟操作,使整个钓鱼活动完成得尽善尽美,使物质精神双丰收,而且钓到鱼时的精神快感比鱼护空空时的精神收获要大得多,这就是把钓鱼当成斗智的竞技运动,这就是垂钓的高级阶段,要达到这一步,没有科学知识做基础只能是幻想。

钓鱼活动,是以鱼为中心,人围着鱼转,人对鱼是投其所好。俗话说,“知己知彼,百战不殆”,钓鱼人必须熟悉和掌握鱼的生理特征和生

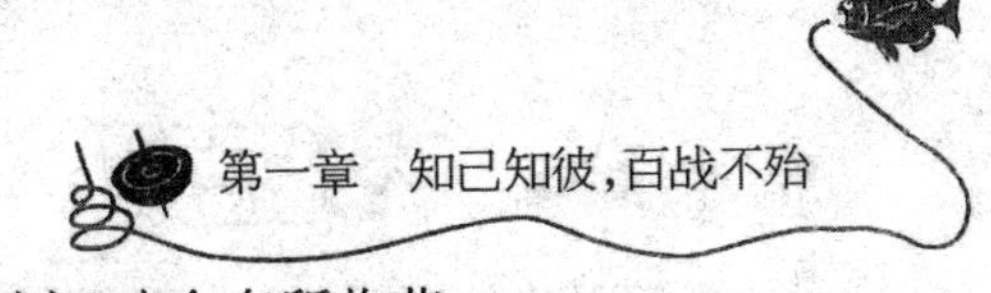

活习性，因时制宜，因地制宜，因鱼制宜，才会有所收获。

钓鱼人应学习哪些相关的科学知识呢？

一是鱼类学知识。如鱼的器官构造及其功能，鱼是怎样呼吸的，鱼是怎样吃食的，鱼有哪些吃食方式，鱼的食性有什么特点，什么样的水质适合鱼类生活，不同的鱼为什么生活在不同的水层面，鱼有哪些种类，各类鱼都有什么样的生活习性。只有掌握了这些知识，才能掌握钓鱼的主动权，才能较正确地选择钓具和使用饵料，才能较准确地选择钓位和钓点。

二是气象学知识。鱼的生活与气象条件有着极为密切的关系。鱼类是变温动物，其自身体温随着气温的变化而变化。因此，钓鱼人应了解鱼类最适宜生活的气温条件。其次是气压的高低，对鱼的生活影响也很大。气压过低，会减少水中的溶氧量，使鱼的生活受到影响。

三是水文知识。鱼儿离不开水，水质的优劣直接影响着鱼的生活。水的深浅，水的颜色，水中水生植物的多少与鱼的生活都有着密切关系。这就是钓鱼人常说的"钓鱼人要识水性"。

学习这些知识的方法可以灵活多样。不必读鸿篇巨著，经常借鉴一些钓鱼类书籍、杂志上的文章就可以了。当然学习是一个循序渐进的过程。不可能学习好了再去钓鱼，而是边学习边实践，学中钓，钓中学。平时做钓鱼的"有心人"，善于动脑子，并虚心向钓友们学习，切磋钓技，用脑思考，不断进取，才能不断丰富钓鱼知识，钓技必然会从生疏到娴熟。

鱼的生理特征

（一）鱼的视觉功能

了解鱼的视觉功能，对垂钓者来说，有着重要的意义。其目的在于怎么样才能使水中的鱼儿尽快发现鱼饵，而又使岸上的垂钓者不被鱼儿发现，避免惊吓鱼儿。

鱼的眼睛的结构与人的眼睛结构有异同之处。相同的是眼睛的水晶体都是球形结构。不同之处在于:人眼的水晶体是扁圆形,能见的距离比较远;鱼眼睛的水晶体是圆形的,看到的距离相对来说比较近,多在10~20米之间，但绝对不是视盲。因为不同的鱼种生活在不同的水层,所以它们的视力也是有差别的。生活在水的中、上层的鱼,其视力比生活在水底层的鱼的视力要强。鲜亮的颜色容易被水的上层鱼儿发现,垂钓者在配制饵料时应尽量使鱼饵的颜色鲜艳一些,钓鱼的效果会好。

鱼儿虽然生活在水中,但是鱼儿可以看到大气层中的物体。这是因为光线的折射作用。岸上物体的形态通过光线的折射而反映到鱼眼里。由于折射的作用，鱼儿在水中看到岸上物体的距离比实际的距离要近得多。岸上的物体越大,越高,越易于被鱼儿发现。所以,垂钓时钓鱼人的形体应尽量隐蔽一些，服装的颜色不要与自然界周围的植物颜色反差太大。钓鱼时最好坐下,尽量避免来回走动,其目的在于避开鱼的视觉范围,不让鱼儿发现垂钓者。

垂钓者所用的钩、线、坠的颜色也尽量不要与水色反差太大。线,不要过粗,其颜色也应近似水色。坠子的体积不要太大,应用纺锤状的长形。

鱼是能够分辨出光线强弱的。有些鱼有趋光性，见了光亮会游过去。有些鱼有惧光性,怕强光刺激,喜欢聚集在光线较暗的水域。在同一水域,有的地方有强阳光照射,有些地方在大树的阴影下,形成一片阴暗区。而多数鱼儿喜欢在阴暗区生活。所以,在选择钓点时应考虑到这一因素,若是夏天、秋天,自然应在有树阴的水域下钩。而在早春、冬天,就应该在有阳光的水域垂钓。因为这里的水温相对高一些。

多数鱼儿怕强光刺激。所以,喜欢夜钓的人在垂钓时不应用手电及其他灯具照亮水面,以免惊跑鱼儿。

在深水区垂钓时,如果是在光线不足的阴雨天气垂钓,也可以使用

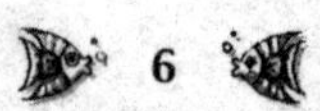

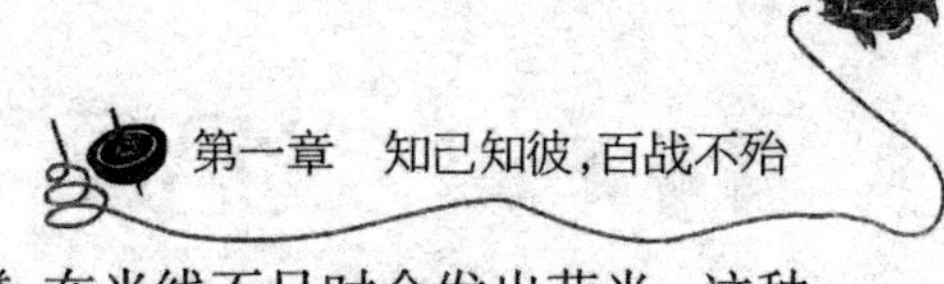

“荧光钩”。这种钩的钩柄上有一团磷，在光线不足时会发出荧光。这种荧光在水中易于被鱼儿发现，以吸引鱼聚集过来，垂钓时会有好的收获。

(二)鱼的嗅觉功能

有些鱼的头部两侧各有两个鼻孔，两个鼻孔为一前一后。而圆口类的鱼在头的背部正中只有一个鼻孔。软骨类的鱼在头的侧面有一对鼻孔。鱼的鼻孔不像人的鼻孔是用来呼吸的，鱼的鼻孔是一种嗅觉器官。鼻孔内有嗅囊。通常的情况是水流从前鼻孔流进，与鼻孔内的嗅囊接触。嗅囊是由许多多褶的嗅觉上皮组织组成。上皮组织又分为嗅觉细胞和支持细胞。细胞基部分布有神经末梢。这些神经末梢能够灵敏地感受水流和食物的化学刺激，有感觉气味的能力。鱼能感受和分辨出不同的气味。科学家通过观测和研究发现，鲑鱼之所以会回到它出生的河流繁殖，是由于它习惯于这条河流的气味，它对该河流的气味有特别的反应。鲢鱼和鳙鱼对酸臭的气味特别敏感和喜好，所以不少垂钓者多在诱饵和食饵中添加酸臭气味以诱鲢鱼、鳙鱼上钩。鱼为什么喜欢逆水而游呢?其原因就是因为便于在逆水游动时不费力气地让水流通过鼻孔，用嗅囊分辨和寻找自己所喜欢的有气味的食物。这就启发了我们垂钓者，要寻找有水流的地方下钩，这些地方往往鱼儿较多，自然易于钓获。同时，因为有水流的原因，这些水域的氧气较平静的水域的氧气充足。有的鱼儿喜欢在流水里嬉戏，这就是人们常说的“水动鱼动”。我们可以在家里做这样的试验，拧开浴缸边上的水龙头，往浴缸里注水，若缸里有小鱼的话，这些小鱼便游到注水的地方，而且显得十分活泼愉快。

通过对鱼的嗅觉器官的了解，我们就会知道气味对钓鱼者来说是多么重要。多数鱼喜欢有芳香气味的食物，如鲫鱼。有些鱼喜欢有甜味的食物，如鲤鱼。甲鱼喜欢有腐臭味的食物，草鱼也喜欢有臭味的食物，有些垂钓者用北京产的王致和臭豆腐乳拌面团来钓草鱼，效果十分明显。不少垂钓者在制作饵料时，在饵料中加曲酒，加香精，加有芳香气味的中草药粉（如山柰粉、丁香粉）。为了使饵料产生怪味，在饵料中加阿魏液（一种中药），有的用烘炒、发酵的方法制作饵料，其目的都是为了增加饵料的气味，以吸引鱼儿向饵料聚拢过来。

鱼的嗅觉是十分灵敏的，其敏感度是人的 500 倍。有人试验：把 1 克丙氨酸溶于 1 000 吨水中，鱼仍然可以辨别出来。若是某条鱼受了伤，伤口渗出的液体的气味会立即引起周围鱼儿的警觉。它们会聚拢过来，也可能迅速逃窜。

若把鱼的视觉和嗅觉作一比较的话，鱼的嗅觉远比视觉发达。但是二者有互补作用。鱼儿在白天觅食靠的多是视觉，而在夜晚觅食要靠嗅觉。鱼儿在寻找食物时，首先靠的是嗅觉，闻到自己喜欢的气味后就游过去，然后靠视觉去接近食物。

（三）鱼的听觉功能

鱼有耳朵吗？有。但与人和其他动物的耳朵不一样，没有长在外面的外耳，而是长在头骨内的内耳。内耳由 3 个半规管和 3 个囊组成。半规管和囊内都有感觉细胞。有些鱼的鱼鳔也起到听觉器官的作用。鳔壁的震动通过传导形成有一定频率的波动，再由神经系统传入内耳。

鱼的听力程度近似于人的听力。如鱼的听力范围在 40~6 000 赫兹之内。人的耳朵的听力在 20~20 000 赫兹的范围内。

鱼对不同音量的声音会产生不同的反应。若是低频率的声音，会对鱼有诱惑的作用。并对于已听惯了的声音有趋向性。比如，鱼塘主在投放饲料时习惯性地敲木盆或吹口哨来招鱼吃饲料的话，鱼一旦听到这种声音便会游过来。若是高频率的声音，音量过大会使鱼受到惊吓，会把鱼驱走。有人做了个试验，用不同频率声音投放饲料，观察鱼的反应。低频率的声音，鱼会游向声源处；高频率的声音会使鱼游走。

知道了鱼的听觉情况，对我们钓鱼人很有启发。在钓鱼时投放饵料不要用手抛，因为这种投法在水中产生的声音过大，会惊吓鱼，应用打窝器投放饵料。另外，人在岸上不要来回走动，不要大声说话，保持安静的环境。尤其是野钓，更应注意环境的安静。起鱼时，应尽量防止鱼在水中挣扎，应将鱼从水的中层拉到岸边，而不要让鱼从水面经过。有的人喜欢让鱼在水中挣扎，激起浪花和水声，其实是不可取的做法。

（四）鱼的呼吸器官

鱼的呼吸器官很特别。按普遍规律讲，动物的呼吸器官是鼻子、肺，而鱼的鼻只有鼻孔，鼻孔是流水经过的地方，鼻孔是嗅觉器官而不是呼吸器官。

鱼的呼吸器官是鱼鳃。

鱼鳃的结构是这样的，有鳃片、鳃丝和鳃小片。鱼在水中游动时鳃片、鳃丝、鳃小片完全张开，使鱼鳃与水的接触面扩大，以增加摄取水中氧气的机会。如一条 10 克重的小鲫鱼，鳃全部张开后面积可达 17 平方厘米。鳃小片上有丰富的小血管，是气体交换的场所，血液和水只隔着很薄的血管壁，氧气就是从这里进入血管的。鱼若是离开了水，鱼鳃就张不开，就互相粘连，由于缺水而变得干燥，不能吸收空气中的氧气，因此鱼就会死。

影响鱼的食性和食欲的因素

鱼的食欲有好有差，鱼的食性有时也会有改变，主要受下面几个因素的影响。

（一）水质的影响

水是鱼生活的环境。水质由于受外界自然条件的影响和人为因素影响而改变。如有了洪水，水色变得浑浊，水中多泥沙，不利于鱼的生活；水生植物过多，或腐烂变质，也会影响到水质。特别是受人的影响，如人们将大量的生活污水倒入江河湖塘堤堰中，会使水质变差；工厂的废水含有化学物质、有毒物质,流入自然水域鱼就受到严重威胁,不但无食欲,甚至连性命都保不住。因此说,水质的好坏是影响鱼的食性和食欲的主要因素。

(二)水温的影响

属于温带性的鱼生活的最佳水温是15℃~25℃,在这个温度范围内,鱼活跃,食欲旺盛。若水温低于10℃或高于35℃,鱼会感到不舒服,活动量减少,食欲很差,甚至不吃食。大自然的气象瞬息万变,一会儿是万里晴空,一会儿是乌云压顶,一会儿又是电闪雷鸣、狂风大作,水中有了波浪,浊泥翻起,使鱼的生活环境发生了变化,相应带来了生理的变化。若是燥热的气温下降,微风细雨,水中的溶氧量增加,鱼儿就会由呆滞变得活跃,就会增加食欲,这时钓鱼的效果自然会好。

(三)地域的影响

一方水土养一方人,一方水土养一方鱼。

我国幅员辽阔,东西南北中,因地域不同,温度差异比较大,长期生活在这些地域的鱼对环境、气温逐渐有了适应性。如罗非鱼是从国外引进的一种热带性鱼类,在我国,它只能在南方生活,它的适应温度是10℃以上,当温度降到5℃以下时,它就会死亡。

我国大部分地区属于温带气候,温带性鱼类较多,如鲫鱼、草鱼、鲤鱼、鲢鱼、鳙鱼等。

东北地区气温相对较低,但有些鱼在这样的寒冷地区也能生活,这些鱼我们叫它为冷水性鱼。如黑龙江的哲罗鱼、狗鱼等。

(四)季节变化的影响

随着季节的变化,以及鱼的自身生理的需要,鱼对食物的欲望和摄取量也有所差异。

春天,鱼儿经过一个漫长冬天的“静息”,贮存的养分已经不多,急需补充营养,还为了“生儿育女”产卵、繁殖,又加上水温日渐变暖,因此变得十分活跃，食欲、食量大增，甚至是饥不择食。所以春天是钓鱼的“黄金季节”。

夏天，气温升高，尤其是中午和午后。许多地区气温高达37℃以上，鱼儿也怕热，便游到有树阴的水域和深水区“午休”，活动量减少，食欲减退，所以钓鱼者若在中午钓鱼应将钓投到深水区和庇荫的水域垂钓。到了下午3、4点钟，气温逐渐下降，水中的温度也有所下降，所以鱼儿比中午时活跃又开始觅食。因此，夏季，下午4点以后也是一天中钓鱼的“黄金时间”。

(五)鱼体的内在需要的不同

鱼也要“生儿育女”，繁殖后代。春末夏初，是大多数淡水鱼排精产卵的繁殖时期，这时为了“育儿”，由于体能的需要，需要加强营养，需要大量食物，所以这时食欲特别好，有时简直是来者不拒。

到了秋末初冬，鱼儿为了越冬，需要贮存大量的营养以增强抵抗力和维持冬季能量的消耗，又因为这时自然界也是各种果实成熟丰收的季节，可供鱼儿食用的东西特别丰富，所以鱼的食欲也特别好，这时也是钓鱼的一个“黄金季节”。

在江河中生活的鱼有的有洄游的习性，春季从江河的下游到江河的中上游产卵，长途的“迁徙”导致体能消耗大。为了补充营养，食欲也会增加。所以，生活在江河中上游沿岸的钓鱼人也会抓住这个时机去钓鱼。

钓鱼人要了解鱼的食物特性

鱼类同世界上所有有生命的生物一样，必须从它生活的环境中摄取维持生命所需要的物质，以供其生长、繁殖、延续生命。鱼的种类繁多，生长在不同的水域(淡水、海水)，受不同气温的影响(热带、亚热带、寒带)，其摄食特征有明显差异。大致可分为以下几类食性。

素食性。以摄取大自然中植物性质的食物为主，如水中的浮萍、嫩草、绿叶，各种谷物及其粉状、颗粒状物。

荤食性。以动物性质的食物为主要摄取对象，如小虾、小鱼、螺蛳肉、蚌肉、昆虫、蚯蚓、蚱蜢、面包虫、蛆虫等。

浮游生物食性。生活在水的中、上层鱼以漂浮在水面、水的上层中的浮游生物为主要食物。它们随着嘴和鳃地张开，让水流通过口腔，将浮游生物吸入口中，滤出不需要的物质。

杂食性。有些鱼食性广泛，既食荤类食物，也食素类物质。如鲫鱼，既食面团类的素饵，也食蚯蚓类的荤饵，草鱼、鲤鱼也是如此。

鱼儿摄取食物时，形体也有不同变化。我们钓鱼时，带饵的钩多半接近水底的泥土，鱼儿发现食饵后，是头朝下，尾翘起，侧斜着身体，当鱼咬住食饵后，身体就处于水平状态，这时会感觉到口中有异物，甚至是钩尖已刺住鱼嘴或鱼的上唇，鱼会因为疼痛而将头上扬。鱼线有拉力，鱼头上扬是为了减少线的拉力而减少疼痛，鱼头上扬会带动鱼线、鱼钩的上升，自然相应地引起水面浮漂的上浮，钓鱼人通常称之为“鱼送漂”，浮漂的这种反应告诉垂钓者，鱼已上钩了，此时正是提竿的好时机。但是，有时鱼儿嘴中有钩刺疼后会不顾一切地挣扎，会向别处窜游，此时自然带动鱼线随鱼而去，浮漂会斜着沉没水中，这也是鱼上钩的信号。若明白了鱼儿的这些摄食状态，自然明白为什么浮漂上浮或沉没时要扬竿。否则，就不知该在什么时候扬竿了。

淡水中的鱼类，其生活是有普遍规律的。钓鱼人只有摸准了鱼的脾气，熟知鱼的生活习性，才能有针对性的配制饵料，有针对性地选择钓位和钓点，才能钓获到鱼。

淡水鱼的生活有几个主要规律，即对氧气的依赖性、对气温的适应性、对食物的灵活性。

（一）对氧气的依赖性

氧气，是一切动物赖以生存的首需物质。人，不吃不喝，也可以活数

天，若缺乏氧气，在很短的时间内就会窒息死亡。

鱼，也是一样，氧气是它们生存的最为重要的条件。

家庭养观赏鱼，要用微型增氧设备往鱼缸里输送氧气；鱼市场上卖鱼人也要用增氧设备往水箱里输送氧气；养鱼场里更是少不了增氧机，不定时地开动机器，以增加水中的氧气。

钓鱼人常常把钓获的鱼放到家庭的水盆里、浴盆里养着。人们会发现，在夏天鱼儿是很难养活的，有时不到一天就死了；而在秋天、冬天，鱼儿会在浴盆里生活很长时间，甚至可以越冬直至第二年的春天。另一个现象是：水多，养的鱼活的时间长，水少则鱼活不了多久。还有个现象是：小鱼，易养活，如 50 克至 100 多克的鲫鱼好养，超过 500 克的大鱼难养。

这些现象究其原因是：因为夏天气温高，水中的氧气消耗快，氧气渐少，冬天气温低，水中的氧气消耗量小，溶氧量仍较大；鱼小，需求的氧气少，鱼大，需氧量大；水中的含氧量与水的多少成正比，水量多，含氧量多，水少，其中的氧气就少。

水中的溶氧量比空气中的含氧量少得多，空气中的氧气含量约为 18%，水中的氧气含量仅有百万分之六。当气温在 20℃时，每升水的含氧量约 298 毫克。

水中的氧气含量不是丰富的，低于大气中的氧气含量。水的含氧量仅为水的总量的 6/100 万。

由于水的溶氧量大部分是从空气中来的，向水中溶氧的过程是从上层往下渗透，所以，水的上层的溶氧量比水的下层丰富，水越深，其溶氧量越低。

因为水中的溶氧量也是随时会变化（增多或减少），所以会影响到鱼的生存。如鲢鱼、鳙鱼、鳊鱼、翘嘴红鲌，它们的耐氧能力很低，只要水中氧气一减少，它们就会很难受，就会浮到水面。

水中的溶氧量受以下自然条件的影响。

1.水的面积的影响

水的表面积大,说明水的容量大,水面积大,溶氧量就多,鱼就不会死。如水库、湖泊、江河,是不存在缺氧的,那里的鱼生活得很舒适。

2.水温的影响

水的溶氧量与水的温度成反比关系。水温越高,其溶氧量越少;气温低时,水中的溶氧量丰富。

3.水生植物的影响

水生植物在阳光的光合作用下,产生氧气。水生植物多,水中的溶氧量就多。

4.水的深浅情况的影响

大气中的氧气在气压下通过水的表面向水中渗透,再通过水分子的运动向水的深处渗透。因此,水的上层的溶氧量总是大于水的深层。

5.昼夜变化的影响

这是因为夜间的温度低于白天,所以,夜间水中的溶氧量高于白天。有些鱼为什么喜欢夜间活动觅食呢,除了怕强光喜阴暗以外,就是夜间水的溶氧量丰富,鱼感到舒适。

当我们知道了鱼对氧气的依赖性后,我们就会知道,水中哪里氧气较为充足,鱼就会游到哪里,这就是鱼有趋氧性的特点。如鲢鱼、鳙鱼,由于水的中上层氧气比水的底层丰富,鲢鱼、鳙鱼的耐缺氧能力很差,若在水底生活,氧气就满足不了它的需要,所以它们多在水的中层、上层生活,要钓这种鱼就得用悬钓法,不能用底钓法。若在春天,由于近岸的浅水区氧气相对比较充足,鱼就会在浅水区游弋觅食,刮风时,水中起波浪,这里的氧气较静水区充足,所以鱼就在有波浪的水域生活。

(二)鱼的趋温性

气温、水温、鱼的体温三者的关系是:气温的高低影响到水温度的

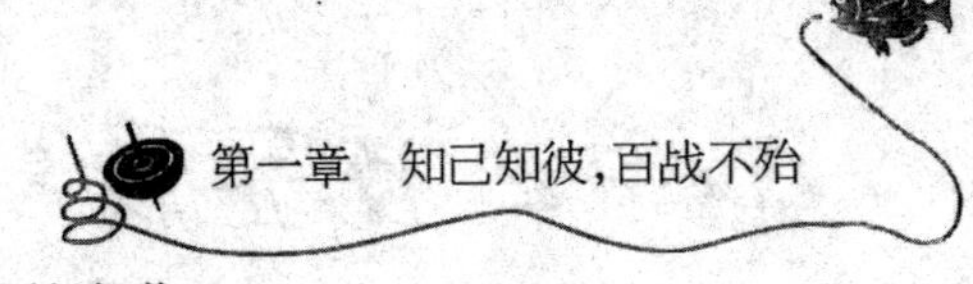

变化，水温度的变化又影响鱼的体温的变化。

鱼是一种变温动物。经过科技工作者测试，鱼的体温与它生活的水温的温差在 0.5℃~1℃之间。

鱼为了生存，总是在寻找适宜自己生活的水温。当水温发生变化时，鱼也会游到不同的水层。因气温的变化，有时水底层的水温比上层高；有时上层的水温又比底层高，所以鱼有时要潜入水底，有时又会游到浅水区有光照的温度较高的水层。

若水温过高，鱼也会游到水温相对较低的深水区栖息。如夏季，气温高达 37℃以上，而适宜鱼生存的水温应在 30℃以下，大多数鱼怕热，只有草鱼、鲢鱼、罗非鱼除外，所以热天鱼多在太阳照射不到的深水的底层生活。

鱼总是趋向适宜的水温生活，这就是鱼的趋温性。

常见的淡水鱼最适宜它们生活的水温是多少呢？

现将几种鱼的适宜生存的水温做一介绍。

鲫鱼：最适宜的水温是 16℃~25℃。

罗非鱼：最适宜的水温是 10℃~30℃。

鲤鱼、鲇鱼：最适宜水温是 20℃~27℃。

鲢鱼、鳙鱼：最适宜水温是 22℃~30℃。

草鱼、青鱼：最适宜水温是 25℃~30℃。

鳊鱼：最适宜水温是 15℃~30℃。

甲鱼：最适宜水温是 18℃~32℃。

综上所述，淡水鱼在 15℃~25℃的水温范围内都适宜。也就是说，在这个温度范围内钓鱼效果最好。

（三）杂食性

有些鱼的食性并非单一的食性，既食肉类物质，也食植物类物质，所以叫杂食性。淡水中的许多鱼就是杂食性的鱼，如鲫鱼、草鱼、青鱼、鳊鱼、鳘鲦、黄颡、鲤鱼等。它们喜爱吃蚯蚓类，也吃各种粉类物质，如薯块、嫩玉米粒、饼粉，有时也浮到水的上层滤食藻类物质、植物残屑等。常常因为气温、水温的原因使它们在某一个时期以某种性质的食料为主。鲫鱼，当水温在15℃以下时，它们以动物性质的饵料为主；当气温在30℃以上时，又荤、素皆食，甚至以面团类饵料为主。这就是说，鱼的食性受客观因素影响，包括气温的变化、水温的变化以及鱼的生长期的不同。

（四）喜草性

钓鱼人有个口头语："钓鱼不钓草，肯定钓不到。"这说出了草与鱼的生活有密切关系。

1.水草及水草上的附着物是鱼的食料，有些鱼可以直接吃草，如草鱼，以水中的草为主要食物来源

草上经常爬有小昆虫、蛾、蜻蜓、蚂蚱等，鱼通过触动草秆，使这些小昆虫落入水中，成为它的食料。鱼有时甚至可以跃起跳出水面捕食小虫和飞蛾等。

2.有草的水域溶氧量高

由于水生植物在光合作用下会释放氧气，有水草的水域氧气多。鱼有趋氧性，因此，有水草的地方自然是鱼聚集的"鱼窝"。在此下钩，钓中鱼的概率会高一些。

3.水草是雌鱼的"产床"

鱼儿繁殖期多在春末夏初季节，这时水草长得茁壮，鱼儿常常依靠水草的草茎、草叶、水中的树枝来摩擦自己的身子，使精子、卵子排出体外。所以，鱼儿常常会在有水草的地方活动。

4.水草周围食料丰富

水中有风浪时，浪会把浮游生物冲到有水草的地方，被草阻挡，浮游物便聚集在一起，鱼儿自然会游到这里觅食。

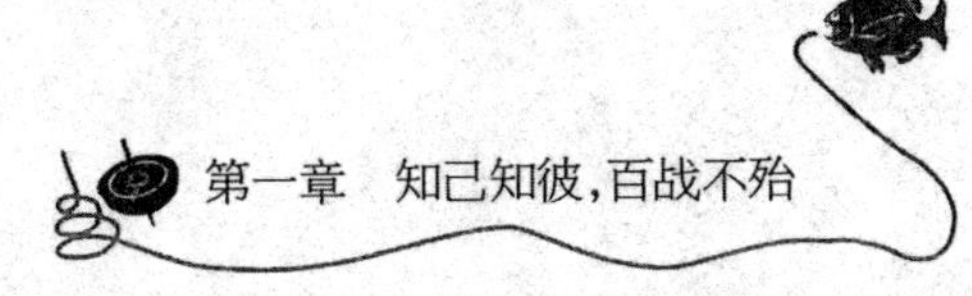

5.水草可净化水质

水质因天气、风沙的原因有时会变得浑浊，既影响了鱼的觅食，也影响垂钓效果。但有水草的水域，因水草的阻挡，泥浆会附着在草叶、草茎上，使水相对比较清澈，这就有利于鱼的栖息和觅食。

水草还有吸污排浊的功能，对污染不重的水会起到净化水质的作用，在这里钓鱼是首选的钓点。但任何事物都有两面性，应对具体情况具体分析。

首先，水草并不是越多越好，我们常常见到有些塘口，整个水面全被水草覆盖、被浮萍遮盖，这样的水面并不适宜垂钓。

其次，有水草的地方，往往小鱼非常多，闹窝打搅很凶，钓饵一入水，易被它们抢食，难以钓到大鱼。有些无水草的地方，很少有小鱼打搅，钓鱼效果反而好。所以，不能认为有草就绝对好，无草就绝对不好。

第二章

选用钓具的技巧

怎样选用鱼竿

鱼竿是钓具的主件，常用的鱼竿有手竿、海竿。现在自制的竹鱼竿已不多见了，大多钓友都是从渔具店购买玻璃纤维竿、碳纤维竿和包碳竿。

（一）碳纤维竿的性能特点

碳纤维竿，也叫碳素竿，是 20 世纪 90 年代我国生产的一种新型鱼竿。碳纤维竿的主要特点是轻便。同样长度的碳纤维竿比玻璃纤维竿几乎轻一半，一支 5 米多长碳纤维竿的重量仅 300 克左右，竿体也比玻璃纤维竿细得多。近几年，碳纤维竿使用已十分普及，其优良的使用性能得到了大多数垂钓者的认可。

碳纤维竿所用的是高科技材料——碳纤维，这种材料的特点是强度高、耐热、质轻、耐腐蚀，不足之处是导热、导电且质地较脆，韧性不及玻璃纤维竿，钓鱼时如遇到雷雨天气，使用此竿易发生雷击事故，若触及了高压电线，会发生触电事故。对此，务必引起垂钓者的注意和警惕。为防止在使用碳纤维竿的过程中发生意外，钓友可到渔具店买一个防电把套，套到竿末端的握竿部分，一定要将竿把的把头部分全部包住，套进去后再将套外面用酒精灯烘烤加热，使橡胶套与竿把牢固地粘结在一起。

(二)玻璃纤雄竿的性能特点

玻璃纤维竿是由玻璃纤维等化工原料制成的钓具。玻璃纤维竿比竹竿轻,不怕水、耐腐蚀、不易断裂变形。使用这种竿的钓鱼者更喜欢抽拉式空心玻璃纤维竿,其特点是韧性好、坚固,长度多在10米以内。以上两种鱼竿现已被广泛使用。碳纤维竿由于材质好、轻便,尽管价格高一些,但大多数人还是偏爱碳纤维竿。

(三)包碳竿

包碳竿是以玻璃纤维为主要原料，在玻璃纤维布外面加了一层碳纤维布,经树脂预浸制作的鱼竿。其特点是,比玻璃纤维制作的鱼竿要轻便,比纯碳纤维竿的韧性和强度又高一些。

(四)挑选鱼竿注意要点

1.看外表

先打开鱼竿末端的漏水盖,检查每节的两头,看是否有气泡颗粒造成的空隙、纤维条纹是否粗且凌乱、每节的厚度是否均匀,再看看接头端(抽出后两节竿相接的部分)是否硬实、有无裂纹、厚薄是否均匀。

再看看竿体上印的文字,看图案是否清晰、颜色是鲜明还是晦暗或边界是否清晰,若字体端正、颜色均匀有光泽,说明工艺尚可,是正规厂家生产。有的还标有“ISO-9000”质量认证文字。这是国际标准化组织发布的评价企业产品质量保证能力的系列标准代号，国内的部分渔具生产厂家已经通过了此项质量认证,用有此标准的鱼竿比较放心。

2.听声音

用硬的东西轻轻敲打竿体,若发出的声音清脆则是好竿,声音沉闷则质量要差一些。

将每节竿全部抽出单放,一节节地竖着轻轻落地,听其与地面碰击的声音，如清脆，则是好竿。

再用手指轻轻弹动竿的两个接头处，听其声音是否清脆，是否有破裂的声音。

3.比重量

碳纤维竿的重量是同样长度玻璃纤维竿重量的1/2或3/4。无论买哪一种竿，都可以用另一种竿参照比较。一支长度为3.6米高质量碳纤维竿重量仅为200克左右，而同样长度的玻璃纤维竿重量为400克左右。

4.试调性

鱼竿的调性是指鱼竿竿体的软硬程度。调性的划分方法是将钓竿全长分为10等段，水平持竿，竿体自然弯曲形成的弧度与竿体直线部分相交点的位置，为判定调性的依据。竿子的调性，人们习惯称有“二八竿”、“三七竿”、“四六竿”等。如竿弯曲的部分与直的部分相交点在竿梢的前二段，为硬调性竿，称为“二八竿”；在前三段为中调性竿，称“三七竿”；在前四段为软调性竿，称“四六竿”。不同调性的钓竿有其不同的特性和各自的长处与不足。

钓鱼人常常议论的话题是，买硬调性钓竿好还是买软调性钓竿好。软调性竿子韧性强于硬调竿，耐拉力大，不易折断，适于钓到大鱼时遛鱼使用，可控制鱼在水中的窜游，放线收线游刃有余；硬调竿适合于钓中小型鱼，由于竿梢硬度较强，钓者在扬竿时鱼钩刺进鱼唇快，尤其是在竞技钓鱼时，讲求中鱼的速度快捷，硬调竿正可发挥其特长。但硬调竿多为碳纤维材料制作，质脆，易折断；有些钓者选用软硬适中的中硬调钓竿。从钓者使用的情况看，用硬调竿的人较为普遍。

5.选竿长

选用多长的竿，是用长竿还是用短竿，这也是钓者关心的话题。许多钓者在非正式竞技钓鱼时，多是备两把钓竿，即一把中短竿、一把稍长的竿。人们通常把长度为2.7~3.6米的竿子称为短竿，把6米以上的钓竿称为长竿。但用得最多的是3.6~5.4米之间长度的竿。笔者认为，应选4米以上长度的竿子较好。在野外休闲钓时，由于水面宽，鱼的密度小，靠近堤岸3米左右的水域鱼很少（春天除外），鱼多在离岸5~8米远的地方，竿短莫及。有许多水域靠近堤岸处长水草很多，投钩十分不便，而选4米以上长度的钓竿，再用齐竿线，钩子可以投到6米远的水域。东北的一位高手在介绍他的用竿时说，他用的是5.4米长的钓竿，再配上几把不同直径的“换把”手把，根据垂钓水域的具体情况随时换用，也就是说，通过换把可以使钓竿缩短或伸长，这确实是个灵活性很强的好办法。

袖珍竿最短，各节竿套在一起不超过50厘米；短节竿套在一起约80厘米；长节竿套在一起1.2米左右。袖珍竿携带方便，但长度不够，除旅游钓者使用外，休闲钓、竞技钓都不使用。短节竿的特点是节短，携带方便，竿体轻，其不足处是节数多，两节竿的接口处竿壁较薄，不结实。况且由于节数多，竿梢与竿把之间的粗细相差大，手握的竿把部粗重，手感不好，有头轻脚重的感觉，也正是由于节数多，无论是抽竿或是缩竿，手拉的次数多，费时间。长节竿是用得最多的竿子，其长度设计合理，在任何车、船上都可以存放，不超长。长节竿的节数少，抽的次数自然少，竿梢与竿把的粗细比差距也相对较小，买高质量的碳素竿其重量较轻，所以说，选用长节竿乃是用竿的首选。

浮漂有哪些作用

浮漂（也作浮标）是钓具组合中的重要部分。尤其是台湾钓法，浮漂在钓具中所起的作用更大。因为台湾钓法与传统钓法的最大的本质区别就是用悬坠。传统钓法中，铅坠是沉底的，而台湾钓法（后来又称之为悬坠钓法）的铅坠是悬于水下的。铅坠是否悬浮主要通过铅坠、钓钩的重力与浮漂的浮力达到二者平衡。为达到二力平衡，主要手段是逐渐减少(或加重)铅皮的重量,通常的作法是剪去铅皮。铅皮减去的分量是否合适,是通过浮漂在水中所露出的漂尾的多少(目数)来反应的。台湾钓法中的本质调漂法是“调四钓二”,为达到“调四钓二”,也主要看漂尾所显示的目数。许多钓鱼高手对浮漂都有深入的研究和探讨,许多人对浮漂的认识有许多不同的见解,在钓鱼类的杂志上经常可以看到观点各异的争论的文章。对浮漂研究已成为钓鱼技巧中的理论性质问题。钓鱼人对各种浮漂的运用很感兴趣,制作钓具的人在浮漂的制作上也颇下工夫。一支较高级的人工制作的浮漂标价几百甚至上千元。在中央电视台的“鉴宝”栏目中,一位钓者珍藏的一套浮漂被专家估价为 2 万元,由此可见浮漂在钓鱼人心中的地位。

浮漂的主要作用有以下几点

1.测试水的深浅

钓鱼人在垂钓前首先要了解水的深浅,水的深浅是调漂的主要根据。这是垂钓的第一个环节。测试的方法是使水线的长度大于水的深度,钓组入水后,浮漂必然是平躺于水面,斜着出现在水面。接下来的工作就是下移浮漂,使水线的长度小于水的深度。此时会出现两种情况,一是浮漂直立于水中,二是浮漂沉没水中。若浮漂沉入水中,说明铅坠过重,下一步的工作就是逐渐从铅皮座上剪去一些铅皮,直至浮漂垂立于水中或漂尖与水面相平。在这个环节中,起关键作用的自然是浮漂。

2.传递鱼咬钩的信息

鱼咬钩后带动钓线和铅坠,导致浮漂由静态变为动态。台湾钓法中,鱼中钩时浮漂是下顿的,沉没一目或二目,这时正是提竿时机。大鱼吃钩较猛,鱼钩刺住鱼嘴后鱼会逃窜,这时浮漂是向别处迅速移动或全部没入水中,这是大鱼中钩的信号,应立即提竿。有时也有浮漂缓缓上升的现象,这种信号,表示鱼中钩后因钩刺使鱼感到疼痛,鱼为了减轻疼痛使劲向上扬头,此时也应立即提竿。

3.通过选用不同类型的浮漂可以在不同的水层钓鱼

钓者选用浮漂的依据是水情、鱼情及气象条件。有时因以上因素的变化，钓者将底钓改为浮钓，或者改变所钓的水层。为达到这些目的，其根本手段就是改用不同型号的浮漂。如由小漂改大漂，由流线型漂改为球形漂或圆柱式漂。

4.判断和了解水下的鱼情

人在钓鱼时是看不见水中的鱼的，但钓者可以通过浮漂的上浮、下顿、沉没等动态变化判断鱼情。如鱼是否中钩，是哪种鱼在咬钩，是多大的鱼在咬钩，有经验的垂钓高手会通过浮漂的动态及其变化较为准确地认定水中的鱼情。不同类型的鱼吃食方式、咬钩的力度、中钩后的行动都不一样。

5.通过调用浮漂达到钓灵、钓钝的目的

凡是用台湾钓去的人都知道“调灵敏”、“调迟钝”、“钓灵敏”、“钓迟钝”这些名词，灵与钝是相对的，主要通过浮漂漂尾上目数的不同而达到灵与钝的目的。有位制漂专家提出“调高钓高，双迟钝”、“调低钓低，双灵敏”、“调高钓低，上迟钝”、“调低钓高、下迟钝”的说法，可供钓友参考。

浮漂有哪些结构

现在流行的长脚长浮漂标的结构有三部分，即漂尾、漂身、漂脚(图 1)。

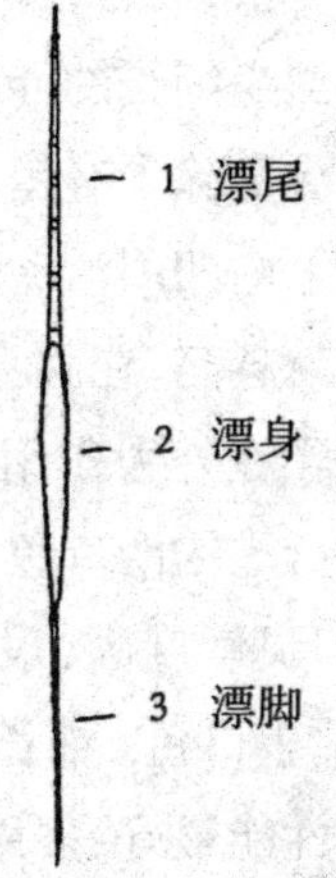

图 1　浮漂的结构

1.漂尾

漂尾在漂身的上部，就是标有目数的这一部分。漂尾在浮漂中起到传递鱼汛的重要作用。钓手都是通过浮漂的动态变化来观察鱼汛、掌握提竿时机的。钓鱼高手在选用浮漂时首先考虑的是选用什么样漂尾的浮漂。

漂尾又可分为软尾(即空心尾)和硬尾(即实心尾)两种。软尾是用塑料制成,比重小于水,可以增加浮漂的少许浮力。软尾的稳定性能较好,只有在一定的下挫力的情况下才显示出动态。硬尾多是采用玻璃纤维或碳纤维材料制作,其比重,对浮漂漂身的浮力略有减少。但是硬尾的灵敏度高于软尾。当浮漂下挫的,反应的信号较为明显。正是由于硬尾过于灵敏,所以有时会反映出鱼未中钩时的一些假信号。

2.漂身

漂身就是浮漂的中间部分。漂身有粗细之分和长短之分。

漂身的粗细起到两个作用,一是决定吃铅量的大小,二是决定下行中水的阻力的大小。漂身越粗,浮力越大,所需的铅坠的重量越大。反之,细漂身的吃铅量自然小。漂身越粗,在水中的阻力就越大,浮漂翻身的速度就越慢;反之,细漂身的浮漂由于水阻力小,所以在水中翻身的速度就快,而且,翻身后立起的速度也快。钓手们在底钓和钓轻口鱼时常用漂身细长的浮漂。在浮钓时又常用漂身较粗的浮漂。

漂身除了有粗细之分外,还有长短之身。长身浮漂吃铅多,在站立状态下向四周活动时水阻就大,所以漂身越长就越稳定。浮漂越长,其重心就越高,在翻身时水的阻力就越大,所以翻身的速度就慢。长漂身的浮漂在外力作用下启动的速度慢,其灵敏度差,较迟钝,所以钓手多用长身漂钓滑口鱼、钓大鱼。短漂身的浮漂稳定性能略低于长漂身的浮漂,但灵敏度高,很细小的鱼汛就能反映出来,钓手常用短身浮漂钓轻口鱼、生口鱼。细长的浮漂多用于钓滑口鱼。锥形的(即下粗上细)的漂稳定性能最好,多用有风浪的水域。

3.漂脚

漂脚有长短之分、粗细之分。漂脚的材质有竹脚、碳脚、玻璃纤维脚。竹脚又有长竹脚和短竹脚两种。好的竹脚选用的材质是竹子的外部接近竹皮的部分,其特点是结实耐用,有韧性。用碳纤维和玻璃纤维制作的漂脚没有浮力,选用这种漂脚不能过粗,过粗的漂脚会降低浮漂的浮力。

浮漂漂脚的长短与浮漂入水后翻身的速度关系很大。浮漂的漂脚长,浮漂翻身的速度慢,漂脚短,浮漂入水翻身快翻身的快慢直接影响到钓鱼的速度。若是竞技钓,浮漂翻身快,上鱼自然快。如果池塘中鱼的密度大,上钩快,应尽量避免使用长脚漂而使用短脚漂。长脚漂适用于鱼塘中鱼的密度小、鱼的活动量小,或用于开钓时的引诱鱼阶段。漂脚粗也会影响到浮漂的灵敏度。因为粗漂脚有一定的重量,会减弱漂身的浮力。粗漂脚切水性差,阻力大,不符合"浮漂应尽量减少对水的阻力"的用漂原则。

短脚漂的性能恰恰与长脚漂相反。由于漂脚短,浮漂入水时翻身速度快,相应地增加了浮漂的灵敏度。

漂脚是插入浮漂座里的,在水中是看不到的。

怎样选用浮漂

浮漂,也叫浮标、鱼漂,是垂钓者观察鱼在水中咬钩情况的一种信号标志,也是垂钓者测试水的深浅度的一种信号标志。有经验的垂钓者可以通过浮漂的动态,判断有无鱼上钩、是大鱼还是小鱼、是什么鱼种上钩。现在随着钓鱼技术的提高,浮漂在垂钓活动中的作用显得更为重要, 浮漂的制作材料及浮漂的形状也都有所改进。过去一支浮漂几角钱、几元钱就可以买到,现在一支台湾生产的手工制作的浮漂在渔具店可以卖到上千元。由于材质好,性能好,还是受到许多垂钓者的青睐。

因性能用途的不同,浮漂有多种形状。

常用的浮漂有长尾长脚的流行漂、传统钓法用的圆柱式老式漂、七星漂以及供浮钓用的球形漂和立式漂(图 2)。

(一)长尾纺锤形浮漂

这是目前用的人最多、最时髦的浮漂。

长尾纺锤形漂有多种型号,长、短不一,短则10 厘米,长则 30 多厘米,甚至更长。

制作长尾纺锤形漂可用多种原材料。有碳纤维漂、有孔雀翎漂、有木质漂,也有竹材及麦秆等材料。大部分为机器生产,也有手工制作,台湾的手工制作的巴尔松木漂一支就几百元,几乎与一把手竿同价。

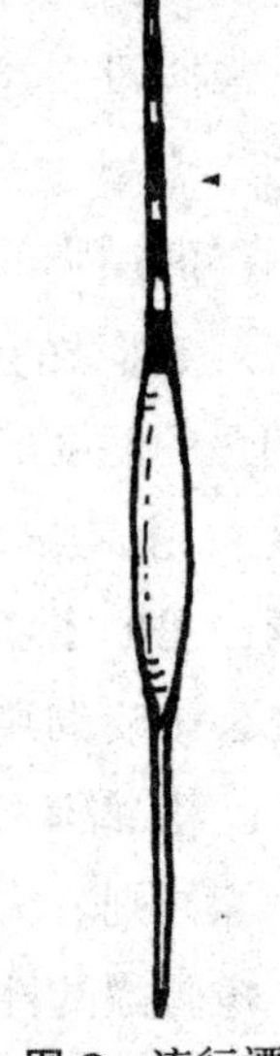

图 2　流行漂

由于选材不同,所以浮漂的结构、性能也不同,如漂尖(浮在水面以上的部分)有软漂尖和硬漂尖之分。硬漂尖为实心,多是用碳纤维制作,其特点是反应灵敏,漂子入水后立即垂直立起,若是小号漂,鱼即使微微触动钓线或钓饵,浮漂立即会有动态变化,其实此时并不是鱼中钩的信号。软漂尖为空心的,漂尖略粗易于观察,比起硬尖漂,灵敏度逊色一些,适合于老年人,视力差一些的钓者使用,也适合于在鱼的密度不太大的水域使用。因为,密度高的水域,浮漂的反应速度快,起鱼的概率高,所以应用灵敏度高的浮漂,争取早扬竿,多起鱼,多收获。

长尾纺锤形的浮漂的优点。

1.稳定性

浮漂与水面接触的面积少,仅仅是浮漂的鼓肚部分接触水面,这部分的浮漂的圆周纬最长,所以稳定性能好,把受风浪的干扰减少到最小。

2.不透水

此漂生产工艺水平高,浮漂表面漆膜细密不渗水,光洁度好。

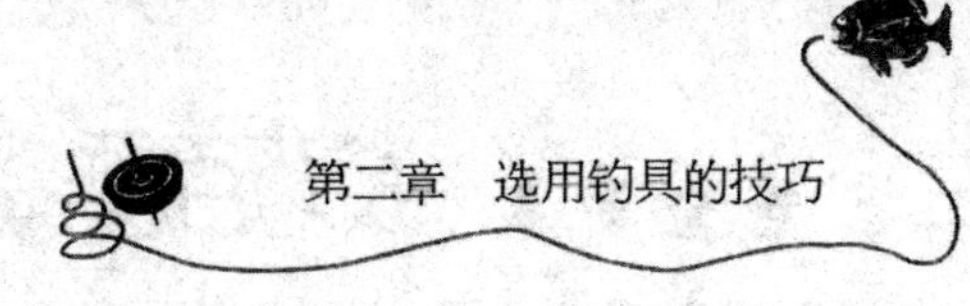

3.视觉清晰

由于漂尾细长，长度短则数厘米，长则30厘米左右，垂钓者容易观察浮漂动态的变化。

浮漂的漂尖用红色、黄色、黑色漆成几个彩格，每格叫作一目，每个漂尖至少6目，由于有这些目，垂钓者可以调成水面以上的不同目数。如钩上不挂饵团，水面以上露出4格，叫做调4目；钩上挂饵团后，由于饵团有重量，使浮漂下沉2格，水面以上只剩2格，这叫钓2目，这就是台湾钓法常用的“调4钓2”。不过这不是绝对的，也可以调5钓3、调6钓4。而圆柱式浮漂就没有这个功能。所以，悬坠钓、台湾钓法全用的是长尾漂，也是竞技钓的唯一用漂。

现在渔具厂家还生产了一种绿色漂尖的漂，这种颜色比较柔和，不刺眼，在光线不太明亮时使用很醒目。

长尾纺锤形漂的漂脚有一2~3厘米的小软带，小软带一头连接漂脚，一头连接插针，用胶黏结。插针是插在钓线上的浮漂插座中。插座上下各有1粒太空豆，以防止浮漂在水中移位。

(二)七星漂

叫法很多，有的叫分体漂，有的叫散漂、散子，但多数人叫七星漂，七星是民间常用的数字，有象征吉祥的意思。过去民间制作七星漂的材料是多鸡鸭鹅的毛梗，截成1厘米左右的多段，然后串到线上。现在厂家用浮力材料(如软塑材料)制作，大批量生产。此漂多数以七枚为一漂组，每粒间隔3~5厘米。也有的仅用3~5枚，不过也有用8~10枚的。漂表面多为白色，有的也涂成各种不同的颜色。厂家的生产是迎和钓者的需要，生产工艺越来越精致，花色品种越来越多。

七星漂是江浙一带盛行的钓具，而在其他地域使用得较少，在北方更不多见。使用此漂的优越性是调漂简便，多半是靠近钓钩的2~3枚碎漂没入水中，水面以上有4~5枚，横卧水面。鱼中钩后若水面以下的碎漂上浮出水面，说明中钩后的鱼头朝上，是送漂，此时正是提竿起鱼的好时机。若水面上的碎漂硬被拉入水中(叫黑漂、沉漂)，说明鱼中钩后在水底窜游，此时也是提竿起鱼好时机。

使用七星漂的另一个好处是改换钓点后，在大多情况下不用重新调漂，节省时间。

七星漂的不足之处也有几点。一是不能钓远钓点。距离远，由于漂的形体小，岸上的钓鱼人不易观察浮漂的沉浮变化；二是若水中波浪过大，浮漂会随波浪而起伏，不能准确地反映水下的鱼是否中钩的信息。只能在近距离使用，在风平浪静时使用。

(三)圆柱形的浮漂

老式浮漂，用塑料制成，价格低廉，耐用，上下一般粗，目标大。漂的动态反应明显，无论是黑漂(漂被鱼拉入水下)，还是送漂(浮漂呈斜状、升起或横卧状)都十分明显，适合视力差的老年人使用，也适合光线不足的阴雨天、黄昏、黎明时使用。这种漂的缺点是传递信息不移灵敏，在水中的稳定性能也差，若遇风浪，漂会随水浪波动，风越大，波动越大，使垂钓者难以辨别是不是鱼中钩的信号。

(四)球形漂和立式漂

也多为塑料材料制作，体形大，颜色鲜艳(红、黄、白三色)，主要用做浮钓。如钓鲢鱼、翘嘴鳇、草鱼等。立式漂的稳定性好于球形漂，因为球形漂与水接触的面积大，易随风浪波动而导致钓钩移位。使用球形漂、立式漂时最好加铅坠，铅坠沉底，因此避免了钓钩移位(图3)。

选用浮漂的原则是根据个人的实际需要。首先是个人的年龄、视力情况，是选用浮漂的首要依据。如年龄较大，视力较差，可选用圆柱形漂和大号长尾纺锤形漂。这些漂体形大，易于远处观察。其次选漂原则是钓大鱼还是钓小鱼。钓小型鱼自然是用小钩细线，必须用与此相匹配的小号漂，反之则应用大些的漂，第三个原则是在什么水面钓鱼。在水库、

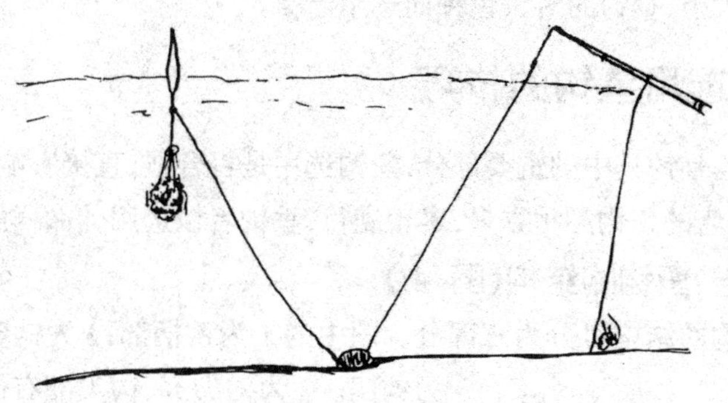

图 3　球形漂固定法

湖泊等大水面钓鱼，因水面宽，钓的又多是草鱼、鲤鱼等大型鱼，钓饵多投得较远，目标小，因此应用大型漂。第四个原则是在什么天气条件下钓鱼。若是风平浪静，为了增加钓具的灵敏度，应尽量选用小些的漂。若有 3、4 级以上的风浪，为了增加钓具的稳定性，就应选用大型漂。第五个原则是考虑气候因素。如气压、明亮度、风力。气压低时，鱼活动量小，觅食消极。这时，鱼吃食的动作小、口轻，用漂时应选漂尾长、漂身细的小浮漂。若鱼上浮到水的中层、上层，这时只能用浮钓法，应选短脚短尾的浮漂。若天气转阴，明亮度低，钓鱼时若浮漂过于细小，就难以观察鱼咬钩时反映在漂尾上的各种动态，因此，应选用漂尾较短、漂身较粗的大型号的浮漂。风也是决定选漂的重要因素之一。有风，水中必有波浪，有浪时水面波光粼粼，这时看漂十分刺眼，若漂尖过细过短，是不易观察鱼汛的，此时应选用长尾的型号较大的浮漂。如果浮漂过小，在抛钩时也会受风的阻力难以将钩抛到预定的钩点。第六个原则是垂钓的目的性。若是参加竞赛，由于比赛规则通常是在规定时间内以所钓的鱼数进行计分排名次，也就是说钓的鱼数越多越好，为此应选用灵敏度高的细尾细尖的流行漂。若是休闲钓，对浮漂的选用就比较随意了，可根据钓场的大小、垂钓的对象鱼种而选用浮漂。

选用鱼钩的技巧

鱼钩是钓具中的重要部分，鱼钩选用是否合适，直接影响到垂钓效果。渔具店的鱼钩品种繁多，琳琅满目，垂钓者该选用什么样的鱼钩呢？

（一）鱼钩的结构（图 4）

鱼钩的结构可分为三部分。图中的 1 为钩柄部；2 为钩弯部，也称为钩门。3 为钩尖部，钩尖部有倒刺，有些钩无倒刺。

（二）鱼钩的形状

常用的鱼钩，有三种形状（图 5）。

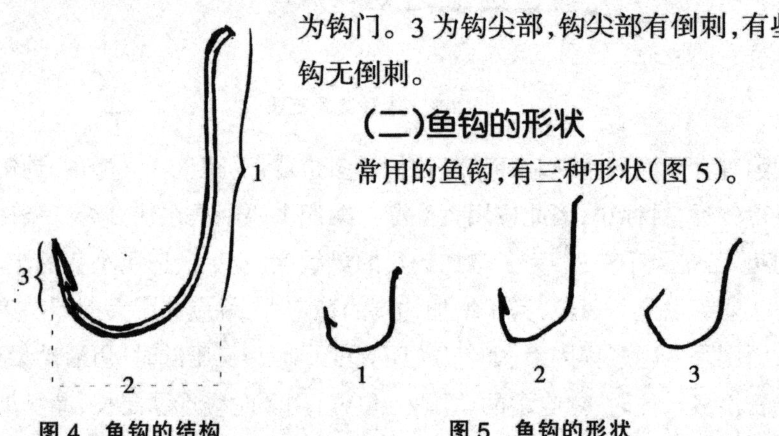

图 4　鱼钩的结构

图 5　鱼钩的形状

图 5 中的 1 为短柄钩，也叫圆形钩；图 5 中的 2 为长柄钩，也叫袖形钩；图 5 中的 3 为歪嘴钩。三种钩各有自身的特点。

短柄钩钩条较粗，钩弯部宽，没有明显的弯角。短柄钩的坚硬度、耐拉力都比长柄钩强，因为钩弯部的受力点较分散，鱼中钩后不易脱钩。此钩有多种型号，1 是钩鱼人用得最广的钩。由于钩柄短，绑钩没有长柄钩快捷，适宜于挂面团类饵。渔具店出售的伊豆、伊势等钩均是短柄钩。

长柄钩，因其形状像似衣袖，所以也叫袖形钩。其钩的弯部没有短柄钩大，钩条较细，钩尖锋锐。因钩柄较长，绑钩方便，而且也牢固。此钩适合小型鱼，鲫鱼、鳊鱼、鲐鱼等。尤其是竞技钩时钓者多选用无倒刺的长柄钩。因为钩柄较长，适于拉饵，长柄钩的另一个特点是适合挂蚯蚓、红虫类钓饵。又因为钩柄较长，从鱼嘴里取钩较为方便。

歪嘴钩：因其钩尖向一边折弯，俗称歪嘴钩。歪嘴钩的主要特点是鱼中钩后不易脱钩，通常用来钓滑口鱼及无鳞的凶猛鱼。如鲇鱼、老鳖等，歪嘴钩也多用于串钩钓。歪嘴钩型号小的少，由于钩尖弯向一边，挂饵不太快捷，取钩也较麻烦。

（三）鱼钩的颜色

鱼钩通常有几种颜色，即黑色、金黄色、银白色。银白色是钩的原材料的本色。黑色、金黄色均是在原色的上面镀的另一种色，黑色钩用得最多。

黑色鱼钩上市时间比白色、金黄色鱼钩要晚10年左右。有资料介绍，黑色鱼钩是哈雅布萨（渔具制造商）在1995年首次推向中国市场的。

这种黑色鱼钩售价略高于其他颜色的鱼钩，但也被广大的钓鱼者接受。为什么黑色鱼钩较其他颜色的鱼钩承受的拉力强呢?这是因为哈雅布萨鱼钩比同样型号的其他颜色的鱼钩的钢丝粗一个号。例如，其他颜色的8号钩的钢丝直径为0.80毫米，而哈雅布萨黑色鱼钩钢丝的直径为0.85毫米，直径多了0.5毫米。因此，该钩的拉力大于同型号的其他颜色的鱼钩。

选用何种颜色的鱼钩好呢?其实鱼钩的颜色没有太大的使用意义，而是根据钓鱼者各人的习惯和爱好来选用。若是底钓，黑色钩较好，因为黑色钩颜色暗，隐蔽性强于亮色钩，不易被鱼发现。若是浮钓、悬钓、钓鲌鱼、钓鳘鲦鱼，用金色或银白色钩为好。这是因为上层水域的水色较明亮，浅色鱼钩比黑色钩的目标小，同水色近似，不易被鱼发觉。

（四）鱼钩的型号

常用的鱼钩有10多个型号。通常是型号小的为小钩，型号大的为大钩。1~4号通常认为是小号钩，5~10号为中号钩，10号以上的为大号钩。大钩好还是小钩好呢?这主要依据钓鱼人的习惯及欲钓的对象鱼的大小。小号钩也能钓到大鱼,大号钩也能钓到小鱼。4~5 号钩人们用得最多,可以大小鱼兼得。有的人用 3 号钩也能钓到 1 千克以上的草鱼、鲤鱼。钓大鱼还是应该选用型号大些的钩。

(五)怎样选用鱼钩

上面介绍了鱼钩的形状、颜色、型号,钓鱼人可根据自己的需要任意选用。渔具店出售的鱼钩绝大多数的质量是好的。选购时主要考虑鱼钩的坚韧情况。用一只手的手指捏住钩尖部,用另一只手将钩柄向外用劲拉,看钩弯处是否存在变形现象。若拉不动,不变形,说明此钩质量好、耐力大。

看钩尖、倒刺是否尖利。

看钩柄末端是否宽厚。钩柄末端的钩把是拴线用的,若钩把宽厚,易结线而且不易脱线,若钩把的粗细与钩柄的粗细一样,鱼线容易脱落。钩把还应厚一些,若过薄,由于使用时有拉力,钩把会磨断绑钩线,使钩脱落。

(六)绑钩的注意事项

绑钩应注意的事项是鱼线一定要在钩柄的内侧,而不应在钩柄的外侧。这是因为,钓线在钩柄的内侧时,鱼咬钩时钩子的稳定性好,鱼易中钩,而且中钩后不易脱钩(图 6)。

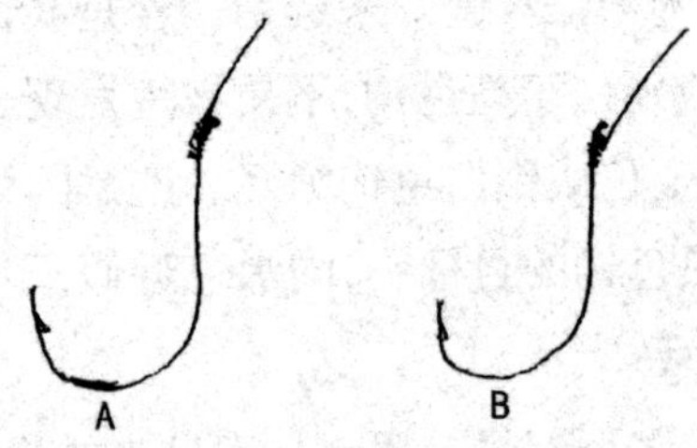

A 正确的绑钩法 B 错误的绑钩法

图 6

绑鱼钩的方法很多。买渔具时营业员会帮你绑好鱼钩。为了方便，还是自己学会一种绑鱼钩的方法为好。现在介绍一种简便的钩线系结方法(图 7)。

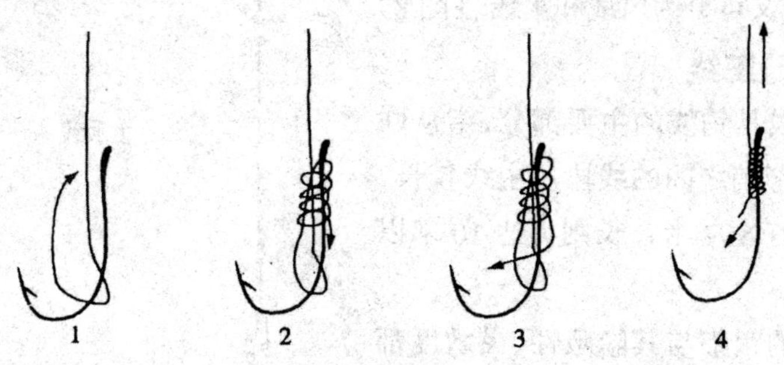

图 7　绑鱼钩的方法

怎样选用鱼线

鱼线是钓鱼的重要钓具。鱼线选用是否得当,将直接影响钓鱼的效果,有经验的垂钓者都十分重视对鱼线的选用。

鱼线论其材料成分有尼龙线、陶瓷线和碳纤线。

尼龙线,也叫塑胶线,是普遍使用的鱼线。但尼龙线易老化,鱼线使用了一年以后就应换新线。

陶瓷线的制作成分是一种树脂，外用陶瓷制作技术在树脂线外面加一层保护成分。这种线拉力强,不老化,使用效果好,但价格高。普通钓鱼爱好者也不必掏高价钱买这种线。

做钓竿的碳纤线是以聚乙烯或聚丙烯纤维经过高温碳化等工序处理后,产生一种以碳为主要成分的纤维,而制作钓线的碳纤线指的是含有化学元素“氟”和“碳”的树脂经机械处理而成线体,它与制作钓竿的碳纤维是两种不同性质的产品。制作钓线的碳纤维的特点是耐拉力大,抗氧化能力强，耐高温，还抗紫外线辐射，是一种高档鱼线。

鱼线可分为主线和脑线两大部分。主线又可分为风线和水线。（图8）

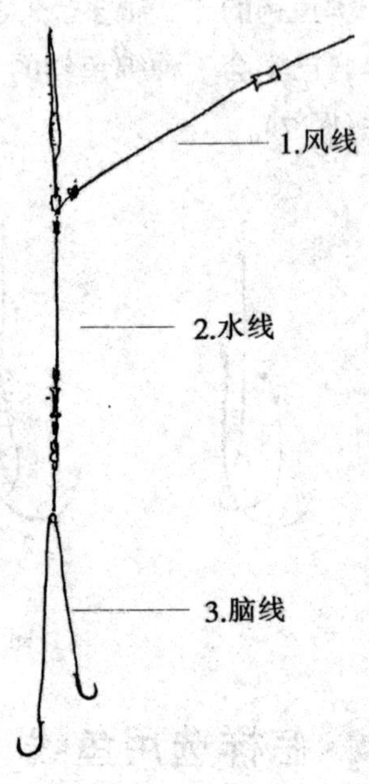

图8 钓线各段名称

（一）主线

主线是钓线的主要部分，指从联结环到竿梢之间的线段。主线较长，短则也有5~7米，长则可达10米以上。

线的粗细与其隐蔽性、灵敏度都有一定的关系。主线越粗，隐蔽性越差，灵敏度也越低。所以，选用主线应该细一些，线径以0.2毫米为好。若钓草鱼、青鱼，线径可达0.3~0.35毫米。

购买主线千万不要只图便宜。不要买几元钱一盘的劣质线，至少要买20元一盘或30元一盘的中等价格的线。切记，便宜没好货。

无论什么材质的钓线，都会老化，只不过是高质量的线老化的慢一些。所以钓线在用过一段时间（半年或一年）后一定要更换。

风线：风线指从浮漂座至梢之间的一段线。在传统钓法中，这段线是在水面以上，易被风吹动，所以叫风线。而使用台湾钓法时，由于竿梢压入水中，所以这段风线在水中。

水线：水线就是从浮漂座至联结环之间的一段线，因为是在水中，所以称之为水线。

（二）脑线

脑线，也有叫子线，是鱼钩至铅坠之间的这段线（图9）。

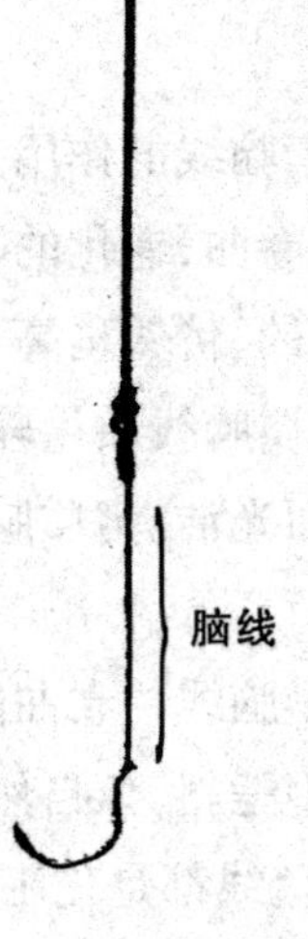

图9 脑线

1.脑线的作用

(1)绑鱼钩。

(2)传递鱼咬钩的信号。鱼在咬钩时首先是牵动脑线,然后带动铅坠,再带动主线上的浮漂。

(3)保护主线。脑线比主线细,若钓线承受不了大鱼的游窜力或钓线被水中的障碍物挂住时,由于脑线较主线细,自然没有主线结实,最先断的是脑线,有时脑线断了但主线是完好的,所以脑线起到了保护主线的作用。

(4)便于调换。脑线与主线多用联结环联结,根据需要,可随时取下,另换脑线,方便快捷。

(5)具有隐蔽性。由于脑线很细,长度至少在15厘米以上,所以鱼儿难以发现脑线。又由于脑线较长的缘故,鱼儿也难以发现脑线上部的铅坠和联结环。正由于脑线具有一定的隐蔽性,鱼儿才放心大胆地咬钩吞饵。

2.怎样选用脑线

(1)选用优质脑线。由于脑线的作用大于主线,应选用优质脑线。优质脑线承受的拉力大,不易卷曲,老化的时间慢,切水性好,脑线用的是很短一截,所以应选用优质的、价钱稍高一些的。

(2)选用软质脑线。软质脑线质量较高,软质脑线也好绑钩。

(3)线体粗细均匀,表面光洁。劣质脑线的表面光泽度差,粗细也不均匀。

(4)不要用卷曲的线做脑线,卷曲的线入水后钩的位置也是歪斜的,而不是垂直的,钩在水中歪斜,鱼自然难以中钩。

(5)脑线要定期更换。鱼线都是化工原料制造。鱼线用了一段时间后(几个月、半年或一年)会老化。脑线也会老化。老化的线不结实。所以,脑线应定期更换。

(6)脑线不要打结。有时因线的缠绕,脑线也会打结,打结处最容易断。所以脑线打结后就不能再用了,应及时更换新脑线。

常用的脑线多为尼龙线。另外还有编织线,编织线也叫锦纶线,线径比尼龙线粗,但承重力比尼龙线大得多。有些钓手在湖泊、水库中钓大鱼时常用编织线做脑线,这样就大大增加了钓线在大鱼搏击时的耐抗力。

(三)线的型号及其使用意义

钓鱼人应了解线的型号及其拉力,以便在使用时选择恰当型号的线,线的型号通常是以线的模截面的直径来计算的。如 0.4 号的线,它的直径就是 0.4 毫米。也就是说,线的型号越大,线越粗,拉力越强。也有另一种型号的线,以磅为计算单位,以 1 米长的一段线所能承受的重量是多少磅,就叫几磅线。1 磅等于 0.45 千克。但是国内用得最广泛的还是以线的直径为线的型号,这种方法简便易记。但日本产的鱼线的型

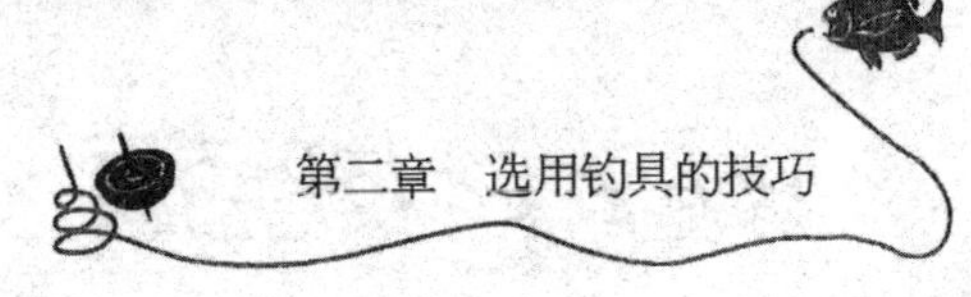

号与线的直径不是一个概念。

怎样保护鱼线

在各种钓具中，鱼线是最容易损坏的部件，所以应倍加爱护。

（一）使用时的保护

太空豆是最容易摩擦鱼线的，所以应根据线径的粗细恰当选用太空豆，细线配小号太空豆，粗线配大号太空豆。在线上移动太空豆时应先把线擦湿，再缓缓移动。否则，就增加了太空豆的摩擦力，容易损坏鱼线。

在线上打结或绑钩时用力不要太大。有些钓友总怕钓线绑钩不太紧，就用力拽，这对钓线会有损害。

在用海竿钓鱼时，无论是往绕线轮上绕线或放线，都要避免线拧筋现象。拧筋的线会减少使用寿命。

钓罢鱼收线时，应用柔软的布擦拭鱼线，擦去线上的水分再将线取下，放入绕线架或缠在绕线筒上。

（二）不用时，鱼线怕强光的照射

不用的鱼线应放在避光阴凉处，也要防止潮湿环境对鱼线的影响。鱼线不要和樟脑丸、蚊香及其他化学腐蚀药品放在一起。定期将封存的鱼线拿出来晾一晾，避免鱼线潮湿变质。

（三）鱼线要定期更换

无论多么好的鱼线，也会有老化的时候，应定期更换。一副鱼线使用多长时间，这要根据你的使用频率，即使一年中钓鱼次数不多，到了第二年也应更换鱼线。

钓线的长度与垂钓的关系

除台湾钓法，用于野钓、休闲钓时，线的长度可以灵活掌握。由于各地钓鱼习惯的差异，也因所钓水面的大小关系，可以选用齐竿线、超长线或长竿短线几种方式。也就是说，线的长度与垂钓方式有着一定的关系。

(一)齐竿线

齐竿线就是鱼线的长度与竿的长度等长，或近似。这是不少地区钓鱼人使用的钓法(图 10)。

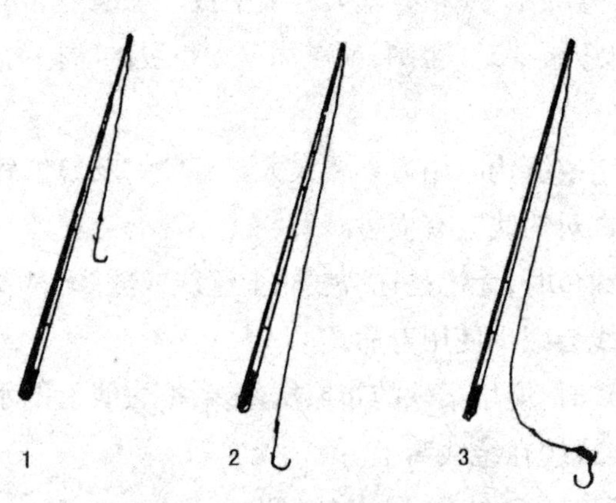

1.长竿短线　2.齐午线　3.超长线

图 10　鱼线的长度

齐竿线有其优越性。

1.挂饵方便

扬竿收钩时，钩基本上可以到垂钓者面前，不需将竿一节节的收缩，节省了时间。每次至少可节省数秒钟。休闲钓几秒钟无所谓，若是钓鱼比赛可就慢了“半拍”。

2.竿子离钓点较远，避免鱼儿发现竿子的影子

我们可以推算，假如竿长 7 米，线也是 7 米。水线(入水的那部分线)约 1.5 米左右，那么风线的长度就是 5.5 米。用齐竿线钓鱼的人通常

将竿子离钓窝较远，为的是避免阳光把竿子的影子反射入水中，使鱼产生警觉性。

3.长线的另一个优点是便于遛鱼

若钓到大型的鱼遛鱼时方便，线长使鱼有游窜的余地，只要收放线适度，不会因短线造成人与鱼的对抗，遛鱼能消耗鱼的体力，最终把鱼弄得精疲力竭。

4.齐竿线还可以把钓饵投到比竿子还远的水域，便于在浅水中钓鱼

有时，因塘口呈碟子状，水较浅，而近岸处无鱼，只有长线方可把钓饵投到远处。

5.选钓点余地较大

若有水草、乱树枝，长线可以选择无障碍物的钓点，选钓点的余地比短线大。

齐竿线投钩方法：齐竿线因线长，投竿时往往挥竿动作太大，使鱼竿的影子被映到水中容易使鱼儿警觉。因此，投钩时应避免大动作。正确的方法是：一手持竿把，若竿子太长，一手难以把握，可将竿把抵到腹部的腰带处，另一手拉紧鱼线，把竿梢部分拉成方状，然后拉线的手迅速松开，借助竿的弹力握竿的手再顺势向前用力，钓饵就会投到远处的水中。

（二）超长线

在大水域垂钓，还可以使用超长线。线长是竿长的一倍以上。如竿长 8 米，钓 20 米远的水域，水深为 3 米，钓线至少长度应是 16 米以上。计算方法为，20 米减竿长的 8 米，竿梢以外至少有 12 米的钓线，再加上水线 3 米，风线 1 米以上，所以钓线应至少在 16 米以上。

这么长的钓线怎么样抛出去呢？用竿投是不行的，抛线方法是，先把竿架到支竿架上，钓线下端必须有适当重量的铅坠，铅坠应是可以上

下活动的活心坠。钩上挂饵后用手提线抛出,就像拉砣钓法一样,将钓饵抛投出去。

还必须用大号浮漂。因投得远,小漂不易发现其动态的变化,所以应用大号浮漂。

超长线适合在江河湖泊、水库中使用。

(三)长竿短线

长竿短线钓法是用得最多的一种钓法。

长竿多指 8 米以上的竿,最长的可达 13 米以上,而竿上的线除水线以外,风线多为 1 米左右。长竿短线的优点是:

1.提竿迅速,反应灵敏

由于风线很短,有时风线与水线是一条垂直线状态。一旦浮漂上有鱼上钩,立即扽竿,动作快捷,不会像齐竿线那样“拖泥带水”。

2.适合在草丛、水生植物多的水域垂钓

由于水生植物多,空隙很小,短线可以通过竿梢直接丢到空隙间,选点准确。鱼上钩后立即提竿,由于线短,鱼窜游的范围小,避免鱼窜到草丛中被草茎绞绕。在水塘、堤堰中常常长满芦苇、莲藕、浮萍,在这样的水域,长线的弊端就显而易见了,只有长竿短线才运用自如,方显优势。

长竿的重量并不比短竿重多少,因为现在大部使用碳纤维竿,材质好,一副 10 米手竿也只有 500~700 克的重量,不必担心长竿会笨重。

3.适应性强

长竿可以缩短(少抽出几节),因此可以钓浅水,但短竿就不能伸长,只能钓近水。因此,长竿可钓近也可钓远,适应范围广,使用方便。

但是长竿短线也有不足之处:

(1)伸缩费时。取鱼、挂饵时,须将竿子一节节缩回,然后才能够到钩。挂了饵后也必须再将竿一节节拉出,比齐竿线的速度慢了几秒钟。

(2)钓大鱼遛鱼的余地小。由于线短,人与鱼的对抗力增大,只有靠竿子的弯曲度和韧性遛鱼。若竿子调性是硬性的,遛大鱼的可能会断线断竿,不如长线遛鱼的余地大。

(3)竿子的影子易被鱼儿发现。由于竿子就在钓窝的上方,竿子的影子会被阳光射入水中,易被鱼儿发现,增加了鱼的警惕性。

线的长短问题,一是根据个人的习惯喜好而定;二是根据钓场水面的大小;三是根据所钓的对象鱼的不同;四是根据气象条件及季节的变化。如春季,宜用短竿短线,冬天则适合长竿长线,夏天钓深水也应用长竿长线。

不过,现在用长竿短线的越来越多,一是垂钓范围广,灵活性大;二是反应灵敏,动作快捷。

怎样选用打窝器

由于鱼儿胆小,若用手直接抛投诱饵,水中自然有"嘭嘭"的响声,会惊吓水中鱼,所以钓鱼人在大多数的情况下都是用打窝器投放诱饵。其优点是:水中不会有响声,投饵点较准确。有些打窝器可以将饵料投入水底,这样就可以避免招引水的中上层的小鱼。因为小鱼一旦发现了饵料会蜂拥而至,小鱼闹窝,大鱼不来,钓者自然钓不着大鱼,而且也浪费了鱼饵。

由于用途不同,容量不同,打窝器有多种样式。以下介绍几种。

(一)锥形打窝器(图 11-A_1、A_2)

此打窝器用铁皮制作,合起来为上大下小的锥形,渔具店有售。此打窝器可以将饵料投到水底,也就是说,只有当打窝器的下部触底

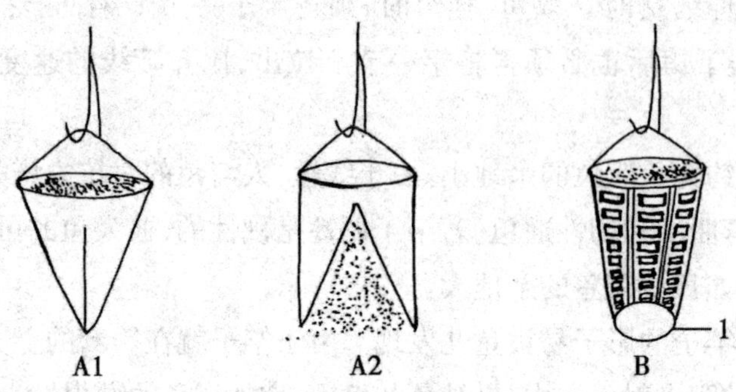

A1.水底投饵器　A2.打窝器入水打开　B.篮式打窝器

图 11　常用的打窝器

后才张开，饵料从打窝器中倒入水底。由于用此打窝器投饵时，水的中上层无诱饵，从而可以避免招来小鱼小虾，也就可以避免小鱼小虾搅窝了。

(二)篮式打窝器(图 11-B)

篮式打窝器是塑料制作，四周全是网眼，有圆筒形和上大下小的三角形。无论是圆筒形还是三角形，下部都是圆形塑料球，塑料球是空心的，入水就漂浮，而装饵料的塑料篮就会倾斜，塑料篮翻倒，塑料圆球翻到最上面，饵料就全部落入水中。

篮式打窝器有大小之分，大的装饵料自然多。钓者可根据自己的需要从渔具店购买。

篮式打窝器投放的饵料分布在水的上、中、下层，所以也叫立体打窝器。

(三)三角形打窝器(图 12)

三角形打窝器制作的方法同直筒式。此三角打窝器的特点是：打窝器可以沉入水底，那么饵料就在水底了。而长筒式打窝器是入水后投撒饵料，饵料先渐渐沉入水中，所以在水的各个层面都有饵料。

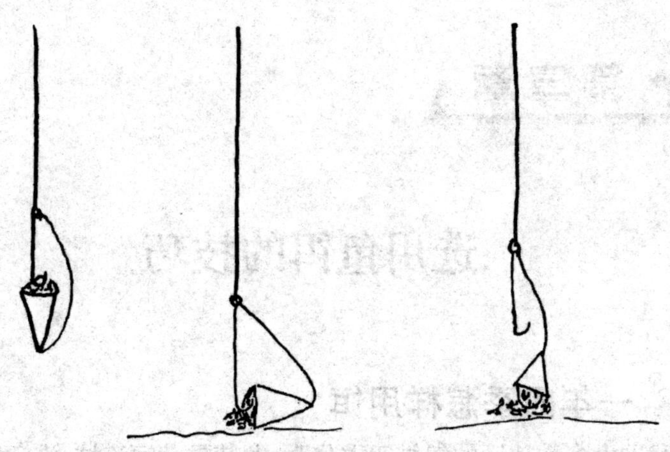

图 12　三角形打窝器

以上几种打窝器各有特点，钓者可根据自己的需要和习惯选用。

第三章

选用鱼饵的技巧

一年四季怎样用饵

我国大多数地区的气候四季分明，尤其是黄河流域、淮河流域和长江流域，春、夏、秋、冬更为明显。由于季节的不同，气温、水温、风向、风力、阳光照射时间均不相同，这些因素都会影响到鱼的活动量、栖息地、食欲和对食物的选择。因此，在不同的季节钓鱼所选用的诱饵和钓饵均不同。

（一）春季用饵的方法

俗话说"惊蛰鱼开口"，就是说，过了惊蛰时节，鱼就开始觅食了，这时正是农历二月初，公历 3 月初，可出外钓鱼了。

春天钓鱼使用饵料时，必须首先选择好钓点。"春钓浅"，春天阳光照射并不强烈，只有浅水区的水温回升快一些，浅水区的绿叶植物青草类也比深水区茂盛。有了草叶，各种小虫也就多了，这些都是鱼的好食料。鱼儿排精产卵也依靠水草、树枝的帮助。浅水区的溶氧量也较深水区丰富。所以，投放诱饵的位置自然应在浅水区。

到了仲春以后，气温明显回升，中午气温可达 20℃以上，中午应在深水区钓鱼，饵料也就投向离岸稍远的深水区了。到了下午 4 时以后，气温降低了许多，鱼儿又会游到浅水区觅食，这时诱饵就应投在浅水区，这就叫“一日三迁”。

春天鱼变得十分活跃，比较贪食。雌鱼产卵期，需要大量的营养物质满足生理需要，食欲格外旺盛，这时钓鱼的饵料应以荤饵为主，也就是多用动物类的饵料，如红蚯蚓、蛆芽、红虫、面包虫等小软体动物，用这些小动物作钓饵效果特别好。诱饵的气味应浓一些，香味饵、甜味饵都是鱼喜欢的饵料，在制作饵料时适当多加一些香味、甜味添加剂。

（二）夏季用饵方法

夏季，中午气温可高达 35℃以上，而多数鱼最合适的水温是 15℃~25℃。高温使鱼的活动量减少，食欲也差，常常游到深水区，在无阳光照射的水域或水底栖息。因此，夏季是钓鱼的淡季，每天的早、晚是钓鱼的最佳时段。

“夏钓潭”，诱饵应投在深水区、无阳光直射的庇荫水域；遇雨天，气温下降或有 3 级以上风时，也是可以钓浅的，因为浅水区有水草，可以为鱼提供食物来源，草丛又是遮阳的凉爽水域，找有水草的水域施钓为良策。

饵料的使用：因气温水温都高，鱼的食欲减退，使用饵料更应精心。从气味上讲，应淡一些。无论是诱饵还是钓饵，都应以素饵为主，少用或不用荤饵（钓肉食性鱼除外），如用面团饵，还可以就地取材，用草叶、花瓣、嫩果实（如玉米粒、麦穗）做钓饵，也可以捉些蚂蚱、草虫当钓饵，如将新鲜的嫩小麦粒撒到水中当诱饵，钓草鱼、鲤鱼效果好。

草鱼是不怕热的，即使在中午也可以钓到，饵料也以素饵为主，尤其应使用绿色的草叶做钓饵。

夏季因气温高，钓友们尽量少外出钓鱼为好，尤其是抵抗力较差的老年朋友应“忌钓三伏”。

（三）秋季用饵方法

秋季，气温渐渐下降，野外的庄稼、果实渐渐成熟，是一年中钓鱼的第二个黄金季节。鱼儿也变得活跃,食欲增加,以补充营养,贮存脂肪,抵御寒冬。

早秋,天气仍然比较热,钓位的选择和饵料的使用与夏季近似。到了晚秋,天气有些寒意,钓位应选在向阳、温暖的浅水区。草丛边、大树下仍然是垂钓的最佳位置。

早秋钓鱼,仍然以用素饵为主。这时,红薯也已收获,将红薯蒸熟,捣成红薯泥,加入面粉、麸皮和少量的糖,可作为钓青鱼、鲤鱼的饵料,尤其是钓青鱼收获会很大。笔者每年秋季用炸弹钩钓鲫鱼也是次次丰收,用的饵料配方是:出钓的前一天晚上,在盆里放入500克麦麸,200克饼粉,80克面粉,50克小米,然后加水拌匀、捏揉,然后加入一些蒜末、蒜汁,两盅药酒,再拌,然后装入塑料袋,扎口,第二天使用。使用时再准备一袋湿小米。当饵料包住炸弹钩后,再用饵团沾些小米就可以投钩了。饵团外面沾的小米入水后会脱落一些,成为诱饵。

仲秋,水中的植物纤维化,鱼咬不动了。但是秋季昆虫特别多,蚂蚱、螳螂、青虫,在树枝上、草丛中都可以捕捉到,用昆虫做钓饵,主钓草鱼,常常有意想不到的收获。

到了晚秋,气温已经下降,此时钓鱼应以荤饵为主,若是在肥水塘钓鱼,仍用面团类素饵。

(四)冬季用饵方法

冬季是钓鱼的淡季。近些年,由于全球气候变暖,除在三九天较寒冷外,冬季的气温比过去高多了,出外钓鱼的人更多。特别是在无风、阳光充足的天气钓鱼会有收获。

“冬钓阳”,就是找光照时间长、背风的水域设钓点,投诱饵。

冬季钓鱼,调制饵料时应多加一些气味类添加剂,无论是香味料或是甜味料都适当加大用量,芳香的饵料无论是作为诱饵还是作为钓饵.钓鱼效果都好一些。

冬季钓鱼，像早春一样，应以荤饵为主。蚯蚓、红虫、蛆芽是首选的钓饵。诱饵的投放量应适当加大，以增强诱鱼效果。投了诱饵后应耐心等待，除非池中鱼的密度很高，否则不可能在 10~20 分钟之内就会有鱼上钩，有时需要等一个多小时才会有鱼游到窝里，若有鱼上钩了，钓半个小时到一个小时，应补充诱饵。

配制诱饵要达到的三个目的

诱饵的作用就是把水塘的鱼吸引到垂钓处。除台湾钓法使用饵料的方法是“诱钓合一”外，钓鱼时都应单独使用诱饵。诱饵的使用效果直接关系到能否钓到鱼。配制诱饵应达到三个目的。

（一）把鱼引诱过来

由于诱饵的数量比钓饵大，所以在水中的影响力也大，所谓“立体窝”，就是在水的上、中、下层都有诱饵，无论是上层鱼、中层鱼，还是水底层鱼，都能发现诱饵，吃到诱饵。

由于鱼的嗅觉比视觉灵敏，所以，钓鱼人十分注重诱饵的气味，使远处的鱼也能闻到鱼饵的香味，从而循着气味游到诱饵区，这就是人们常说的“以气味诱鱼”。

还有一种方法就是用颜色诱鱼。

鱼的视力虽然较差，但是，鱼仍然能分辨出不同的颜色。不同颜色的色波的长短是不一样的。水有滤色作用。当某种物质进入水中后，这物体的部分光已被水吸收，光波长的最先被水吸收，如红色的光波较长，所以最先被吸收去一部分；而蓝色、绿色的光波最短，所以吸收得较少。因此，红色物质在水底已失去了原有的红色，只有蓝色、绿色仍保持着本色。黄色的光波较短，在水中保持的时间较长，在深水区仍显示出黄色，但已经不是十分鲜艳的色彩了。蓝色和绿色本来颜色就暗，再加上深水区的光线也暗、蓝色和绿色基本上与水一色了。

综上所述,说明黄色、橙色在水中仍保持亮色,这就启发我们,诱饵的颜色应以黄色、橙色为主。如小米、玉米糁,用这些诱饵诱鱼效果较其他灰暗色的物质效果好。

用气味诱鱼,用颜色诱鱼,都是依附于诱饵的实体之中。颜色,是诱饵物质的颜色。气味,也是诱饵所散发出的气味,因此,诱鱼的主要手段是靠实体性的饵料诱鱼。

(二)把鱼留得住

实体性的饵料又有虚实之分。人们通常把麸皮粉、豆粉、面粉、饼粉等粉末状物质称为虚的物质。这些物质入水后雾化散开,漂浮于水中,鱼对这些粉状物是吃得十分费力的,怎么也吃不饱,但又舍不得离去。实体饵料指的是颗粒状物,如小米、大米、饭粒、玉米糁、饼块、小麦、豌豆等有形体的物质。只有这些物质才可以使鱼吃得到。

诱饵有好闻的气味,有鱼喜欢的亮色,鱼又可以吃到实质性的食料,鱼就聚在诱饵区舍不得离开。好的诱饵可以诱来成群的鱼,并且使它们长久不愿离去,这种状况正是钓鱼人所希望看到的。

(三)吊鱼的胃口

钓鱼人投放诱饵的目的绝不是把鱼喂饱,只是一种诱惑,然后再投下更为精美可口的钓饵。诱饵的质量是粗放型的。为达到诱鱼的目的,诱饵的投放量一定要恰当掌握。若是在水库、湖泊中钓鱼,因水量大,诱饵的量可大一些,若在小池塘钓鱼,诱饵的投放量应小。为什么人们把酒泡小米用来做诱饵呢?是因为小米的颗粒小,鱼吃着费力,但是小米是很多鱼都喜欢的食料,喜欢吃小米,所以也舍不得离开诱饵区。

诱饵并不只是施钓开始投入一次,在施钓过程中应不断地向钓点续投,投放的量应小于第一次的投放量。若窝里不断有鱼上钩,可以每隔20分钟、半小时向窝里续投一次诱饵。

配制使用诱饵应掌握哪些原则和方法

用手竿钓鱼，通常都是先向水中投撒诱饵，其目的是通过诱饵在水中扩散的饵料以及其独特的气味把鱼引诱到垂钓点，然后用钓饵钓鱼。现在，台湾钓法是不用诱饵的，也有一些钓友用诱钓合一法钓鱼，即将钩上的饵料先抖落水中，连续抖几次，使窝中积聚了一些饵料，然后再使用钓饵，但对大多数钓者来说，还是习惯于先投诱饵，再垂钓。尤其是在大水面的湖泊、水库、河流中钓鱼，还是必须使用诱饵的。

投撒诱饵，看似简单，其实是很有技巧的。投多大的量，用什么方法投，是一次投还是连续多次投，配制诱饵应掌握什么原则，都需根据所钓的对象鱼的不同、水情的不同、气象情况的不同而运用不同的方法。

诱饵应由三种成分的原料组成。

配制诱饵应有虚料、实料、添加剂三部分原料组成。

虚料，并非虚无缥缈，而是与实相对而言，指的是粉末状原料，这些虚性的物质。这些物质由于体轻，入水后便分散开，随着水的波动向周围漂散开，这些碎屑在水中散开的情形，钓鱼人通常称为“雾化”。由于碎屑向四处扩散，使游动的鱼儿能够较容易地发现这些物质，于是，鱼会循着这些诱饵游向饵料区，因为饵料区中心的饵料肯定多于四周分散的饵料，麦麸粉、糠粉、饼粉、豆粉等都属于这类物质。

实料，指的是颗粒状、块状物质，这些物质入水后不易被水波动，而是沉入水底或近于水底的水中。这些物质是让鱼可以吃到，可以充饥的物质。对鱼来讲，所追求的也是这类物质。如小米、碎米、玉米、饼块、饭粒等就属于实料，这部分物质是不可或缺的饵料。

添加剂，也有人叫辅料，也属于虚性物质。添加剂是配制诱饵必不可少的成分。添加剂的主要作用是增加饵料的气味。这是因为鱼的嗅觉十分灵敏，鱼在水中要发现食物首先靠的是嗅觉。当鱼在游动时闻到某一种气味时，若符合自己的喜好，便会循着气味源的方向游过去。因此，气味在饵料配制中有着重要的作用。气味有甜味、香味、酸味、臭味、腥味等。用做添加剂的物质无论是固体的、液体的，还是糨糊状的，都很多。如粉末状的有气味的中药材、中药泡酒、各种饮料、糖、水果的渣滓及有气味的植物（如蔬菜、花、叶、茎）、鱼粉、血粉、药粉等都可用做添加剂的原料。

作为添加剂，气味的浓度要适度，不可有刺鼻呛人的气味。用量也不宜多，种类也不宜杂，一种饵料应以一二种气味为主。各种气味的添加剂混合，结果形成一种鱼讨厌的怪味，这种做法是不可取的。

使用诱饵应注意以下问题。

（一）仔细观察确定钓位再投诱饵

首先要观察周边情况。如岸边过于陡峭、树木多、乱草多、头顶有电线、岸边与水面落差太大，这些地方都不宜作钓位。水中的情况更应考虑。如水草太多，有倾倒的树木，这样的水域也不宜作钓点。

其次要测试。将钩线投入水中，测试水的深浅。有些水面看上去很好，水色是灰黄色或青绿色，甚至还长有一些水草，然而用钓钩一试，水深不足 50 厘米，显然水太浅了，此处没有鱼。所以，在投放诱饵之前，必须先测试水深。

再次要多走走，多转转。到面积较大的水域垂钓，必须沿岸边多走多转。有时，自己认为某处宜作钓点，可再往别处一走，发现那里的环境比这里更好，若不多走走转转难免失去最佳钓点。

急于抢钓位、投诱饵，是一种不文明行为，会引起钓友们的反感。

（二）要用打窝器投放诱饵

有些钓者直接用钩挂诱饵团，钩入水后再拌动竿梢，使饵团脱钩入底。并且连续多次地投饵。台湾钓法在投放诱饵时就是这么做的。但用得最多的还是用打窝器投放诱饵。若用手直接抛投诱饵，饵团入水响声

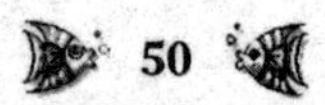

太大,会惊吓水中的鱼。因此,用手抓饵直接抛投的方法是不可取的,一定要用打窝器投放诱饵。

(三)掌握好诱饵的用量

掌握诱饵的每次用量是有技巧的。小则如鸡蛋大一团足矣,大则可以成袋地投入水中。其根本依据是水的深浅，水面的大小及气温的情况。

若在小型池塘钓鲫鱼、罗非鱼,诱饵团有鸡蛋大一团就可以了。若在水库、湖泊中钓鱼诱饵可用数千克重的量甚至更大的量,其道理就是饵团小了影响小,不易被鱼发现。

还可以用家禽、家畜的骨头、内脏做诱饵投入水中。所投的东西因为经久耐泡,使用效果长,可以连续多天垂钓,诱鱼的效果也非常好。

(四)要连续不断地投放诱饵

投放诱饵后若有鱼进窝,钓获了鱼,就要继续不断地投撒饵料,这叫"补窝",以吸引鱼继续进窝。通常在一个小时左右就应补窝。补窝的诱饵量应小于第一次的投放量，不宜太多，避免鱼吃饱了诱饵不吃钓饵。让鱼感到窝里虽有饵料,可怎么也吃不饱,而又舍不得离开,这叫"吊鱼的胃口"。为达到这种效果,有的钓鱼人将诱饵用窗纱网包住,饵料在网袋中,鱼吃得更少,水浪也冲不散,还可避免小鱼闹窝,确实不失为一个好办法。

(五)可同时在多处撒饵

若是对一个过去未曾来过钓场,对钓场的水情、鱼情不太熟悉的钓友,可以同时在多处撒饵。通常以 3~4 个为宜,各点之间应有一定的距离,而且是水深不一,水面情况不一的多个钓点。因为钓者尚不知什么地方适合,应先"侦察、摸索"。若第一个钓点无鱼上钩,就到第 2 个、第 3 个钓点试钓，选中有鱼上钩的钓点作重点。这样做的好处是节约时间。不要等到第一个钓点无鱼了再找新钓点再投饵。因为从投饵到上鱼,就是春天有时也需要半个小时以上的时间鱼才会游来。若是冬天,需要的时间更长。当然,投饵的点也不能太多,避免浪费饵料。通常投放3~4个钓点。

(六)一个钓点,多处撒饵

若在大水面垂钓,还可以在同一钓点撒几处饵,做几个窝子,使窝点之间形成片状,以扩大诱鱼的范围,然后可以在多个窝子轮流垂钓,人不必挪位,只是将钓竿伸进不同窝子,避免人站起活动,惊跑水中的鱼。人也减少了体力的消耗。

(七)可用网状袋投入诱饵

用网状袋投放诱饵,是节约用饵的一个好方法。操作方法是,用尼龙窗纱、旧蚊帐布或尼龙袜缝个小布袋,里面装上诱饵,再系一根长线,然后将网袋诱饵投到钓点。若此处无鱼,再提线收起诱饵,另找一个钓点再投放。这样做,很显然可以节省诱饵,诱饵在网袋里,鱼只闻到气味,吃到很少的饵料,网袋饵起到了吊鱼的胃口的作用。

使用网袋诱饵要注意的是:下钩时应与网袋保持一定距离,避免钩子挂住了网袋。

(八)巧做"窝外窝"

所谓"窝外窝"就是在投放了诱饵后的主窝四周再投撒很少的饵料(图13)。

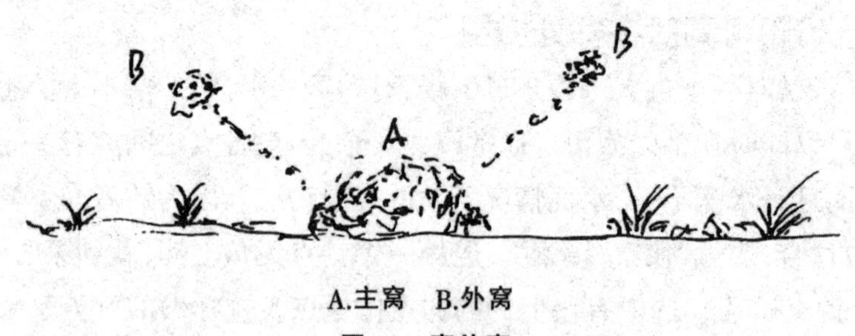

A.主窝　B.外窝

图13　窝外窝

这样做的好处是:可以扩大主窝诱饵的影响。鱼在游动时最先发现的是主窝外的零散的饵料,然后会循着饵料游到主窝里。主窝里饵料多,气味浓,鱼饵的质量高,鱼不会游走,会聚集在主窝很长时间,便于垂钓。

(九)根据气温投放诱饵

鱼的食欲与气温的高低有着密切关系。当气温在20℃~25℃时,是鱼最为活跃、食欲旺盛的时期,鱼需食量增加,若在这种气温季条件下钓鱼,诱饵的投放量要大一些,以满足鱼的需求。若气温在37℃以上或5℃以下,鱼基本上停止进食,这时诱饵的投放量可小一些。按季节讲,春季、秋季用饵量宜大,夏季、冬季用饵量宜小。不过,早春和晚秋,气温也不高,用饵量也不宜过大。

(十)根据水质投放诱饵

水有肥水、瘦水之分。所谓肥水,就是指水中的各种微生物多,植物在水中腐烂后形成的腐殖质多,有的是从水域周边流入的肥水,也有的是鸭鹅排泄了大量的粪便,养鱼主用牲畜粪、家禽粪喂鱼(如鸡粪、鸽子粪),使水变肥。瘦水,恰恰相反,水中少腐殖质和各种微生物。肥水,投入的诱饵量宜小,瘦水,投入的诱饵量宜大。

怎样配制酸性饵

(一)怎样配制酸饵

有些鱼喜食带有酸味的饵料。如鲢鱼,就是对酸味有特殊嗜好的鱼类。某些水域中的鲫鱼、鲤鱼也食酸性饵。

凡是人可以食用的,有酸味的物质,大多可以用来配制鱼饵。

用酒曲、麸皮、米糠、玉米面、饼粉、豆粉等发酵的饵料既有酸味又有香味,是钓鲢鱼的主要饵料。

若是在饵料中加些食用醋当然也可以,但其味仅有酸味缺少香味,因此,应再加些香精或者麻油之类的香料才好。

每次钓鱼用剩的饵料再加些剩米饭之类的物质装进塑料袋扎紧口放几天(夏天时间更短),也是很好的酸饵。若是过酸,应加些饼、粉类物质。装袋时一定要洁净。开袋时若发现饵料长白毛、发霉,说明已霉烂变质,不可使用。

市场卖的甜米酒可用来直接加入饵料中,米酒香味纯正,诱鱼、钓鱼效果都很好。

有些带酸味的水果,如李子、葡萄、草莓、苹果、杨梅、樱桃、菠萝等,捣碎,取其小颗粒及果汁加入饵料中。若有现成的罐头也可。

蔬菜类如西红柿，糖蒜水等是十分有效的酸味添加剂。这些东西取、用都很方便,而且卫生。

还可用带酸味的各种饮料,如橙汁、椰子汁、酸奶、菠萝汁等直接倒入饵料中,效果也不错。

(二)怎样使用酸饵

酸饵多用于钓鲢鱼。由于鲢鱼的嘴宽大,用钩宜大。若是单钩挂饵,至少应用 8 号以上的大钩。炸弹钩、飞毛钩是钓鲢鱼用得最多的钩,炸弹钩、飞毛钩自然是用糟食饵。

酸饵中还可以塞臭饵,方法是先将酸饵捏成一个团,用手指在饵团中掏一个洞,在洞中塞进臭饵，然后再将洞口用酸饵封住。此饵钓鳙鱼效果很好（图 14)。

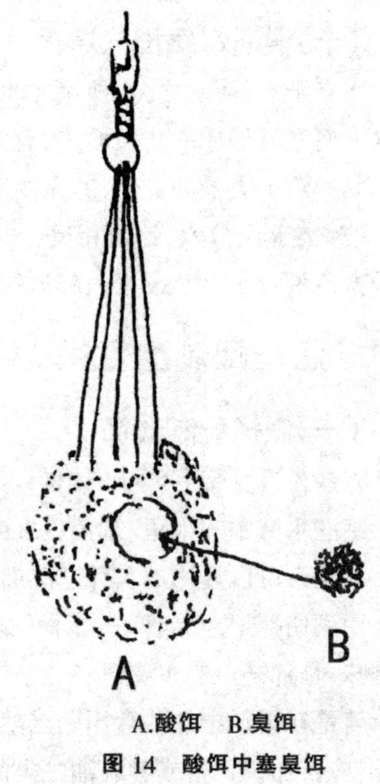

A.酸饵　B.臭饵

图 14　酸饵中塞臭饵

怎样配制使用诱钓合一饵

海竿钓因为是抛投饵团，落点难以把握，所以平常很少使用诱饵，也就是说，不先抛投诱饵。按说，用诱饵先诱鱼肯定比单独使用钓饵好，可是怎么样使用诱饵呢？笔者从台湾钓法的诱钓合一的用饵法受到启发，把垂钓的诱钓合一用到海竿底钓法，事实证明，此法既简单，又易于操作，效果也明显。

垂钓用的钓饵，饵团的外层是比较松散的粉状物，饵团入水后外层的粉状物就雾化于水中，起到诱鱼作用，里面的钓饵就起到钓鱼的作用。海竿钓完全可以借用这种方法。

在炸弹钩上使用这饵，然后将各只钩插入饵团中，投入水中。这是过去大家都用的方法，此饵团只起到钓鱼的作用，没有诱鱼的效果。实际上完全可以在饵团外面再裹上一层粉状物或细颗粒物。这些粉状物或颗粒状物并不与里面的饵团揉和粘在一起，而是另外包裹的，因此，当饵团入水后，这外面的粉状物（或颗粒状物）也慢慢脱离饵团，溶散在饵团的周围，由于这粉状物易于扩散，面积逐渐增大，使水中形成粉雾状诱饵区，自然起到诱饵的作用了。

笔者常用的有两种方法。

（一）粉状物

用豆粉若干，黄豆粉、豌豆粉、蚕豆粉均行，加入1/2量的麸皮粉，文火炒出香味，再添加一点山柰粉（一种粉碎了的中药材，若没山柰粉，用丁香粉也行），也可用调味用的十三香粉、五香粉均行。摇拌均匀，放入塑料袋中或大口圆筒中。

这种粉的作用实际上是手竿用的蘸饵的作用。

使用方法十分简单。包好饵团扎上钩后，用饵团在这细粉中蘸一下，使饵团外全部粘上粉状物质，然后就可以抛投入水了。

若钓的鱼的种类不同，粉中还可以添加各种气味。即掺入含有各种香味的粉状物或液体，如含有香味的香精、含甜味的蔗糖，和含酸味的稀释了的食用醋。

(二)颗粒状物

先把小米、大米、碎米用酒浸泡数日。

准备一筒黏液状物质，如黏米汤、面汤或糖水。

先把包好了的饵团蘸些黏液，然后再放入盛酒泡小米的盒中晃动，使饵团均匀地粘上小米。

然后将粘有小米的饵团抛入钓点。小米入水后也会慢慢地从饵团上脱落，分散在饵团的四周。由于小米颜色金黄，容易引起鱼的注意，小米又是鱼喜欢的食料，而且又香又甜，于是鱼便纷纷游来，继而发现了饵团，于是舍弃这又细又小吃也吃不饱的小米去大口吞食饵料，正好中钩。

笔者经过多年的试验，此法钓鱼效果比不用诱饵要好得多。中钩的鲫鱼相当多，即使在冬季也有鱼上钩。

哪些香料可用来配制香饵

因为鱼对香味情有独钟，所以人们在钓鱼时总是把饵料配制得喷喷香。事实证明，富有香气味的饵料——无论是诱饵或是钓饵，钓鱼效果都特别明显，尤其是钓鲫鱼、鲤鱼、草鱼，使用香饵效果特别好。

哪些物质可用来配制香饵呢？

(一)酒类

因为酒的本身就有醇厚的香味，因此，可以用白酒直接对到饵料中，这样饵料就有了香味。

还可以用酒浸泡饵料，如泡小米、泡大米、泡玉米糁都可以。

酒泡中药材形成的药酒，其香味更浓。关于酒泡中药材的方法本书

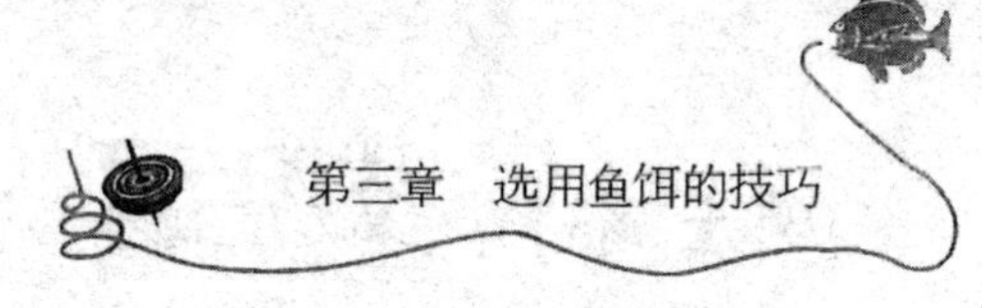

另作介绍。

米酒:用米酒对入饵料中调拌,其效果比单纯用白酒效果还好。因为米酒的香味浓,又带有微微的酸味和甜味。

米酒可去市场上直接购买,也可自己酿制。用糯米最好,普通大米也行。将米饭煮熟,注意不要加水过多,熟的米饭呈颗粒状,而不是黏团状,将米饭晾到八成凉,再把适量的酒曲(研成粉末状的)加到米饭中,拌匀。然后用一只干净的无油渍的容器装入米饭,把米饭拍平拍实,然后加盖、包严。再在容器外面用棉被、棉絮类厚厚地包裹。夏天 2~3 天米酒即可酿造成功,秋、冬季所需 3~5 天时间。酿制好的米酒放入冰箱,随用随取。取时用干净的勺子,这样米酒可保存半个月以上不变质。

红葡萄酒也可用做配制饵料。因为红葡萄酒同样具有香甜微酸的特点。

也有人用啤酒来配制饵料。据说效果也很好。啤酒具有独特的气味,有些鱼可能特别喜好这种气味。用啤酒浸泡颗粒饲料做钓饵、诱饵有明显的效果。用做钓饵主要是配制糟食饵,用于炸弹钩。

啤酒还可用做蘸饵。就是钩上挂了饵料后再放到盛有啤酒的容器中蘸些啤酒,再投入水中。糟食饵团也可沾啤酒。蚯蚓类钓饵也可蘸啤酒。

使用酒配制香饵时还应注意几个问题:一是并非越香越好。也就是说,要注意香气的浓淡度,闻着应该是略有香气,而不是浓得刺鼻的香气;二是不要同时使用几种酒,混合多种酒的酒香肯定是不纯正的模糊的香,是一种怪怪的香味,这种香味鱼并不喜欢,用此钓鱼效果肯定不好;三是酒的质量也并非越高级越好。钓鱼毕竟是一种娱乐性的活动,不必为此付出太大的代价。如果你用 500 多元一斤的五粮液来泡饵料划算吗?工薪阶层的普通钓鱼人不会这样做的。当然,若酒质太差也不好,劣质酒是用酒精勾兑的,香气并不纯正,有刺鼻的苦辣味。用普通曲酒就行了。

(二)果酱类、果汁类

有些果酱和酱类有香气香味，也可用来配制饵料。如芝麻酱及榨过油的酱渣都是很好的香料。

凡是有香味的果汁也可用来配制饵料。

小磨香油特别香，是配制饵料的上等香料，钓鲤鱼、钓鲫鱼效果都很好。

(三)香水类、香精类

香水、香精用于配制饵料效果尤佳。食用香精的品种很多，香型也不一样。如橘子香型、香蕉香型、苹果香型，荔枝香型、香精浓度越高，香味越浓，用时一定要注意用量。用得最多的是香草香型和香兰素香型。

有些香水的浓度比香精还要高，因此要特别注意用量，用量过大其效果适得其反。为了把握浓度，可用白水稀释一下，以降低其浓度，用时容易掌握。

香精、香水也可用来蘸饵。在曲酒中滴一些香水，等于稀释了香水，用来蘸饵料，香度合适。

(四)粉末类香料

使用粉末类香料最大的优越性是随用随取，用多少取多少，剩料易长久保存，既实用又方便。

粉末类香料就是把有芳香气味的物质粉碎成粉末状。许多中药材都有香味。如山柰、丁香、细辛、木香、大茴、排草等。粉碎的办法是用家用微型绞轧机，也可请集市上卖胡椒、辣椒面的小贩加工。用量大的话，可请中药店代为加工。

豌豆、胡豆(蚕豆)炒熟后也都有浓郁的香味，炒熟再粉碎、粉碎了再炒熟均行。然后拌到麸粉、饼粉中使用、钓鲫鱼的效果最为实出。这些粉也可做蘸饵粉。

市场上出售的许多调味品也可用做配饵的香料。如“五香粉”、“十三香”、“满口香”等。

芝麻炒熟后香味纯正。许多钓友都是把芝麻炒熟再碾碎成粉末状，拌入饵料中，无论是做诱饵，还是做钓饵、蘸饵都非常有效。

(五)鲜植物香料

许多植物都含有香味，这些植物也包括人们食用的蔬菜、瓜果。如：香草、鲜紫苏、荆芥、大茴叶、香瓜(瓜瓤)。把这些植物剁碎(或取其汁水)掺入饵料中，从而增加了饵料的香味。香瓜瓤(甜瓜)特别香，又有黏液，易于配制面粉类饵料。

生蒜或糠蒜都有很突出的气味，这种香辣味(甚至有些臭味)是许多鱼喜欢的气味，尤其是拌入诱饵中诱鱼效果十分好。笔者的一位亲戚告诉了在饵料中加蒜瓣汁的方法，笔者近几年一直使用该方法，诱鱼效果突出。同在一口塘中钓鱼，笔者的钓绩往往好于其他钓友，这与使用蒜瓣是有很大的关系。使用蒜瓣的方法是：在配制好饵料后，用2~4瓣新鲜生蒜，捣碎出汁，然后连汁带肉倒进饵抖中，再拌一拌，扎紧袋口就行了。春季、夏季是临出发之前的早晨在家拌好。到了钓点，解开袋口香气十分明显。

配制香饵有哪些方法

(一)配制的方法

1.拌和法

有些含有香饵的物质可以直接拌到饵料中。如曲酒、啤酒、香精、芝麻酱、芝麻粉等，中药材如丁香、细辛、山柰等先粉碎成细粉状，然后拌入饵抖中。米酒也可以直接拌入饵料中。

2.先泡后用

用曲酒泡小米、细碎米。用酒浸泡的时间越长越好。现泡现用也可以，但效果不如长时间浸泡。当然，应根据当时的气温情况。气温低时（如在15℃以下）浸泡的时间应长一些（10天以上），气温高时（25℃以上）浸泡的时间可短一些（一周左右即可）。

中药材先切成小颗粒，然后用酒浸泡。浸泡时间应比泡小米的时间更长一些，但用量很小。通常的用法是将饵料拌好后临使用之前向饵料中滴几滴即可。因为香味很浓，过多反而不好，饵料的香味会有刺鼻的感觉。

桂花、茉莉、蒜末也可以先用酒浸泡一段时间，然后再用。

3.捂闷

无论是将香料直接拌入饵料还是先用酒浸泡，使用之前都应扎紧袋口，捂闷一段时间。气温高时，捂闷时间短一些；气温低时，捂闷时间应长一些。其原理是让香味完全渗到饵料中，其香味均匀，增加诱色。钓鱼的效果好。

大蒜香味独特，使用时将蒜捣碎，略加一点水拌和，然后倒进饵料中。

4.皮粉、糠粉、饼料粉、芝麻粉、豆粉都可以先用文火慢慢烘炒，炒后的这些物质便有了香味。

5.熬煮

有香味的中药材除了用酒泡，还可以用水熬煮，经过熬香后，药味溶于水中，将此水倒入饵料中。此法简单，随时熬随时用，比用酒泡方便快捷。不足点是未用完的香液不易存放，过几天会变质。就存放讲，不如用酒泡。另外熬煮时宜用小火，像人们熬中药一样，煮开以后就用文火，不宜用大火快煮。

（二）配制香饵应注意的问题

1.选材宜精不宜杂

含有香味，可用作配饵的物质很多，配制饵料时只宜选用少数几种，不是越多，越杂越好。如用中药材，只用其中的2~3种即可。药材的量只占酒液量的1/5或1/10即可。否则药味太浓。

使用香精作添加剂也是如此。只用某一种香型。至于用什么香型，要看所钓的对象鱼喜欢什么气味。什么鱼喜欢什么香味的饵料，要在实践中摸索，找出规律。如：鲫鱼喜欢酒香型，草鱼、鲤鱼所喜欢的香型比鲫鱼喜欢的香型更浓一些。

2.香味的浓淡应适宜

配制香饵并非越香越好，应掌握其用量。尤其是使用香精更应注意其用量。为此，可先将香精滴入清水中，用鼻子闻闻，淡了再加香精，浓了再加水。当你认为恰到好处时再倒入饵料中，这样把握自然大一些。

用酒泡的中药液也是如此，应掌握其浓淡度。

气味的浓淡，在不同的季节使用方法也不一样。通常的做法是：夏天，气温高时，香味宜淡一些。冬季，气温低时，气味应浓一些。另外，还应根据水面的大小使用香饵。水面大、水域宽阔，饵料的气味应浓一些。水面小时，如村庄的小池塘，用饵的气味应淡一些。有风时，水中有波浪，香味应浓一些。水面平静时，香味应淡一些。

3.并非价钱越贵越好

食用香精的价格差别很大，选用时不一定是价钱越贵的越好，关键看是什么香型，用来钓什么鱼。麝香较贵，1克纯正的麝香至少在200元以上，若用此物化水配饵，确实不划算。瓶装香精有重量上的区别，有小瓶装，也有大瓶装，购买时宜选用小瓶装的。若瓶太大，一时用不完，时间长了会失效。

现在渔具店出售的成品香料品种很多，可任意选购。

怎样使用黏饵

黏饵，就是用液体和粉状物调拌成的面糊状的饵料。在钩上先是挂了钓饵，如蚯蚓、红虫等动物性质的钓饵，也可以是面团样的钓饵。再往有黏饵的容器中粘一些面糊状的黏饵。然后将钩投入水中。

这种黏饵入水后，外面的一部分将雾化，散落水中，起到诱鱼的作用。钩上尚存的一些黏饵就起到钓饵的作用。

用作黏饵的液体应是有气味的，或香、或甜、或酸、或腥臭。体现这些气味的物质本章前几节已作了介绍。应注意的是，液体应有一定的黏度，这样使黏饵入水后雾化得少一些，或是可以避免入水后就雾化，尽量使饵料在水的下层雾化。为达此目的，可选用蜂蜜、麻酱等有一定黏稠度的液体物质。

粉状物质应是精细的，如黄豆粉、蚕豆粉、豌豆粉、奶粉。笔者曾用超市里卖的一种糕点“满口香”作粉状物，效果很好。“满口香”主要成分是芝麻粉、蔗糖。

黏饵主要用于手竿钓法，在小水面、短竿、短线钓鱼时使用。若水面大，水较深，又有波浪，黏饵入水后易雾化，效果差得多。

黏饵还有一个特点是蘸一次即可，若用蘸饵有时要反复蘸多次，麻烦。

黏饵在调制时一次不要调制得太多，因为该饵用量很小。否则剩余太多造成浪费。

什么是模拟饵

模拟饵，就是假饵，模仿小昆虫、小动物的形状，用丝绒布、橡胶、塑料等制作的钓饵。因在海水中、江河流水中钓鱼时，面团类钓饵因水流被冲掉，不经久耐用，而用模拟饵就可以弥补面团钓饵的缺憾，成为一种很实用的钓饵，在淡水中，在平缓的水域也可使用模拟饵。模拟饵常用于钓大鱼及较为凶猛的鱼。

模拟饵可从渔具店买来。现在渔具店出售的模拟饵品种繁多，造型

逼真，达到以假乱真的地步。当然自己也可以完全动手制作。如在长柄鱼钩上札些白羽毛，用专钓翘嘴鲌和鳌鲦效果就很好。人们把这种用羽毛札的钩叫做毛钩(图 15)。

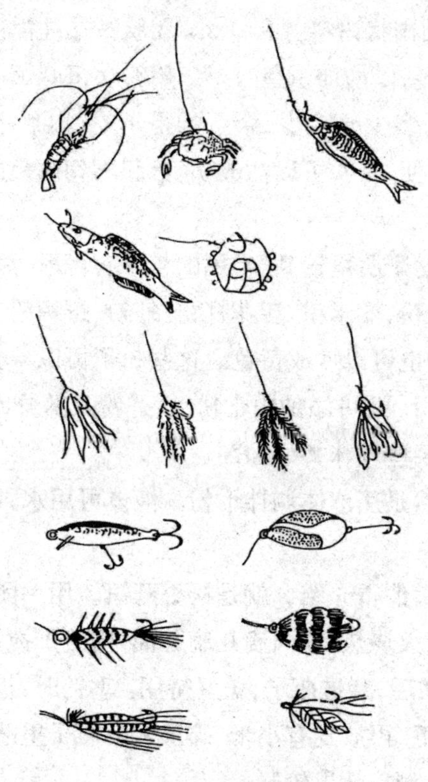

图 15　模拟饵

蘸饵的使用方法

蘸饵，就是钩上穿了食饵后，再蘸上一种饵料，以增加食饵的味道和颜色。若是粉状蘸饵，钩子下水后，粉子的部分被溶化在水中，这粉子起到诱鱼的作用。许多有经验的钓手都使用蘸饵。尤其是在城郊附近人们经常垂钓的水域，鱼比较猾，不贪食，使用蘸饵非常必要，效果也非常明显。

有人把糊状饵料称作粘饵，就是把饵料沾到钩上，这种叫法也未尝不可。干粉饵和黏糊状饵料各有特长。粉状饵往往需反复多次蘸，使钩上的粉状物质增多，以增加诱鱼效果。用粉状饵麻烦一些，但诱鱼效果好于粘饵，而且用多少蘸多少，余下的是干粉，以后还可以使用，不浪费。糊状饵使用方便，一次可以沾成功，但起不到诱鱼的作用，而且剩下的就浪费了。

用作蘸饵的粉子质量较高。常用的粉子有蒜粉、豆粉（黄豆粉、豌豆粉）、芝麻粉、花生粉、糯米粉、葵花籽粉、虾粉、蚯蚓粉、奶粉、豆腐粉。这些粉子可以生用，也可以炒成黄色。这些粉子可以单独使用，也可将其中一二种混合使用。还可添加山柰粉、丁香粉及部分成品钓饵。可根据气味的需要增加某些气味类添加剂。

糊状蘸饵自然是用液体调拌干粉。液体可用水，也可用曲酒、油类等物质。

还有一种蘸饵值得介绍，就是松香蘸饵。用一团松香（化工店有卖），放进锅中，加火烧热，锅内滴几滴香油，用筷子搅拌，此时松香逐渐成为液体状。冷却后，装进瓶子，盖好待用。垂钓时，把有钓饵的鱼钩放到松香液里蘸一下，再放到有小米、碎玉米的瓶子里蘸一下即可投到窝点。此法钓鲤鱼、鲫鱼效果较好。

怎样使用蘸饵呢？

如果使用粉状蘸饵，应准备一个装水的瓶子或小钵，钓饵先蘸水再蘸粉子，然后反复多次，直至钩上形成粉子的团粒。若是用糖水代替清水更好，因为糖水有黏性，一二次即可蘸好，比较省时间（图16）。

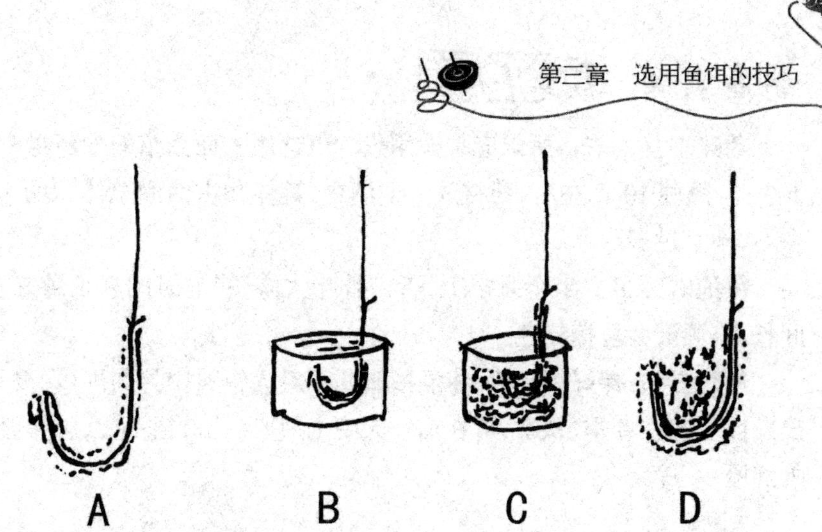

A.钩上挂蚯蚓 B.将钩放入水盒中 C.将钩放入蘸饵中 D.钩上蘸了粉饵

图 16 蚯蚓饵蘸粉饵

蘸饵多适用于手竿的近距离、小水域、静水面使用。海竿的炸弹钩虽使用,但因下水时钓饵太重,粉子会在下水时就脱落一部分,效果差些。

怎样用酒配制饵料

酒,醇香味浓,不但是人们喜爱的饮品,其芳香的气味也是鱼类所喜爱的。钓鱼人常常用酒作添加剂以增加鱼饵的香味,诱鱼效果十分突出。

现将各种酒的用法分别作如下介绍。

(一)怎样用白酒配制饵料

白酒,在配制饵料时用得最多,其用法如下。

1.泡药

许多中药材都有芳香味,把这些中药材浸泡到白酒中,其芳香味散出,与酒的香味融为一体。常用来泡酒的中药材有:丁香、山柰、桂皮、细辛、排草、茴香(大茴、小茴)、灵草、麝香、白芷、豆蔻、甘草、枸杞等。

药味不宜太浓，所以应掌握用量。可选用上面介绍的中药材中的2~3种，每种10克左右，药材放入曲酒中，其体积占曲酒总体积的1/10左右，不宜过多。

浸泡时间至少半个月以上，否则香味太淡，浸泡时间越长越好，时间长了，酒液会呈棕红色.

使用方法：拌好饵料后，将酒液滴几滴对入饵料中拌匀即可。夏天，出发前对入。春季、秋季，可在前一天晚上对入，扎口捂一夜，香味会格外醇厚。

2.泡米

用曲酒直接浸泡米粒。常用的是小米、碎米、糯米等，浸泡时间可长可短，时间太短（如三两天）效果较差。泡米时，酒液应将米全部浸泡，倒入酒液后，应封口。

使用方法：酒泡小米、碎米，直接用打窝器打窝。还可以将经酒浸泡的小米对入粉片状的饵料中，粉片状饵料如麸皮粉、糠粉、饼粉、豆粉、奶粉等。

3.泡小麦、大麦

由于鲤鱼尤其喜欢吃小麦、大麦，因此酒泡小麦、大麦是钓鲤鱼的好诱饵，也可作钓饵，为了增加甜味，可在酒液中加些糖或蜂蜜，效果更好。应注意的是，大麦必须剪去麦芒。

若作诱饵，就是将酒泡大麦、小麦直接用打窝器投到钓点。

若作钓饵，麦粒的浸泡时间应长一些，直至麦粒饱胀或者长出嫩芽，使用时将麦粒直接穿到钩上。

4.直接对入饵料中

拌好饵料后，将曲酒直接倒到饵料中，拌匀，气温不高时应捂闷长一些时间。拌饵料所使用的酒的质量应高一些，有酒香味，还可以在酒中滴几滴香精或麝香液。麝香液渔具店有售。

5.曲酒加料作粘饵

将曲酒和豆粉或豌豆粉、奶粉调成稠糊状，钩上挂饵后在此糊中蘸一下，使钓饵外面沾些糊，钓鱼效果十分突出，一是酒的香味可起到诱鱼的作用，二是糊入水后会在水中溶化飘散，也起到诱鱼的作用。

6.蚯蚓、红虫加酒

若用蚯蚓、红虫作钓饵，可在饵料盆中滴几滴曲酒，使蚯蚓、红虫增加香味，钓鱼效果明显好于单纯用蚯蚓、红虫作钓饵。

（二）怎样用米酒配制鱼饵

米酒，就是人们经常食用的甜米酒。

甜米酒，一是自己制作，二是在市场上购买。购买米酒比较方便省事，但是没有自己制作的纯。因为有的小贩为了谋利，常常用糖水对入米酒中，虽然增加了酒的数量，可是却降低了米酒的质量。自己制作甜米酒虽然比较麻烦一些，但米酒的质量远远高于买来的米酒。米酒的制作方法其实并不复杂。

制作米酒的原料以糯米为佳，酒曲，市场上有售，其用量可以询问卖酒曲的，通常如墨水瓶盖大的一团酒曲可以做 1 000 克的米酒。

制作米酒的具体方法是：

（1）将米淘洗干净，放在高压锅或电饭煲中，加适量水，蒸熟。因糯米易发黏，所以用水要适量，宜少不宜多。为了避免米饭发黏，可将米先浸泡 1~2 个小时。

（2）米饭蒸熟后搅散开，避免成团，然后晾到微温。

（3）把米饭倒人一个无油渍的干净盆中，把酒曲研成细粉状，撒入米饭中，使酒曲在米饭中拌匀。

（4）把米饭在盆中压平，在盆中间掏一个小圆洞，约为拇指般粗细即可，其作用是使米饭上下透气，盆中的水也可渗出到小洞内。

（5）盆上面用塑料薄膜覆盖、密封。塑料薄膜外加棉被、棉絮类用品，其作用是保温，使米饭发酵。

捂盖的时间可根据当时的气温灵活掌握。春、秋季节捂2~3天，夏天捂一天即可。

若盆内清洁无油污污染，2~3天后米酒即可做成，若因盆具不洁净，米饭会长出白绒毛。即使长出白绒毛也可使用，可往盆中倒一杯白糖水后拌均匀，过一段时间米饭会发酵产生甜味。

甜米酒香甜味正，比曲酒的香味还醇厚。用米酒配制饵料有以下几种方法：

（1）将米酒直接拌入饵料中。最好捂闷几小时。

（2）用米酒拌奶粉、豆粉，揉团作钓饵。

（3）米酒倒入小米、细碎米中，浸泡一段时间，作诱饵。

（4）作蘸饵。将饵料团蘸些米酒直接下窝。

（三）怎样用红葡萄酒配制饵料

红葡萄酒（或白葡萄酒）既香又甜，而且还有颜色。可用来浸泡中药材，其浸泡方法与曲酒相同。

红葡萄酒也可用来浸泡小米、小麦。

红葡萄酒还可直接对入饵料中。

其用法和曲酒相似，其特点是又香又甜。

（四）怎样用啤酒配制饵料

啤酒的香味、甜味比曲酒、葡萄酒略差，但气味独特，不少人在长期使用曲酒配制饵料后，就试着用啤酒配制饵料，其效果也很好。

鱼的口味也有变异性，像人们吃食物一样，长期吃厌了一些食物，也想调换口味，吃了新食物觉得格外新鲜，格外有食欲。鱼吃惯了酒泡小米，酒拌麦麸后，遇到啤酒拌和的食料也会产生兴趣，这时，食欲大增，正好中了钓鱼人的"计"。

啤酒的用法和曲酒近似，既可泡中药材，也可泡小米，还可直接拌

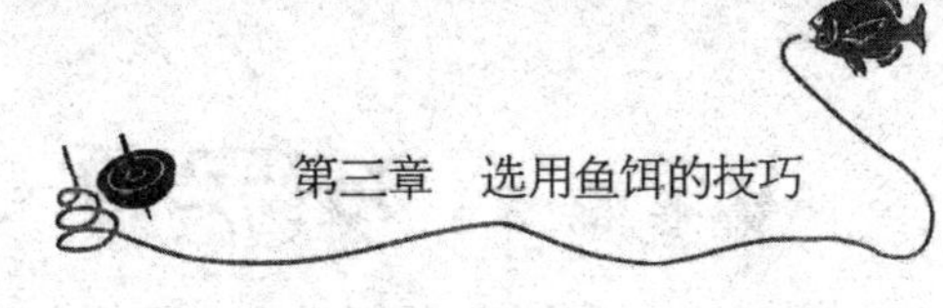

饵料。

“啤酒泡馍”是我的一位朋友钓鲢鱼的饵料配方。将馍掰碎，加些啤酒，也可另加些熟玉米渣和醋。既可作底钓用饵，也可作浮钓用饵。

（五）几种酒泡颗粒状饵的方法

1.酒泡红薯饵

将红薯切成花生仁大小的小颗粒，蒸至七成熟。也可以先蒸熟再切成颗粒状，然后用酒泡，泡后用颗粒状红薯直接挂钩。钓草鱼、鲤鱼、青鱼效果好。

2.酒泡玉米粒

无论是嫩玉米粒还是老玉米粒都可以用酒浸泡。但使用前均都应蒸熟或煮熟，然后用酒泡，直接挂钩。用手指将玉米粒稍微捏一下，使之裂开一些，中钩率更高。装钩时钩尖应微微露一点。

3.酒泡豆粒

黄豆、豌豆、蚕豆，无论是嫩的或老的，先煮熟，冉用酒泡，泡后挂钩。

4.鲜果用酒泡

桑葚、草莓、杏、李子均可用酒微泡或蘸些酒，然后挂钩，此时饵料又酸甜又有酒香味。

总之，鱼对酒香味有特殊的嗜好，酒可以广泛地用于配制饵料。

怎样用中药材配制饵料

中草药材，是我国医学宝库中的一大瑰宝。我国的中药材资源相当丰富。明代大医学家李时珍的《本草纲目》一书中，收录了中药材 1 800 余种，并附有 1 千余幅画图；1984 年，我国发布的关于汉族及少数民族地区所使用的中草药的品种是 5 13 6 种。数千年来，人们就用中草药材熬煮成汤药，用以治病。关于鱼儿吃中草药，也早有传说。传说神农氏有一次患了病，肚子胀气，于是来到山边的小河旁，他想采集药材治自己的病，就在绿树丛中掐了几片树叶，放到嘴里嚼了嚼，就将树叶吐入水中，没想到水中的鱼儿竟游过来抢食树叶。神农氏见鱼儿吃树叶，就又摘了几片扔到水里，鱼儿又纷纷抢食。神农氏也爱钓鱼，后来他就经常用这树叶挂到钩上钓鱼，还真钓了不少鱼。这个故事虽是传说，但足以说明，在很早以前，人们就已经用中草药作钓鱼的饵料了。现在，中草药已是钓鱼人使用的重要饵料的来源之一，就连工厂机械化生产的成品鱼饵中，也含有中草药的成分。

中药材按物质性能可分为三大类：植物类、动物类、矿物质类。

植物类的中药材在钓鱼中用得最多。常用的就有几十种，如山柰、丁香、木香、细辛、大茴、排草、甘松、公丁、母丁、白芷、牙皂、川芎、乳香、独活、冰片、松香、花椒、肉桂、陈皮、香草、甜杏仁、香薷、郁金、蜂蜜、豆蔻、灵草、阿魏、乌梅、枸杞、桂枝、薏苡仁、芡食、草果、芦根、石斛、马齿苋。

动物类：蜗牛、蟑螂、地龙（蚯蚓）、水蛭、泥鳅、虾、蝼蛄、胎盘、麝香、蚕蛹、蛴螬。

用中药材配制饵料常用的方法：

（一）熬煮法

熬煮法就是将几种中草药放到锅里，加水进行熬煮，将中草药的成分溶于水中，经过熬煮，水自然变少，药汁渐浓。然后捞去药渣，用药汁对入其他饵料中。此药汁的作用实际上是一种添加剂的作用，增加了饵料的气味，达到诱鱼或钓鱼的效果。

例如：用郁金香 20 克、生甘草 20 克、香薷 20 克，放入锅中，加水 1 000 克，用大火煮开后再用文火熬，直至熬到药汁约 400 克时停火。将药汁装入瓶中，加适量白酒和蜂蜜，加盖密封。随用随取。可作为钓鲢鱼、鲤鱼的饵料添加剂。

中药材经过熬煮后的汁液味浓，作为添加剂效果很好，但也有缺憾，就是汁液不易长时间保存，容易变质。除非是冷冻保存。

(二)将中药材制成粉剂使用

中药材经过烘干去潮然后粉碎成细粉，作为添加剂与其他饵料混合使用。中药材可以单用某一种，也可以用几种中药材混合使用。用几种中药材时，这几种中药材的气味应相似，不能有过大的差别，否则混合后的气味是一种怪味，达不到诱鱼的效果，而且还会产生不好的副作用。

粉剂中，药材用得最多的是山柰粉。

山柰粉既可以与其他粉状饵混合，也可单独用山柰粉作蘸饵，既起到诱饵作用，也起到钓饵的作用。

其次，肉桂粉丁香粉，蚯蚓粉均可单独使用，将肉桂粉、丁香粉、蚯蚓粉分别与其他饵料混合使用。

在钓鲫鱼时，常常用酒泡小米作诱饵。为了增加诱鱼效果，可以将山柰粉或丁香粉、肉桂粉加入到小米诱饵中，进行调拌，用打窝器将饵料投放到钓点。

在使用成品鱼饵时，也可以添加一点中草药粉。注意：气味应统一，或是香型，或是腥味型，两种饵料的气味不能差别太大。

(三)将中药材用酒浸泡

将几种（有 3~5 种即可）中药材切碎，装入玻璃瓶中，然后用白酒浸泡。药材的用量可灵活掌握，但不宜用量太大。药材的体积占总浸泡液体积的 1/10~1/8 左右。药材太少了，气味欠佳；药材太多了，气味太浓，过香的气味鱼也并不喜欢。

浸泡的时间越长越好，至少浸泡半个月以上方可使用。因为，时间过短，药材的气味尚未完全渗出，酒液中的药材气味不浓，自然达不到诱鱼效果。

单用一种中药材或两种中药材用酒浸泡，也是钓鱼人用得最多的浸泡法。也就是说,用料不在多,而在精,在对路。

酒泡中药材有许许多多的配方,个人可根据自己的习惯使用,灵活运用配方。这里将笔者收集的几个配方作一介绍。

1.丁香甘草酒

丁香30克,甘草30克。将丁香、甘草切碎,用优质大曲酒500克浸泡,浸泡时间半个月或一个月。用此药酒拌钓饵、诱饵均可。

2.山柰、蜂蜜酒

山柰20克,切碎,与30克蜂蜜对入500克曲酒中浸泡一个月。

3.丁香、乌梅酒

丁香10克,乌梅10克,白糖(或蜂蜜)20克,加到500克的曲酒中浸泡一个月。

4.细辛、甘草、排草药酒

细辛5克,甘草10克,排草10克,将甘草、排草切碎,加到500克曲酒中浸泡。

5.三香酒

丁香10克,沉香10克,小茴香10克。以上原料加到500克曲酒中浸泡。

6.草果100克,白酒100克

此料仅作为添加剂,调制好其他饵料后,将白酒、草果液对入10克即可。

7.大茴泡酒

大茴50克,曲酒2 000克。大茴泡入曲酒中,一个月后使用,对入其他饵料中。

8.山柰酒

山柰(切成小颗粒状)50克,曲酒500克。将山柰加入曲酒中浸泡,

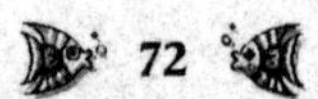

一个月后使用。

9.山柰、丁香酒

山柰30克,丁香30克,红糖100克,曲酒500克,将山柰、丁香、红糖加入到曲酒中浸泡一个月。

10.肉桂酒

肉桂50克,切碎,红糖30克。以上两种原料泡入500克曲酒中,一个月后使用。

11.八角甘草酒

八角30克,甘草30克。以上两种原料切碎,泡入500克曲酒中。

12.肉桂、桂花酒

肉桂30克,切碎,晒干的桂花10克,两种原料泡入500克曲酒中。

13.香薷、郁金药酒

香薷30克,郁金30克,蜂蜜30克,三种原料泡入500克曲酒中。一个月后使用。

14.麝香酒

麝香0.5克,曲酒500克,将麝香泡入曲酒中,10天后即可使用。应注意密封好瓶口。

15.麝香米酒

麝香0.5克,米200克,曲酒600克。用酒泡麝香和米。

怎样使用添加剂

无论是使用诱饵或是钓饵,许多人都有使用添加剂的习惯。而且,不少人认为,在钓鱼时未使用添加剂,会影响到垂钓效果,添加剂是制作鱼饵时的必要成分之一。这是因为,添加剂的主要作用是增加饵料的气味,从而能尽快地把水中的鱼引诱到垂钓区,气味也可以刺激鱼的食欲,起到加速鱼尽快上钩的作用。

添加剂虽好,但必须选料适当,科学配制,使用得法,才能收到预想的效果。

(一)添加剂有哪些原料

用作鱼饵添加剂的原料很多,可分为食品类、中草药类、化学物质类、粉类。

1.食品类

人们食用的许多食品都可用作为添加剂。

如甜米酒、小磨油、芝麻酱、蒜末、蒜汁、红酒、白酒、糖、啤酒、蜂蜜、橙汁、带酸甜味的瓜果、蔬菜,如:西红柿、桑葚、西瓜瓤、樱桃、葡萄等,可把这些瓜果捣碎,加入到饵料中,从而可以增加饵料的酸味、甜味。

2.中草药类

许多中草药都具有浓郁的香气。因此,不少钓友都习惯选些中草药加入到饵料中。有的是把中草药粉碎成粉状加入饵料中,更多的人则是将中草药浸泡到曲酒中,待草药的气味入融入曲酒中时,再把酒液对入到饵料中。

用作饵添加剂的中草药有许多种,钓者只选其中 2~3 种或 3~5 种即可。

这些中草药有:麝香、阿魏、细辛、丁香、山柰、排草、陈皮、桂枝、豆蔻、丹皮等。

3.粉类

很多粉状物都可用作添加剂,这些粉类包括动物类粉状物和植物类粉状物。

动物类粉状物有:猪骨粉、牛骨粉、蚕蛹粉、虾粉、鱼粉、血粉、蚯蚓粉、奶粉。

植物类粉状物更多。如:豌豆粉、蚕豆粉、黄豆粉、米粉、饼粉、玉米粉、糕点粉、芝麻粉。

4.成品饵

渔具店出售的各种成品鱼饵均可用作添加剂。根据所钓的鱼种的不同,而选用不同品种的成品饵添加到自配鱼饵之中。由于成品鱼饵质量高,气味浓,用作添加剂可以收到显著的效果。

5.化工产品、药品

香精类是一种化工产品,是普遍用作添加剂的原料。香精又有多种香型,苹果香型,草莓香型、香蕉香型,钓者可根据所钓的对象鱼及自己的习惯、经验进行选择。

还有钓者介绍了一种名叫二甲基—B—丙酸噻啶的化学物质,并介绍了使用效果。他将含这种物质的面团用纱布包裹住,用细线系住投入水族箱中,5 分钟后,原来浮头的小鲫鱼立即向面团聚拢,并不停地啄咬面团,他观察到,在 5 分钟内啄咬面团 106 次,各尾鱼连续吸咬次数有 25 次、28 次。他认为,这种化学物质是用之非常有效的添加剂。笔者在当地跑了多家化工品商店,遗憾的是没能买到这么好的添加剂。

有些药品也可用作添加剂。用得最广泛的是氨基酸、维生素 B_1、维生素 B_2、复合维生素 B、葡萄糖等。

6.调味品

人们用作烹饪食品的许多调味品也可用作添加剂。如味精、鸡精、八角、五香粉、十三香等。

(二)怎样使用添加剂

添加剂毕竟是一种辅助物质,起到提高饵料质量的作用,更主要的是增加饵料的气味。所以,使用添加剂不能本末倒置,把添加剂用得多多的。这样,其效果会适得其反。因此,在使用添加剂时应注意以下几点。

1.以一、二种物质为主

添加剂的种类很多,配饵料时只能选取其中性质,气味相近似的一二种即可。并非种类越多越好。若是不同气味的添加剂混合到一块，其结果可能是没有了气味，或者是形成一种香不香、臭不臭的怪味。即使是选用两种物质作添加剂，也应以其中的一种为主，另一种的用量应小。

2.掌握好用量

用作添加剂的物质大都有浓郁的气味，尤其是中药泡酒及调味品，气味特别浓。饵料气味的浓淡一定要适度。不应过浓。对于浓淡的掌握还应根据季节、水温、水面的大小及水质情况而变化，通常的规律是：气温高时，添加剂的气味应淡一些，反之则应浓一些；水面大，气味应浓一些，以扩大气味的影响。若水质偏酸性，也就是水质较肥，添加剂可多用一点，瘦水塘、清水塘，添加剂的气味应淡一些；有风有浪的水域，添加剂可多一些，水面平静的水域，添加剂应少用一些。经常有人钓鱼的钓场，添加剂的气味应浓一些。

3.以物美价廉为使用原则

有篇文章中说，用10克麝香泡药酒，配制诱饵。笔者对此配方不敢苟同。一克纯正的麝香200多元，也就是说，用2 000多元的代价泡一瓶麝香酒来钓鱼，比用茅台酒还贵，若不是大款，工薪阶层谁能这样做。钓鱼，毕竟是休闲型的娱乐活动，何必花这么大的代价。况且，即使用麝香酒调配饵料，也未必十分有把握的保证钓到鱼。因此，笔者主张用价廉的原料来配制添加剂。如买一斤甜米酒仅3元钱，保存好，一个月也用不完，甜米酒香味醇厚，又有甜味，无论是用来配制诱饵或是钓饵效果都很好。再如芝麻，一市斤才几元钱，买来炒出香味，研成芝麻粉，香气特别浓。尤其是用作钓鲫鱼的饵料添加剂，是最好的配方。

虾粉——饵料中的最佳添加剂

一位钓鱼高手曾获得全国钓鱼比赛冠军。他在介绍他的用饵经验

时说,在前些年的用饵方法中,用香型饵的人最多,而他却在香型饵中用南极虾粉作添加剂,使香味饵中有了腥臭味,钓鱼效果特别好,从而获得全国钓鱼比赛冠军。

据笔者所阅读的大量资料中，也见到许多钓手用虾粉作添加剂的文章,把过去用得最多的香型饵变成腥香型饵。其中的道理是:许多鱼喜食香型饵,这是它们的食性特征,但是在许多养鱼塘里,养鱼主人常常用含有鱼粉、虾粉的鱼饲料喂鱼,从而使鱼接受了腥性物质,久而久之就改变了这些鱼的食性，对腥香型饵来者不拒，甚至情有独钟。

制作虾粉的原料有两种,一种是虾肉,另一种是虾皮。加工虾粉的方法不同,一种是小工厂小批量生产的虾粉,他们使用的方法是将虾皮(或虾肉)直接加温干燥或微波进行脱水干燥。这两种加工方法的缺点是:在高温作用下,虾体内的营养成分损失较多,这些微量元素会随水分蒸发而蒸发。生产条件较好的正规厂家加工虾粉的方法不同小工厂的加工方法。使虾肉在极低的温度下脱水干燥,从而使虾肉内的营养元素少受损失,因此,使用效果大大高于前者。

用虾肉制作的虾粉,其质量高于用虾皮制作的虾粉。怎样区别和选择这两种虾粉呢。虾肉制作的虾粉多为颗粒状和纤维状,用手捏时有一种柔软的弹性感也不易被捏成粉末状,有肉松的样子。用虾皮制作的虾粉多为细粉末状,用手捏时无捏肉松感,还有些扎手。

在各类虾粉中又以南极虾粉为最好。

用虾肉制作的虾粉用途最广。既可用来钓大鲫鱼、青鱼、罗非鱼,也可钓小池塘的小鱼。而用虾皮制作的虾粉则多用于钓小型鱼,如鲫鱼、罗非鱼。

使用虾粉的方法:先将粉末状素饵加水,待停几分钟,使饵料充分吸收水分膨胀,再将占总饵量的 5%左右的虾粉撒到饵料中,注意要撒得均匀,然后拌匀即可。

另一种使用方法:先将虾粉用少量水浸泡,然后对入干性饵料中,再按顺时针方向拌匀。

使用虾粉时其用量不宜过大,不要超过总饵料量的5%。用多少取多少,避免浪费。

保管虾粉的方法:开启后一次未用完的虾粉,应装入密封的、不透光的容器中保存,防潮防霉变。气温高时宜放入冰箱中保存。

筒式炸弹钩装饵法

筒式炸弹钩是笔者自己设计制作的一种钓鲢鱼的钩组(图17)。

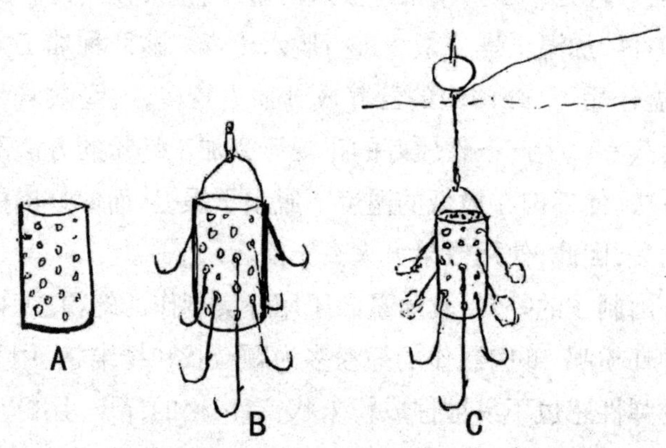

图17 筒式炸弹钩

1.钓组的结构

将装胶水的软塑料瓶,从中间剪去,只用下半部粗的部分。

用粗铁丝烧红,在筒的上下四周烙成多个小洞。

把多只鱼钩拴在筒的四周。鱼钩用8~10号钩,拴时注意上下左右都有钩,有的在筒的外面,有的在筒的下面。

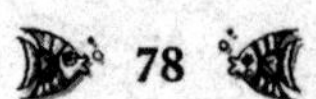

圆筒上部结一提环，提环上有连接环。

连接环与球形浮漂相连。浮漂上部为主线。

2.使用方法

将筒内装干粉状饵。干粉状饵入水会雾化，从筒四周的圆孔溢出，达到诱鱼的效果。

筒外的钩上挂饵。筒下面的钩不挂饵。

用手竿将钓饵筒投入到钓点。

鲢鱼吃食方式是快口滤食。当粉状饵被鱼吸入口中时，筒外面的钩很容易挂住鱼嘴。鱼在挣扎时，筒下面的钩就挂住鱼身了。

此钓组也可用来钓草鱼，钓翘嘴鲌。钓草鱼时，钓组应在水的中下层。

什么是葡萄饵

葡萄饵，顾名思义，就是钓饵像一串葡萄样。葡萄饵的优越性是，一根线上有多只钩(最少 6 只)，鱼中钩的概率是单钩的 6 倍以上。饵团在水中目标大，容易被鱼发现。

葡萄饵用的是炸弹钩。炸弹钩有两种样式，一种是带塔簧，一种是不带塔簧。这两种炸弹钩都可用来装葡萄饵。

不带塔簧的炸弹钩装饵较为简单。直接在每只钩上包饵。多为面团饵(图 18–A)。

带塔簧的挂饵法是：在塔簧上包一团饵料。这种要松散一些，其用意是：饵团入水即散开，在水下散成一小片，作为诱饵诱鱼上钩，而各只钩上分别挂饵。(图 18–B)从以上两个钩组比较看，带塔簧的钩组钓鱼效果应该好于不带塔簧的，因为塔簧上有饵，增加了诱鱼效果。

葡萄饵多用于底钓。钓青鱼、草鱼、鳊鱼、鲫鱼效果都很好。

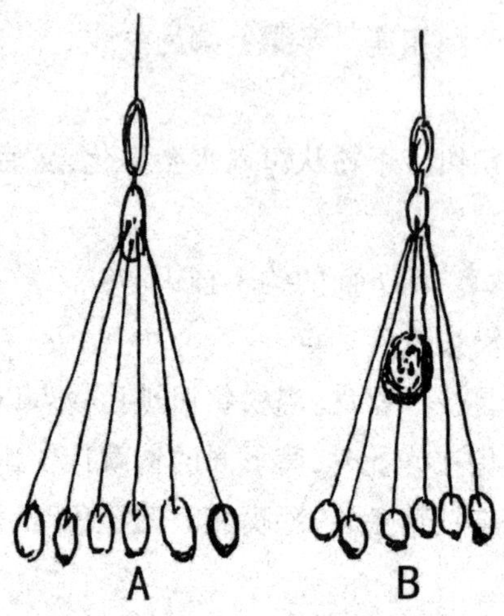

A 不带塔簧　B 带塔簧

图 18　葡萄饵

用动物血配制饵料

这是我的一位亲戚介绍的一种配饵“秘方”，他是位钓鱼老手，多年来一直用动物血配制诱饵和钓饵，钓鱼效果非常好。无独有偶，笔者后来也从有关资料中获悉，在苏浙地区，钓鱼人也常用动物血配制饵料，鱼获量有明显提高，甚至在钓鱼比赛中，也有人用动物血配制饵料。

在动物血中，用得最多的是鸡血，其次是鸭血、鹅血，因采集血比较困难，因此用猪血、牛血、羊血的较少。

用动物血配制饵料的方法是：在用小米、麦麸、米糠配制饵料时，将适量鸡血对到饵料中，加以拌和。用血不能太少，应使饵料呈红色。以上方法配制的饵料是诱饵。用动物血也可配制钓饵。其方法是：将面粉用鸡血调拌，成面团状，用来挂钩。在配制海竿使用的糟食饵时，也可加入动物血。

无论是以素食为主的鱼类，或是以荤食为主的鱼类，都喜食有动物血的饵料。如鲫鱼、鲤鱼、草鱼、鳊鱼、乌鳢、鲇鱼、鳜鱼、甲鱼都食这种饵料。

动物血配制饵料之所以受到鱼的喜爱，有两个原因。一是，动物血有很浓的腥味。多数鱼对腥味饵都是情有独钟。鱼的嗅觉很灵敏，动物血散发出的腥味鱼很容易嗅到。二是，血是鲜艳的红色。红色在水中较为醒目、容易被鱼发现。这种红色就起到了诱鱼的作用。

若没有新鲜动物血，可去集市上买成块状的猪血，把猪血切成碎粒，混合到饵料中。

采集新鲜血也并不困难，每个菜市场都有专门卖鸡鸭的，人们买了鸡鸭后多是请卖鸡人宰杀，钓鱼人可在那里弄到新鲜血。

豆饼钩的两种制作法

豆饼钩是许多钓友经常使用的一种钓鱼钩组，在东北几省使用豆饼钩的人更多。过去常见的制作豆饼钩的方法是：用两块薄铁板，在薄铁板的四周钻眼，每个眼绑一只钩，再把豆饼锯成比薄铁板略大的方块（或圆块），豆饼中间钻一个小眼，然后用两块薄铁板把豆饼夹住，用线串起来，再与钓线的连接环相连。这样，一副豆饼钩就制作成功了。

也有人介绍用两块硬币代替薄铁板的，其方法也是先在硬币四周钻眼，拴钩，连接方法与使用薄铁板的方法相同。

笔者认为，用薄铁板、硬币制作豆饼钩使用效果虽好，但制作起来比较费事。普通居民家庭很少有钢锯、电钻、铁板，请别人加工也很麻烦，往铁板上钻眼更是一般居民办不到的。用钱币钻眼就损坏了钱币，是对国家颁发的钱币的一种违法行为，按说是不允许的。鉴于这些弊端，笔者对豆饼钩的制作方法进行了改进，并设计了两种制作豆饼钩的方法，现分别作以介绍。

（一）塑料片夹豆饼

这种方法就是用塑料片代替铁板，其制作方法简便容易得多。

用普通废塑料瓶（饮料瓶、药瓶均行）两个，将瓶的大部分剪去、只用瓶底。然后根据自己需要的大小再剪成圆形或方形，用锥子在塑料片的四周钻一些小孔，一只钩一个孔，或者用铁丝烧红烙出小孔。通常为6~8只钩一组。将钩的脑线分别拴到各个孔上（图19）。

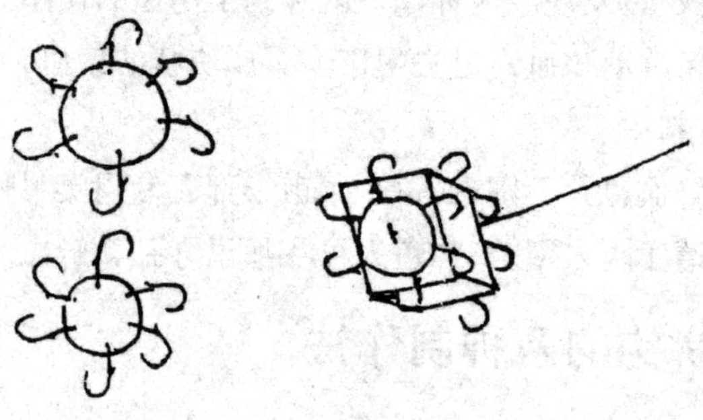

图19　塑料片夹豆饼

在两个塑料片的中心部位各钻一个眼，豆饼的中心部位也钻一个眼，在底部塑料片的外面拴一个小木棍式小铁钉，留出的线从豆饼孔中穿过，再从另一个塑料片中穿出。这时，两个塑料片已夹住豆饼块了，再将穿出的线与主线上的连接环连接，这样一副豆饼钩就制作完成了。

饼块的大小可根据自己的需要酌情选用，不应太大，应与竿子的长度相匹配，竿短承受力有限，应用小块豆饼，边长4~5厘米的豆饼块就行。

饼块入水后被水泡胀，会慢慢散开成一片，而钓钩就在饼料之中，由于鱼的吃食方式多为吸食，当鱼吸食饼料时就很容易将钩吸入口中。

（二）捆扎豆饼法

捆扎豆饼需自己绑制炸弹钩，因为渔具店卖的炸弹钩的脑线不够长，而且带有塔簧，所以必须自己绑制。绑制炸弹钩的方法较为简便，使用海竿者都会绑制。捆扎豆饼的炸弹钩的脑线长度在10~15厘米左右，共用6或8只钩。

先把豆饼切成所需大小的饼块，然后用细绳捆扎。捆扎后留出的细绳拴到炸弹钩上方的脑线束上。

把炸弹钩的各只钩分布在豆饼钩的四周，每只钩从捆扎绳中穿过，再绕回重穿一次，这样，每只钩就固定在豆饼钩四周的线绳上了（图20）。

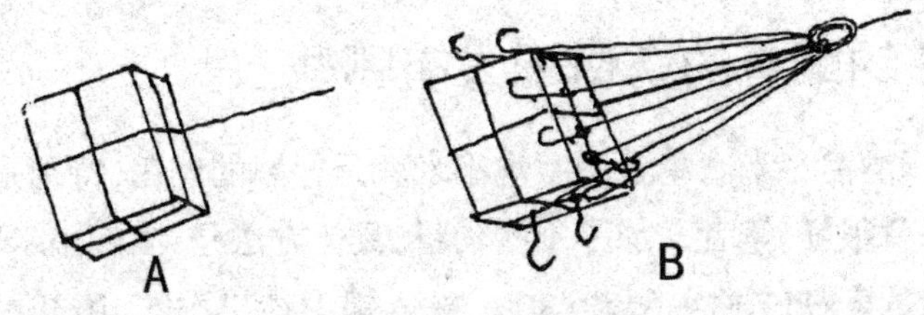

图20　捆扎豆饼法

第四章

垂钓常见淡水鱼的饵料配方

钓鲫鱼的诱饵配方有哪些

（1）酒泡小米。单独用酒泡小米就是很好的诱饵，特别是用来钓鲫鱼效果就很好。笔者又加了一些辅料。具体方法是：酒泡小米随取随用。将适量的麦麸（70%）、豆粉（30%）放入锅中炒出香味，用开水冲成散粒状，再加入30%的用酒泡过的小米，放入塑料袋中。头一天晚上准备，第二天使用。

（2）发酵米饭粒。米饭不要太软，要颗粒状，500克，晾到稍有余温时加米酒曲适量，再加入100克细麸皮，拌匀放入干净的盒中，加盖密封。夏天2天左右，春秋3~4天，这时米饭经发酵有浓浓的香味，使用时可加些曲酒、味精。

（3）玉米面发酵饵。取玉米面500克，用开水烫熟，加入适量蔗糖，然后装入塑料袋中扎口，在阳光下暴晒。时间视气温而酌情掌握。夏天1~2天即可。使用前加些曲酒搅拌，以增加其香味。此饵香甜。

（4）黄豆粉诱饵。新鲜的黄豆粉250克，加50克面粉，20克蜂蜜，装入塑料袋封口，到钓场后用池塘的水拌和成湿团，即可作诱饵，此饵有腥香味，又有甜味。用豌豆粉也行。

(5)豆腐渣诱饵。用新鲜豆腐渣 250 克,加入 200 克面粉拌匀,上笼蒸熟,晾凉,掰碎使用。

(6)蒸小米诱饵。小米 500 克、蒸熟成小米饭,加曲酒 50 克拌匀,装入塑料袋中密封。用时也可加少量麦麸粉,以增强诱鱼效果。

(7)阿魏诱饵。阿魏 3 克,大茴香 30 克,桂皮 3 克,芝麻 50 克,青蚯蚓(活的)30克,麦麸粉 500 克,面粉 100 克。

将上述中药研碎,芝麻炒熟磨粉,面粉、麦麸炒出香味。蚯蚓剁碎,且与上原料拌和,用池塘水对入拌捏成团即可作诱饵投入水中。此饵四季皆可使用。

(8)海绵诱饵。选用一块柔软的海绵,剪成 0.5 厘米大的小碎块,用中药酒浸泡半个月。若钓其他鱼,海绵粒可稍大一些。使用时用打窝器将酒泡海绵料投入钓点。泡时海绵量可大一些,随时取用。

(9)中药饼粉饵。丁香、山柰、甘草各 2 克,粉碎成细粉。

菜饼粉、芝麻饼粉、糠粉各 100 克,倒入锅中文火炒出香味,然后与中药粉混合,装入容器中,使用时,取一定的数量加水拌和,作诱饵。也可加少许面粉,做成面团挂钩。

(10)小米菠萝酒诱饵。小米 500 克,蜂蜜 30 克,菠萝酒(用酒泡菠萝粒)一汤匙。

将蜂蜜、菠萝酒与小米拌和,然后装入塑料瓶中,加盖密封。一个星期后使用。作为钓鲫鱼的诱饵效果很好。

(11)颗粒饲料饵。喂鱼的颗粒饲料 500 克,玉米粉 200 克,小米 200 克,丁香酒一汤匙。

先将颗粒饲料用温水泡软,散开,再加入玉米粉,用开水烫熟,放入蒸笼蒸 15 分钟。取出与小米拌和,加入丁香酒,装入塑料袋密封 3~5 天即可使用。

(12)丁香酒米饼粉饵。丁香 20 克,曲酒 500 克,小米(或碎米、碎玉米)400 克,饼粉 500 克,蜂蜜(或白糖)20 克。

将丁香泡入曲酒中,半月以后待酒成棕红色时再将米加入酒液中,同时加入蜂蜜密封。

将饼粉用文火炒出香味,使用前加水调拌,然后掺入 10~20 克药酒,拌揉,用塑料袋装入,扎口。作诱饵每次用鸡蛋大一团即可。

(13)水果糖拌糠诱饵。一位钓友口袋里有几粒水果糖,装了很久,糖已经变软发黏了。在钓鱼时,他想试试水果糖是否可以作饵料,于是他把水果糖嚼碎,拌了些糠,投到窝点,结果是出人意料的好。他从上午 9 时开钓,到下午 4时收竿,共钓鲫鱼 19 千克,而在一口池塘钓鱼的另外三位钓友,最多的钓了 6.5 千克,最少的才钓到 3.5 千克。这种水果糖饵引起了他的兴趣,不几天他又用糖加糠作诱饵,一天钓了 14.5 千克鲫鱼,而同池塘用别的诱饵垂钓的钓友,每人平均只钓了 3 千克。于是,他向其他钓友介绍了用水果糖加糠作钓饵的方法,其他钓友也用这种诱饵后,结果也都钓了很多鲫鱼,每人平均钓获 12 千克,甚至有的钓友钓的比他钓的还要多。他在介绍使用这种饵料时说,水果糖不必弄成粉末状,小颗粒就行。因为小颗粒状的水果糖在水中会不断散发出甜味,而鱼又吞不下糖块。

(14)麸皮、小米诱饵。先将 500 克麸皮文火炒出香味,然后加些饼粉末,再加入 100 克酒泡小米,用 3~5 瓣大蒜拍碎出蒜汁,连米带蒜末加入饵料中,再加一些水拌和。此饵虚实皆备,小米有鲜亮的颜色,蒜瓣有浓郁的蒜香味。出发前扎紧袋口,让饵料捂闷,使气味更浓。使用时也可加些香精或滴几滴药酒。这是笔者近些年一直使用的钓鲫鱼的诱饵配方。

(15)麸粉 200 克,大米 200 克,红糖 80 克,酒 50 克。先把红糖用水化开,麸粉炒出香味,后加酒搅拌,先倒进红糖水,装入容器(或塑料袋)密封 4~8 小时后即可使用。

（16）白糖（或红糖）100克，黄豆粉（炒熟）200克，熟玉米面200克，酒泡小米50克。

以上饵料用水调拌。

（17）白糖（或红糖）100克，麦麸300克，碎豆饼（或菜子饼）300克，小米200克。先把糖放到锅中加热炒成糊状，将其他几种饵料倒入锅中混炒（加适量水），再加50克酒调拌。晾凉后即可使用。

钓鲫鱼的钓饵配方有哪些

（1）馒头粉钓饵。把普通白面馒头晒干，再掰碎，用擀杖研成细粉状，装入瓶中，在瓶中滴少许香精或花露水，用小块高级香皂放入也行，拧紧盖存放一周以上。

使用方法是：垂钓前，根据用量情况倒出适量香馒头粉于容器中，为了增加黏度，再加入少许面粉或豌豆粉，加水拌揉成团挂钩。

此饵入水后饵料会散化，这些粉末状饵起到诱鱼的作用。有位钓友，长期用这馒头粉作钓饵，钓鲫鱼效果很好。

也有人在此粉饵中掺进少许成品鲫鱼饵，我想，效果会更好。

（2）面粉、蜂蜜、酒钓饵。用白面粉加蜂蜜，再加入少量曲酒，调拌成面团。使用时用量宜小，用此饵只挂住钩尖就可以了。此饵在小型池塘、养鱼塘钓鲫鱼效果很好。

此饵还可以加蘸饵或沾饵配合使用，在静水中使用效果明显。蘸饵，本书另作介绍。

（3）鸡蛋黄面饵。用鸡蛋黄拌面作饵有两种方法。一是用生鸡黄拌面；一是将鸡蛋煮熟，取熟鸡蛋黄拌面；两种钓法钓友可根据自己的习惯选用。

也可加少量蜂蜜式曲酒，以增加香味、甜味。

此饵的用量也同（2.）一样，宜少，只挂钩尖。

也可加蘸饵、沾饵配合使用。

(4)豆粉、豌豆粉饵。蚕豆(又名胡豆)粉,豌豆粉是用来做鲫鱼钓饵的首选原料。这两种粉香味独特,鲫鱼特别喜欢,同时可将这两种粉中加入少量面粉,文火炒出香味即可加水使用。这两种粉最好单独使用。

现在渔具店有成袋的豆粉,豌豆粉出售,使用十分方便。

(5)马铃薯粉(土豆粉,人们食用的淀粉,也叫粉面)为主,加蛋黄,鱼粉或虾粉搅拌,然后添加米酒、蜂蜜制成。

(6)麦精片、炒黄,加面粉、山柰粉(中药材)水拌和。

(7)玉米面粉,饼粉,鱼粉拌和后蒸熟,用时加曲酒、蜂蜜,或白糖。

(8)炒熟的黄豆粉,加少量的豌豆粉拌和,用时可加香精。

(9)用酒泡小米一小团,然后加面粉(炒出香味)马铃薯粉拌和。

(10)鸡蛋一个,白糖(或蜂蜜)适量,糯米面粉拌和,用时可添加酒。

(11)豆粉加水拌和后蒸熟,再与饼粉,曲酒调和。

(12)玉米面粉炒黄,饼粉、麸皮(细的)拌和后蒸熟、生用均可。

(13)面粉、熟鸡蛋黄一个,水果香型的牙膏(适量)拌和。

(14)红薯粉(或土豆粉)、虾皮碎末、适量豆粉,蒸熟、生用均可。

(15)芝麻酱(或榨过油的芝麻油渣)、面粉拌和。在钓饵上再蘸芝麻酱也可。

(16)小鸡饲料(500~1 000 克),成品鲫鱼饵 2 袋,豆饼粉 200 克。

以上几种原料混合后加水调拌,使用前滴少许药酒或香精。每次可按比例用少量也行。

(17)成品鲫鱼饵 2 袋,“丸九小黄鲫”(一种成品鱼饵)1/4 袋,虾粉或鱼粉 10 克,豌豆粉(或豆粉)15 克,蜂蜜 5 克。

以上原料混合加水调拌,作钓饵。

(18)麦片 200 克,精面粉 300 克,两料混合均匀,加水揉拌到软硬适度即可做钓饵。

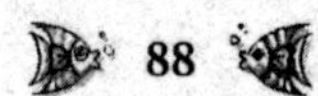

麦片有香甜味，符合鲫鱼的食性特征，用料简单，制作方便不麻烦，而且效果很好。

（19）豆饼粉 500 克，玉米面 250 克，蚕蛹粉 200 克，糯米面或普通面粉 100 克

以上配料拌匀，加水上蒸笼蒸熟，晾晾后再加入炒香的芝麻粉100克和少量曲酒、红糖、小茴香粉（或“十三香”粉）揉拌即成。

（20）饼粉 500 克，玉米面 200 克，糯米面或白面 50 克，虾粉或骨粉 20 克

以上配料混合加水上蒸笼蒸 15 分钟，晾凉，使用前加适量鲜牛奶、红糖和研碎的维生素 C 片两片，再拌匀即可。

（21）玉米面（400~500 克）加适量水搅拌成糊浆状，放在锅里用文火煮开，煮时加 2~3 匙蜂蜜

若没有蜂蜜，用糖或果酱代替。待冷却后就可以捏成团，作钓饵用。

（22）炒香的蚕豆粉 30 克，奶粉 25 克，面粉 25 克。用温水调和，加少许香精，揉成软硬适度的面团。用时取其一团挂钩。

（23）玉米粑饵。取新鲜的玉米棒 3 个，将玉米粒剥下，磨（或捣碎）成玉米浆，加少许面粉，放入锅中蒸 15 分钟，取出晾到微温，再加少许成品鲫鱼饵揉拌，然后装入塑料袋中待用。

（24）馒头粉香饵。馒头 2~3 个，晒干，研碎成粉状。把香皂（水果香味）用刀割下 1 厘米大小的两块。把馒头粉装入瓶中，把两块香皂也装入瓶中，拧紧瓶盖。

使用时，倒出一些香味馒头粉，掺点面粉，用水调制，用黄豆大一粒挂钩。

（25）面包钓饵。面包 1~2 个，剥去硬皮，把面包掰碎，加水拌揉，然后放入蒸锅中蒸 5 分钟，晾凉。无需加入其他饵料。

（26）牙膏钓饵。牙膏也可作钓饵的原料。用牙膏作钓饵既方便又

实用。选用水果香型的牙膏。垂钓前，在面粉类饵料中挤入一点牙膏。揉拌均匀，即可上钩。牙膏洁净、香味纯正独特。除用于钓鲫鱼外，还可钓草鱼、鳊鱼。

(27)奶粉、面粉饵。面粉 300 克，奶粉 100 克，香油 3 克，蜂蜜 10 克，曲酒 5 克。

将面粉和奶粉混合，用适量开水冲烫，揉拌，做成小面饼，蒸熟，晾到微温时加入蜂蜜，再揉拌，再加入香油继续揉拌。然后加入曲酒揉拌。揉拌后装入塑料袋，扎紧袋口，使之发酵。第二天就可使用。

(28)饲养鲫鱼的颗粒饲料粉碎(或泡软)，加入麸粉，豆粉，按 5:3:1 的比例，加水拌和，滴入少许鲫鱼香精。

(29)玉米面、小麦粉、鱼粉，按 4:4:1 的比例，用钓鱼塘的水拌成团。

(30)面粉、黑蚯蚓粉按 5:1 的比例拌匀，用时加水。

(31)家禽或家畜的内脏剁碎，加入少量玉米面、麦粉拌和。

(32)白面粉、黄豆面粉混合均匀，加入少量白糖，上蒸笼，蒸到八成熟

趁势加入少许蜂蜜，揉搓成软团即可。钓饵色泽鲜亮，味清香、甘甜。不但可以用作鲫鱼饵，还可用作鲤鱼饵、草鱼饵。

(33)黄豆面粉加入适量的白面粉，把土豆蒸熟打烂成土豆泥，加入到以上两种面粉中，揉搓到软硬适中即可使用。

(34)用肺作钓饵

将新鲜羊肺切成小碎块，直接挂钩。

钓鲤鱼的诱饵配方有哪些

(1)小麦粒诱饵。把小麦先用凉水浸泡。待泡胀变软后倒去凉水，加入红糖，再用温水浸泡。温水不宜过多，以可以盖住麦粒为准。根据气温，泡的时间灵活掌握。也可以泡到麦粒冒出嫩芽。使用时再加少量麦

麸粉，用芝麻酱或红糖水拌和。加麦麸的目的是为了让麦麸入水雾化扩散，以增加诱鱼效果。加芝麻酱或红糖的目的，一是增加甜味，二是为了让麦麸粘到麦粒上，让麦麸在水中也能沉入水底，避免麦麸入水就雾化，到不了水底。因为鲤鱼是水底屋鱼。

(2)饼块诱饵。将榨过油的饼粉碎成小颗粒状，加曲酒或药酒、少量蜂蜜拌和作诱饵。

要注意的是，因鲤鱼单个重量大多比鲫鱼重得多，食量也大，所以诱饵的投放量应比鲫鱼多，至少应是鲫鱼的诱饵量的一倍以上。

(3)红薯诱饵。把红薯蒸熟，切成2~3厘米见方的红薯丁，在红薯丁的外面粘些炒香的麸皮粉，直接撒即可，不要撒得太多，一次5~6粒。

(4)甜酒麸诱饵。甜米酒250克，麦麸粉500克，小米100克，玉米糁100克，豆粉100克，五香粉5克。

先将麦麸粉用文火炒出香味，放入盆中用水拌匀，加入甜米酒、小米、玉米糁、豆粉、五香粉，拌匀，装入塑料袋中捂闷一夜或2天。即可使用。

(5)马铃薯诱饵。马铃薯300克，蒸熟，放入盆内捣烂成泥状，加入炒香的豆饼粉200克，红糖20克，滴几滴好曲酒(红葡萄酒也行)，然后拌匀即可使用。

(6)三合一诱饵。麦麸300克，炒出香味，黄豆粉250克，红糖100克。以上三种原料拌和，用曲酒加水对入料中，拌湿可捏成团。也可把拌好的干粉带到钓场，现拌现用，用多少拌多少。此时最好用钓场的水拌料。

(7)四合一混合诱饵。糠粉300克，豆饼粉(或豆粉)200克，玉米面150克，鱼粉50克，以上四种原料混合拌匀，用适量曲酒(或米酒)调拌。然后装入塑料袋，略加捂闷即可使用。此饵不但可以用来钓鲤鱼，钓鲫鱼效果也很好。

(8)红薯泥发酵饵。红薯1~1.5千克,蒸熟,去皮,捣成泥状,加入少量的面粉或麸皮,再加适量米酒或曲酒,然后装入袋中或罐中蜜封数日,钓青鱼、草鱼、鲤鱼效果突出。

(9)糟食诱饵。豆饼粉40%、麦麸15%、玉米面15%、鱼粉30%,以上原料加水拌匀,上蒸笼蒸熟,然后晾凉,装入塑料袋。用时加些曲酒和蜂蜜。捏成团抛投。也可用作海竿的炸弹钩的钓饵。

(10)腥味饵。糠粉500克、饼粉500克、玉米面300克、鱼粉50克,以上粉状物混合,用50克白酒和少量水调配拌匀,然后装入塑料袋,扎口,微微发酵。

(11)高粱米400克,玉米糁400克,麸粉200克,面粉150克。先将高粱米用水浸泡2天,然后加入玉米糁和麸粉,加水掌握好干湿度,拌匀后上蒸笼蒸熟,晾凉,再加入适量曲酒或酒泡中药液,再拌匀,装入塑料袋,扎口,使之发酵3~4天,春、夏也可在太阳下晒1~2天。

(12)甜米酒100克,糠粉300克(或用麸粉),玉米面200克,三种料拌匀。

(13)糠饼粉500克,炒香的麸粉200克,泡软的小麦100克,加适量香油和水拌匀。

(14)饼牛奶饵。豆饼粉400克,玉米面150克,虾粉或骨粉50克,白面100克。鲜牛奶一杯(约300克)。红糖30克。先将豆饼粉,玉米面炒出香味,再用开水烫熟,加入白面粉,做成小饼,上蒸笼蒸熟,晾到微温时加入红糖、虾粉、牛奶,拌和,装入塑料袋中。

(15)三面饵。玉米面500克,炒香的黄豆面150克,白面100克,虾粉或骨粉20克。将以上材料混合均匀开水烫,晾凉后拌揉,蒸成窝窝头。使用时加少量芝麻酱和蜂蜜。

(16)月饼米饭饵。月饼2~3个,大米饭1千克。把月饼掰碎,与米饭拌和，若太散，可加少量面粉拌和，然后取其一团作诱饵投入钓点。有位钓友介绍了此饵配制法，他用此饵钓获了一条近 10 千克的大鲤鱼。

(17)芝麻酱饵。芝麻酱香味很浓，作诱饵诱鱼有奇效。此诱饵的配制方法是：芝麻酱（或芝麻油渣）100 克，若用芝麻油渣需用 200 克。豆饼粉 400 克，炒出香味，麦麸 100 克，也炒出香味，曲酒适量。

以上原料调拌混合，略加些水，直至调拌到能捏成团但不滴水。可作为诱饵钓鲤鱼，也可用作包炸弹钩的钓饵。

(18)玉米粉药酒饵。药酒是用 500 克曲酒浸泡 100 克桂皮，浸泡时间半个月以上。玉米粉 300 克、面粉 100 克、香油适量。

将玉米粉和面粉混合，用小火烘炒，炒出香味，盛入容器，加入 30 克药酒和香油，拌匀，装入塑料袋，扎紧袋口，即可使用。

(19)丁香小麦饵。小麦 500 克，装入保温瓶中，然后倒入开水，盖好瓶盖，泡 2~3 小时。使用时每次先倒掉瓶中的水，再倒出小麦，加入 50 克酒泡丁香药水，拌匀。每次，打窝器装入几十粒小麦投到钓点。

(20)用饲养鲤鱼的颗粒饵、豆饼，用文火炒香，加适量玉米面，到钓点后用池水调和，加滴几滴玉米味香精。

(21)嫩玉米粒压碎，加入炒香的豆饼粉、鱼粉，按 6:3:0.5 的比例调和。

(22)玉米糁、小米、大米用曲酒浸泡半个月后使用。

(23)在池塘四周寻找新鲜的牛粪，撒少量的玉米面搅拌投到钓点。

(24)中药稻谷饵。山柰、白芷、丁香、广木香、小茴、桂皮六味中药各 10 克，装入纱布袋，扎口。稻谷 2 千克装入布袋，扎口。两个布袋放入锅内加适量水熬煮约 15 分钟。药袋取出后晾凉，下次备用。稻谷从布袋倒出，晾半天或一夜。用此稻谷投入垂钓处，作诱饵。

(25)熟红薯 1 千克，黄豆面 0.5 千克，稻谷 1 千克，米饭粒 1 千克，用钓场的水把上述原料拌匀，捏成鸡蛋大的团打窝。

钓鲤鱼的钓饵配方有哪些

鲤鱼的最大食性特点就是喜食甜味饵，因此，配制钓鲤鱼的饵料一定要注意增加饵料的甜味。现介绍几种钓鲤鱼的饵料配方。

（1）红薯饵。红薯（也叫甘薯）含糖量大、黏度大，尤其是红心薯更甜、更黏。先将红薯洗干净，放入高压锅蒸熟晾凉，用刀切成薄片，再用钢笔帽（圆筒形）在红薯片上压出一个个的小圆饵粒，用成品鲤鱼饵（如“钓鱼王”、“锦凤”）拌入，使小红薯粒上都粘上粉状成品饵。

使用时，钩上挂红薯粒，红薯粒上的粉状饵入水便散落一些，这些散入水中的粉状饵起到诱鱼的作用。也可将红薯捣成红薯泥，拌入成品饵或饼粉、麸皮粉作饵料。

（2）饼粉混合饵。将菜子饼（或花生饼、豆饼均行）粉碎，用水拌成湿料，放入锅中蒸熟，待晾凉时拌入各种成品鲤鱼饵（如“老鬼”鲤鱼饵），再加一点骨粉或鱼粉，使饵料又香又腥，钓鲤鱼效果十分明显。

（3）芝麻酱渣饵。用豆饼（花生饼、芝麻饼也行）粉碎（500 克左右），然后炒出香味，麸皮（50 克）也炒出香味。面粉（50 克），加湿芝麻油渣 250 克，到钓场后再加些钓场的水，以上原料拌和，作诱饵，也可做炸弹钩用的钓饵。

（4）四合一糟食饵。用三成饼粉（以芝麻饼粉最好，若无芝麻饼粉，其他饼粉也行），三成麦麸用文火炒出香味，使用之前用开水烫，再加少量的鱼粉和少量的动物血粉（两种粉合起为三成），搅拌均匀，投饵前再加些面粉，以增加黏度。

（5）腥黏饵。用米粉 500 克，面粉 100 克，饼粉 50 克，鱼粉 50 克，以上饵料用温水拌和，捏成馒头状，上笼蒸 5 分钟，凉后掰开，掺入少量鱼粉和白糖（蜂蜜更好），装入袋中略捂即可。

（6）麸皮 500 克，碎米 200 克，用酒浸泡 10 小时以上。将红薯蒸至八成熟，切成 1~2 厘米见方的小粒，与浸泡过的麸皮、碎米拌匀，作钓鲤鱼的诱饵。红薯粒也可做钓饵，直接挂钩。

(7)香豆腐乳拌入面粉揉团。

(8)用甜味糕点(如“满口香”)揉碎加面粉、水拌揉。

(9)黄豆粉、羊油、蜂蜜(或红糖)糅和成团。

(10)阿魏加水搅成浓液，加入面粉中，成团，夏天在肥水塘使用效果特别好。

(11)细玉米面粉加糖拌和后蒸熟，用时加微许的香料。

(12)将红薯、王豆蒸熟捣成泥，加些虾粉或鱼粉。

(13)鲤鱼特别喜欢食小麦粒。用红糖、麦粒加适量水浸泡，挂钩。

(14)用果酱、奶粉、面粉混合揉团。

(15)豆饼粉、玉米面炒出香味加鱼粉、马铃薯粉拌和加水揉拌成团，也可加白糖。

(16)饼粉、麦麸炒出香味加丁香粉、山柰粉、水调拌成团。

(17)黄豆粉、玉米面、白面加芝麻酱或蜂蜜调拌。

(18)红蚯蚓切成碎块，用阿魏水、面粉拌和。

(19)把豌豆粉(或黄豆粉)炒出香味，把芝麻炒香研成细粉，把以上两种粉拌匀加蜂蜜或白糖揉捏成团。若是用糖还应加些水。

(20)小鸡饲料 40%，炒香的玉米糁或麦麸 30%，熟红薯(以红心为佳)10%，豆粉(或蚕蛹粉)，南极虾粉 5%、面粉 10%

以上原料拌和均匀即可。也可用喂鱼的鱼饲料代上鸡饲料。若有鸡血也可加入一些。

(21)甜瓜钓饵。甜瓜，也有人叫面瓜。选用成熟的甜瓜 300 克，去皮，剖开，去籽，放到蒸笼上蒸熟，取出。

另用黄豆粉(或玉米粉)200 克，炒出香味。把甜瓜捣碎成泥状，与黄豆粉混合，还可以加 20 克面粉，以增加饵料黏度。反复揉搓至柔软状,用此饵挂钩。若用于炸弹钩,需加适量麸粉或米糠粉。

(22)红薯饵。红心红薯500克,洗净蒸熟,晾凉,切成薄片,用金属笔帽在红薯薄片上压出一个个圆形小红薯粒,将红薯粒放入粉状商品鱼饵“钓鱼王”或“锦凤”鲤鱼饵中拌几下,使红薯粒粘上粉状饵,用此红薯粒挂钩。

若想更省事,可买几个红心的烤红薯,去外皮,与商品鲤鱼饵拌和揉捏,成柔软的面团状,然后取其一团挂钩也行。

(23)将菜子饼粉500克、玉米粉300克混合加水做成饼,上蒸笼蒸熟,然后添加“老鬼”南极虾粉和“老鬼”鲤鱼饵(腥型)和少量血粉糅合成软面团。

(24)曲酒黄豆饵。黄豆500克,用温水浸泡2天,然后煮熟沥干水分装入瓶中,加曲酒浸泡10天以上,使用时取其黄豆挂钩。制作一次,可长时间使用,而且效果很好。

(25)八角粉素饵。玉米粉300克,面粉、饼粉、麦麸各50克,豌豆粉30克,八角粉20克。先把玉米粉、面粉、饼粉、麦麸混合,用小火烘炒,炒出香味,加温水,调成较为松散的饵料,放入蒸笼蒸。待凉后对入豌豆粉和八角粉,反复调拌成面团。即可使用。此饵有八角的独特香味,不但可钓鲤鱼,还可用作钓鲫鱼的钓饵。

(26)红薯麦片饵。红薯500克,麦片300克,米糠150克,鱼粉50克,面粉100克。

将红薯蒸熟,捣成红薯泥,加入麦片、米糠、鱼粉,揉拌成软硬适度的饵团。

(27)土豆泥钓饵。土豆500克,去皮,蒸熟,捣成土豆泥。粗玉米粉400克,泡软,再蒸熟,晾凉。红糖50克、鱼粉10克,将玉米粉、红糖、鱼粉拌入土豆泥中,揉捏到软硬适度为止,用于手竿、海竿的钓饵均可。

(28)稻谷芽饵。稻谷500克,玉米粉500克,菜子饼粉300克,豆粉

200 克，面粉150 克，红糖 50 克。

制作方法：将稻谷放入盆中，加水泡 2~3 天，稻谷会长出谷芽，待谷芽长到 2 厘米以上时，倒掉水，加入玉米粉、菜子饼、豆粉、面粉和糖，用水拌匀。拌成黏散度合适的饵料。此饵用于海竿的炸弹钩。若在水库湖泊中使用，用量应大一些，每次可用拳头大一团。若在池塘中使用，用量可少一些。此饵钩鲤鱼效果好。有人在水库驻钓，平均每天钓鲤鱼 60 千克。

(29)玉米粉饵。玉米粉 150 克，加水搅拌，用文火煮开，边煮边搅，成黏糊状，再加入二勺蜂蜜，冷却后即可使用。也可在玉米粉中加些果酱。

钓草鱼的诱饵配方有哪些

(1)用麸皮粉、饼粉作基料，加啤酒或甜米酒泡制，再适当发酵。夏天隔日可用，春秋 2~3 天可用。

(2)饼粉、米糠、碎麦粒(或)玉米糁混合后加香料和水揉成团。

(3)红薯蒸熟，捣碎，拌入面粉或豆腐粉、麦麸粉或饼粉。也可将红薯蒸成七成熟，切成小方粒，与麦麸混合。

(4)钓鲢鱼的诱饵也可用来钓草鱼，只是酸臭味不必那样浓烈。

(5)酒糟草鱼饵。新鲜玉米酒糟 1 000 千克，玉米面 1 千克。把新鲜玉米酒糟盛放于容器中加盖，在太阳底下暴晒，夏季 2~3 天，春、秋季 3~5 天，使其蒸发掉水分，产生酸香味。在钓鱼的前一天晚上与玉米面揉成团即可。

此饵不怕有剩余，剩余饵可再用，其酸味不减。

(6)麸皮诱饵。麸皮 500 克，饼粉 300 克，小米 100 克，甜米酒 100 克，以上饵料用水拌匀，装入塑料袋扎口密封。夏季头天备第二天用，秋季冬季两天以后用。

(7)芝麻酱诱饵。芝麻酱200克(或用榨过油的芝麻酱渣),小米200克,麸皮300克,以上物质拌和即可。

(8)麸皮500克,小米200克,“十三香”(一种调味品)适量。加水拌和。

(9)麸粉、饼粉适量。用啤酒或曲酒、甜米酒浸泡,封好容器口,使饵料适当发酵。

(10)饼粉、米糠、碎麦粒混合后,加香料和水揉成团。

(11)红薯蒸熟、捣碎,拌入面粉或豆腐粉。麸粉500克,玉米面200克,拌匀后用开水冲烫,然后装入塑料袋密封发酵。

(12)将麦麸粉500克炒出香味,加菜油适量拌匀后烘炒,直至麦麸粉散发出菜油香味。然后装入塑料袋密封发酵1~2天。用时加水调拌。

(13)将嫩玉米粒加水磨成浆,若无研磨工具。也可将嫩玉米粒捣碎,然后加适量的米糠粉和鱼粉。

(14)将玉米粉500克炒香,加豆饼粉200克,新鲜豆渣300克,血粉(或鱼粉)100克,以上原料混合拌匀。

(15)大米500克,米糠150克,豌豆粉100克,曲酒50克,甜米酒50克。

先将大米蒸成半熟,晾凉,加入甜米酒、曲酒、米糠、味精拌匀,装入塑料袋(或罐中),封好口。外面用棉絮包紧,也可放在太阳下晒(时间不要太长),使其发酵,溢出香味即可。使用时再加豌豆粉。

此饵也可用作炸弹钩的饵料。

(16)抛草诱鱼。在钓场附近拔些青草投入水中,草鱼会游过来吃青草。这些青草起到诱鱼作用,然后在此处下钩。

(17)树叶、菜叶诱鱼。将青菜叶、嫩树叶抛入水中,起到诱鱼的作用,而且有“立竿见影”的效果。

(18)草捆诱鱼。把青草扎成草捆,底部用绳拴一块石头,抛入水中,

青草中也可掺些麦麸、糠粉,诱鱼效果很好。

(19)玉米面700克、面粉750克、黄豆粉100克。用水调拌,上笼蒸成窝头,晾凉,掰碎,加入少许食用麦片和少许酵母粉(将酵母片压碎成粉状),再掺入适量蜂蜜,反复揉搓,软硬适度即可作诱饵,也可作钓饵。

(20)玉米面700克,白面粉150克。做成窝窝头上笼蒸,晾凉,掰碎,加入100克鸡饲料,50克蜂蜜,少量水,揉拌。作诱饵、钓饵均可。

钓草鱼的钓饵配方有哪些

(1)用养鱼场喂鱼的颗粒饲料直接挂钩。挂钩方法:用橡皮筋套住颗粒饲料,钩挂住橡皮筋。

(2)韭菜捣碎,拌入面粉中,加少量麦麸,以增加松散度。

(3)豆腐乳加面粉揉拌成面团。位钓友长期使用此饵,每次都能钓到草鱼。

(4)菜叶汁、果汁和面粉揉成团。

(5)番茄捣碎,加入面粉揉成团。

(6)用酒泡嫩玉米粒。

(7)草莓酱、带酸甜味的果酱拌入面粉揉成团。

(8)在钓场就地摘一些植物的叶、花、果实作钓饵。如黄瓜花、南瓜花、嫩玉米粒、嫩稻穗、麦穗、芹菜、桑葚、苇芯、瓜块、槐花、茭白。还可以捉些蚂蚱、螳螂等作钓饵。

(9)钓饵。将糯米蒸熟,用一块较结实的布包住糯米饭,在布包外面揉捏或敲打,使糯米饭发黏,然后,在糯米饭中加一点小磨芝麻油,再次揉捏,此时糯米已成为糍粑。用此糍粑作钓饵。包住钩后,再沾一些芝麻粉或鱼虾粉,钓草鱼效果突出。

(10)稻穗钓饵。当水稻长出青穗以后,取一棵稻穗拴到钩上作钓饵。有人曾用青稻穗钓获过一条50多千克的草鱼。

(11)花生米 100 克,炒熟磨碎,蚕豆粉 300 克,细麦麸 100 克,面粉 50 克,白糖 25 克。以上原料用水拌匀捏成团即可。

(12)臭豆乳加面粉,揉搓成团。

(13)韭菜捣碎,拌入面粉中,适当加点麦麸,用水调制,即可用作手竿钓饵,也可用作炸弹钩的饵料。

(14)养鱼场的颗饲料浸湿捣碎,加些面粉、玉米粉和水揉成团。

(15)玉米螟钓饵。玉米螟就是玉米棒、高粱等农作物的害虫,剥开玉米棒的外面的叶子,便可以发现玉米螟,用玉米螟装钩。

(16)葡萄干钓饵。用较为新鲜的葡萄干在温水中浸泡数分钟。然后装入瓶中或盒中备用。使用时,用橡皮筋套住葡萄干,用鱼钩挂住橡皮筋即可投入钓点。

(17)蒜香饵。发面(用酒曲发酵的面粉)或面肥 300 克,玉米面 200 克,黄豆粉100 克,生姜一块(指头大),大蒜 2~3 瓣。

将玉米面、黄豆面分别炒出香味,大蒜去皮,生姜去粗皮,捣碎。将玉米面、黄豆面与发面混合反复揉搓至柔软状。若太硬,可加少许蜂蜜或曲酒。再加入姜、蒜,再揉搓。

此饵蒜香味浓郁,在水中影响力大。用于手竿作钓饵,也可用于海竿的炸弹钓饵,用作炸弹钓饵时,因此饵太黏,应加入麸粉,使之松散度合适,也就是糟食饵。

(18)嫩玉放粒诱、钓饵。用嫩玉米棒一个,将玉米粒剥下,捣碎(或用牙咬碎),用打窝器将碎玉米渣投到钓点,再从玉米棒上剥下 1~2 粒玉米,用牙咬破,使其出汁,然后挂到钩上作钓饵。钓草鱼鲤鱼效果都很好。

(19)十三香米饭饵。十三香是河南省驻马店市生产的一种传统调味品,是由中药粉和调味品配制。

用米饭 100 克,豆粉 20 克,白糖少许,以上饵料混合,加入适量十

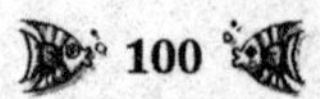

三香粉，调拌后用文火炒出香味，再加入50克甜米酒，装入塑料袋密封。

（20）麦麸菠萝酒饵。麦麸粉600克，豆饼粉200克，菠萝酒（用酒泡菠萝粒）两汤匙，红糖50克，面粉少许。

先将麦麸粉和豆饼粉用水搅拌，然后加入菠萝酒和红糖、白面粉，再搅拌，直至可使饵料捏成团。此饵用于海竿的炸弹钩。

（21）将蒸熟的米饭500克，加糖50克，少量面粉，拌和成团。

（22）颗粒饲料、玉米面适量，加入发酵好的酸饵、红糖调和。

（23）嫩玉米粒泡入草莓香精，随取随用。

颗粒饵料泡软，加入赖氨酸、红糖拌和，其使用比例为8:1:1。

（24）玉米面、麦麸粉调和，加入少量红糖、草莓香精。此饵适用于海竿。

钓青鱼的诱饵配方有哪些

（1）蚕蛹粉诱饵。饼粉40%、蚕蛹粉35%、面粉15%、鱼粉10%，先将饼粉炒出香味，再将其他几种粉类物质混合，加适量水拌匀，捏着不散。用作诱饵，也可用作炸弹钩的糟食。

（2）麸粉400克，炒蚕豆粉100克，玉米面100克，血粉（或骨粉）100克，加水调匀。

（3）将钓场鱼塘主用的颗粒饲料泡软，再加入麦麸粉、少量面粉，揉拌，抛投。

（4）将螺蛳肉、蚌肉剁碎，用面粉、玉米粉、虾粉揉拌成团。

（5）将红薯蒸熟、捣碎，加入麦麸、白面揉拌。

钓青鱼的钓饵配方有哪些

（1）麦麸500克，商品饵（钓青鱼、草鱼的成品饵）2袋，混合后加水调配，制成软硬适度的饵团。

（2）红薯蒸至八成熟（可以捏烂），然后加入适量的面粉（70%红薯、30%面粉），揉捏成团，包炸弹钩。

（3）将螺蛳砸去外壳，螺蛳肉切成肉丁，挂钩直接使用。钩尖应少许外露。

（4）将螺蛳肉末拌入红薯泥中，加少量面粉，揉捏成团。

（5）红薯泥 500 克，成品饵“倚天剑”半袋，酒泡小米 50 克，揉捏成团包炸弹钩。

（6）蚌肉、蚬肉都可作钓青鱼的饵料。可直接挂钩，或与麸皮、白面、红薯泥揉拌到一起混合使用。

（7）将红薯蒸到八分熟，切成小块，挂钩，也可在红薯块外面蘸面糊、酒或香精。

（8）将红薯蒸成 8 分熟，捣烂，拌入面粉中，做成面团挂钩，在 8~9 月份（收割水稻的季节）钓青鱼效果很好。

（9）将麸皮、玉米粉、虾粉（或蛹粉）混合，用水调制成面团挂钩。

钓鲢、鳙的诱饵配方有哪些

（1）将新鲜豆腐渣 500~1 000 千克先捂闷，闷出酸臭味，再加入臭豆腐乳 5 块，馒头 2 个掰碎成末，掺入豆腐渣中。三种原料拌和，钓鱼效果特别好。

（2）麦麸粉 500 克，饼粉 300 克，米酒 100 克，烂葱或韭菜 100 克剁碎，以上原料拌和，加入少量水，再加入适量面粉，使之能捏成团。

（3）用阿魏（一种中药）一小团，黄豆大即可，化成水。水量 150 克左右。然后加入面粉、豆粉中揉拌成团使用。

（4）各种饼粉加麸皮，文火炒出香味，用甜酒酿拌入其中，密封发酵，半月后即成酸味、香味很浓的饵。

(5)将马铃薯粉或红薯粉和玉米粉拌和,再加入甜米酒或酒曲,捏成团,密封半月使用。

(6)淀粉、玉米粉加入食用的酸奶,密封数日使用。

(7)玉米面 700 克,豆饼粉 200 克,将以上饵料混合,加入少量甜酒曲(或酵母粉),用开水烫至七成熟,在容器中拌匀,再放到锅内蒸 15 分钟,然后装入塑料袋密封。春秋可放到太阳下暴晒 2~3 天,夏天隔天就可使用。

若钓鳙鱼,应增加饵料的臭味,可用阿魏化水,对入饵料中。若无阿魏,将葱或韭菜捣碎加入也行。若家中有浇花的肥水对入一点也可。

(8)先用面粉 200 克,加水调成糨糊状,倒少许酒泡丁香液,拌匀,再加成品鲫鱼饵半袋,最后加麦麸粉或饼粉适量,拌和作诱饵,钓鱼效果很好。

(9)臭豆腐乳 6 块,臭鸡蛋 2 个,老面肥 3 两,以上三种原料搅碎,混合,装入大口瓶或小口罐中,密封好,存放一个月,使之自然发酵。可随时取用,保存的好可用 2~3 年。

(10)豆饼粉 500 克,奶粉或点心渣 100 克,红糖 50 克,加少许香醋,用开水冲拌均匀,再滴少许曲酒。

(11)将果糖、话梅加水浸泡再加入面粉、麸粉拌匀。

(12)玉米面 500 克,豆饼粉 200 克,麦麸粉 100 克,酵母粉、阿魏适量。若没有阿魏,用烂韭菜、烂葱也可。

将玉米面、豆饼粉、麦麸三种原料混合,加入适量酵母粉,用开水烫八成熟,再搅拌,晾凉。晾凉后上蒸笼蒸熟,待降温后用手掰碎装入罐中或塑料袋中。若是塑料袋,至少要有 2 层,每层都单独扎口,其目的是促其密封发酵。若是春秋气温不高时,还应放太阳下暴晒。这样,存放一周左右即可使用。

使用时,将适量(极少量)阿魏化成水对入饵料中。若无阿魏,就用烂韭菜叶、烂葱也可。其目的是增加饵料的臭味。

如闻到饵料的酸味过浓，可掺入一些炒熟的玉米面，以降低酸味的浓度。

（13）将小米、面粉、虾粉、糠粉做成窝头，蒸熟，再晾凉，掰碎，加入曲酒（或中药酒）调拌，制成面团，香味浓郁。也可把碎螺蛳肉拌入这些面粉中做成面团。

（14）土豆 500 克，去皮洗净，蒸熟，捣成土豆泥。小麦 300 克，用温水浸泡，直至麦粒泡软，膨胀。豆饼粉 200 克，蜂蜜 50 克。将小麦粒、豆饼粉与土豆泥一同搅拌，加入蜂蜜拌匀。

此饵即可作诱饵，也可作钓饵，还可以用于海竿炸弹饵。因此饵较黏，用作炸弹钩的钓饵时，应加适量的麦麸或加大饼粉的用量。

（15）发酵酸饵。麸粉 70%、玉米面 20%、面粉 10%，以上三种粉状物混合拌匀，再加入酸豆浆 300 克。若无酸豆浆，用酸奶也行，拌成颗粒饵。装入塑料袋扎口，捂闷一夜（或一天）即可使用。

（16）豆腐渣诱饵。将新鲜豆腐渣装入塑料袋，扎口，在太阳下暴晒几天，让其发酵产生酸臭味。使用时加些许面粉，以增加其黏度。

（17）豆饼香甜饵。豆饼粉 500 克，炒出香味。奶粉（或可可粉）100 克，红糖 50 克。以上三种原料用水拌匀，软硬适度，再滴入香草型香精数滴。

（18）臭味饵。麦麸 500 克，玉米糁 100 克，臭豆腐乳 5 块，臭鸡蛋 2 个，老面肥 2 两。以上原料加水搅拌，装入广口瓶或塑料袋中，扎口。经 1 个月的发酵使用。钓鳙鱼效果尤佳。既可作诱饵，也可作炸弹钩的糟食钓饵。

（19）先用 500 克玉米面加水揉拌做成窝窝头。蒸熟，然后掰碎，加少量红糖，放入较厚的塑料袋中，密封，放到阳光下暴晒数天，使饵料发酵，产生浓郁的酸味。若是气温低的秋末或早春，可在其中加些酵母粉

（或酒曲），再密封，外盖棉被、棉絮，其目的也是让其在高温下发酵。使用时取一小团，加些白酒调拌。此饵钓鲢鱼、鳙鱼效果极佳。

（20）细玉米面 1.5 千克，白面 500 克，黄豆面 1 千克（或饼粉、豆腐渣）、麦麸粉 1 千克。制作方法是：将玉米面、豆面、麦麸、饼粉混合炒至颜色发黄，散发出香味，然后用开水冲泡，再上笼蒸熟，蒸熟后加入豆腐渣或芝麻酱后使用，包炸弹钩。此饵又酸又香，在水库、湖泊钓鲢鱼效果十分明显。

（21）用臭豆腐 500 克，臭鸡蛋 1 个，搅拌后装入塑料袋暴晒，再加少许蒜泥。使用时加入适量面粉、麦麸粉，制成糟食。此饵钓鳙鱼有奇效。

（22）细玉米面 1 千克，白面 200 克，用开水冲烫，揉成窝头，上蒸笼蒸 15 分钟（若用高压锅 5 分钟就行了），出笼后掰碎，加入少量酵母粉或酒曲、面肥，再加一小勺白糖或红糖、曲酒，捏成多个面团，分别装入几个塑料袋中，扎口密封，放在强阳光下暴晒后即用。

此饵又酸又甜又香。使用时手要洗干净，不要将手上的汗味混到了饵料中。

（23）用豆渣 500 克，米糠 300 克，面粉 100 克，三种饵料拌匀，再加一块臭豆腐乳（碎）或大蒜末适量，加水调拌，然后装入塑料袋中扎口，夏天两天后使用，秋冬一周后使用。此饵有浓厚的酸臭味。

（24）用馒头 3~4 个，掰碎，炒干，加麸皮 200 克，甜酒 100 克，小米 100 克，混合，加少量水，拌成后捏时不散，再加 100 克面粉，少量曲酒。装入塑料袋密封保存。

（25）钓鲢鱼、鳙鱼的成品鱼饵一袋，混入少量白糖，把臭豆腐乳（适量）掰碎，再加入少量面粉。以上物质加水搅拌均匀，稀释成糊状，投入钓点。此法诱鱼效果十分好。

钓鲢、鳙的钓饵配方有哪些

(1)玉米粉酸饵。玉米粉(60%)、面粉(40%)用开水冲烫后捏成团蒸熟,再掰碎,加酒曲(或酵母粉)拌匀,放入干净无油的容器中密封,夏天放 2~3 天,春秋可放在太阳下晒,使之产生酸味、香味,然后取出待用。

(2)红薯蒸熟,捣成泥,加入米糠、糖或蜂蜜、少量水或酒,拌成团。此饵香甜。若用甜米酒代替水或酒其味更醇厚。

(3)黄豆粉、麦麸粉、豆腐乳调和。

(4)面粉中加少量麦麸、玉米粉,加水揉成团。面团外面再蘸些干面粉或玉米粉。钓饵入水后,面团外面的干粉溶化在水的中、上层,起到诱鱼的作用。

(5)臭水拌面。将骨头、鱼肠、家禽内脏等放入罐中,加水浸泡,上面加盖密封。三个月后,罐中水变臭,用这水加入面粉、米糠拌成团,此饵有酸臭味,钓鱼效果特别好。

(6)糖蒜汁饵。以麦麸、饼粉为主料制成酸饵后,加适量的糖蒜汁,从而增加了饵料的酸甜度,此酸味纯正。

(7)玉米糁糖蒜饵。将玉米糁、面粉拌匀做成饼,蒸熟,再掰碎,然后加入适量糖蒜汁,比单纯用玉米糁酸饵效果要好。

(8)甜酒糟食饵。在调制好用于炸弹钩的糟食后,再加入适量的甜米酒,从而增加了饵料的香甜味和微酸味。

(9)炒黄豆粉 300 克,菜子饼粉 50 克,米糠 150 克,熟土豆泥 300 克,以上原料混合揉拌,再加入蜂蜜和适量曲酒后再揉拌,松散度合适,用于炸弹钩的糟食饵。若用于手竿,将此饵搓成小面团包钩。

(10)细玉米面 400 克,豆饼粉 200 克,面粉 100 克,麦麸 100 克,豆腐渣 100 克,点心末(或面包渣)50 克。将玉米面,麦麸、面粉用开水冲烫，然后做成小饼上蒸笼蒸熟，掰碎。饼粉用火炒出香味。然后将豆渣、点心渣与饼粉及蒸熟后的玉米面、麦麸小块拌和，装入塑料袋，封上，在阳光下晒 3 天，使饵料产生酸味。晒后即可使用。此饵专钓鲢鱼。

（11）麦麸粉 200 克，饼粉 200 克，米糠粉 400 克，面粉 100 克，红糖 50 克。用水将以上 5 种饵料拌和，然后上蒸笼蒸熟，晾凉掰碎，用酵母粉（或米酒曲）拌入其中，拌匀，然后装入塑料袋，塑料袋外面用棉絮捂盖，使其发酵，春季需扎口，发酵一星期，夏季发酵 3 天即可。然后取出作钓饵，装炸弹钩钓鲢鱼。应用悬钓法，炸弹钩在水面以下 30 厘米左右。

（12）豆汁（超市有售）400 克，煮熟。白醋 10 克，红糖 30 克（或用蜂蜜），以上原料装入瓶中，封口一周。此汁液作为配制钓饵的添加剂，在使用其他饵料时对入少许浸泡的汁液，以增加饵料的酸味。

用麦麸粉 500 克，面粉 100 克，蒜泥 30 克，加少量上述汁液调拌，再用水揉拌，作海竿炸弹钩的钓饵。

若钓鳙鱼，还可以加两块臭豆腐或一个臭鸡蛋揉拌。

钓鳙鱼时常用臭味饵。制作臭味饵有两种方法，一是直接将饵料经过发酵、暴晒后产生臭味，二是制作臭味添加剂，然后将臭味添加剂加到饵料中。第二种方法比较简单。因为制作的臭味添加剂可装在瓶中，随用随取，取多取少可以灵活掌握。现介绍几种制作臭味添加剂的方法。

①臭鸡蛋汁。将 2~3 个坏鸡蛋去壳，鸡蛋液倒入碗中，用筷子搅拌，然后装入瓶中，盖紧瓶盖，放在太阳下晒几天，随用随取，若还有臭鸡蛋，可加入到瓶中、用时加些麸粉或酸饵。

②鸡骨、猪骨水。将鸡骨头、剖鱼的鱼鳃、鱼肠、猪骨头、洗肉的水倒入罐中，加水，然后封盖，骨头经过沤泡十天半月后变成为臭水，在配制钓鱼的饵料时对点骨头水即成。为了防止罐外长蛆，可用喷雾器

装入稀释的“敌敌畏”、“乐果”液在罐子四周喷洒，即可防止生蛆，也可防蚊蝇。

③臭葱、臭韭菜水。将烂葱、烂韭菜剁碎，装入瓶中或罐子里，加水，密封十天半月，即成臭味很浓的水，将此水拌入饵料中。

④饼粉水。将芝麻饼、糠饼或豆饼敲成碎粒，装入瓶中或罐中，加水，加盖，沤泡十天半以上，即成臭饼水。

⑤阿魏水。用阿魏3~5克，加到200克水中，用筷子搅拌，直至阿魏溶于水中。因阿魏水臭味很浓，使用时只需在饵料中滴几滴即可，不能过量。

⑥用发酵好的酸食加入适量面粉，用臭豆腐乳（以王致和牌为首选）拌和。

⑦用酸食饵拌入池塘附近的家畜粪便。

⑧用颗粒饵泡软，加入玉米面、小麦麸粉，开水烫熟，放入塑料袋扎口捂闷。

⑨把豆饼弄碎泡湿，加入适量麦麸、豆腐渣、糕点渣加水揉拌后用塑料袋包装扎口密封，放到阳台上晒2~3天，使其发酵，变成酸臭饵。

⑩用70%的玉米面，20%的豆饼末，10%的麦麸，少量酵母粉，阿魏适量。将以上几种粉状物混合，加入酵母粉，用开水烫至七成熟，在容器中搅拌晾凉，然后放锅中蒸熟。出锅后趁热搓揉，再装入塑料袋中扎口发酵，放到太阳下晒2~3天。使用时加入少许阿魏水。若没阿魏，可用烂韭菜叶、烂葱叶代替。

钓鳊鱼的诱饵配方有哪些

(1)麦麸粉500克，面粉50克，玉米糁200克，加水调拌作诱饵。也可加少量曲酒或药酒。此饵也可用作炸弹钩的糟食，钓鳊鱼效果很好。

（2）把嫩玉米粒嚼碎或捣碎，掺些麦麸或豆面，拌成团，每次投放量宜多，若有鱼中钩应继续投放诱饵。

（3）小麦和水浸泡变软，作诱饵撒入钓点。大麦芽也可用此法，先浸泡后用。

（4）玉米粉、花生粉、饼粉、饼块、芝麻粉均可作诱饵的原料。

（5）用曲酒浸泡大米、玉米糁。

（6）鸡饲料作诱饵。

（7）酿酒后的酒糟作诱饵。

（8）将豆饼粉先炒出香味，然后掺入少量玉米面、麦麸、麻油，加水揉捏。

钓鳊鱼的钓饵配方有哪些

（1）用嫩玉米粒直接挂钩。

（2）细玉米面 300 克，麦麸 100 克。先把玉米面蒸成窝头，再掰碎，麦麸炒出香味，掺入玉米面中，揉成有黏性的面食饵。使用时再加一些曲酒式甜米酒。挂钩时，饵团有黄豆大一团即可。因为鳊鱼嘴小。

此饵还可用作海竿的炸弹钩钓饵。但是要增加麦麸的含量，为的是不使饵团过黏

（3）红蚯蚓作钓饵。

（4）小河虾作钓饵。

（5）桑葚、熟红薯粒作钓饵。

（6）把嫩草尖切碎，用面制成面团挂钩。

（7）马铃薯蒸熟切成半厘米的小块，再用小磨油调拌。

（8）红虫作钓饵。

（9）蛆虫作钓饵。

钓鲇鱼的饵料配方有哪些

(一)诱饵

(1)将鸡、鸭的肠子、肝等杂碎抛到钓点。最好是提前一两天投放。骨头渣也行。鲇鱼闻到腥臭味后会游过来不走。

(2)把牛粪用土混合,抛到钓点。

(3)各种饼块(榨过油的干饼块)投到钓点。随投随钓。

(4)蚯蚓山柰饼粉饵。青蚯蚓山柰适量(占50%)、糠饼粉(占35%)、面粉(占15%),先把糠饼粉、面粉混合,把青蚯蚓山柰剁碎,与粉状物混合,适当加点水能够捏成团即可。

(5)将剖鱼的鱼肠、鱼鳃、鱼头,以及虾壳等捣烂,投到钓点作诱饵。

(6)将鸡骨、鸭骨、牛骨、猪骨砸烂,放到坛中泡几天,再投到钓点。

(二)钓饵

(1)将家禽的内脏穿钩作钓饵。

(2)用小河虾作钓饵。

(3)红蚯蚓山柰、黑蚯蚓山柰均可作钓饵。

(4)用50%面粉、30%豆粉、20%鱼粉,三种粉混合,加水调拌作面团饵。

(5)把韭菜剁碎,加面粉制作面团饵。

(6)用面粉(或豆粉)加阿魏水调拌制作面团饵。

(7)猪肉丁、牛肉丁、羊肉丁均可作钓饵。

(8)小昆虫挂钩。如蚂蚱、螳螂、蝼蛄、蜻蜓、树虫、青虫、飞蛾等均可用来钓鲇鱼。注意的是:最好用活的,不用死的。

(9)用小鱼作钓饵,如麦穗鱼、鳘鲦鱼、泥鳅、小鲌条鱼。

(10)用蚌肉、螺蛳肉作钓饵。

(11)水蛭(蚂蟥)是钓鲇鱼的最佳钓饵。由于水蛭不易捉取,现介绍一个捉水蛭的办法。用一个小竹篓，里面放入带血水的鸡肠、鸡肝、肉骨头，然后将竹篓放入水中。水蛭是专门喝血的，闻到血腥味会纷纷爬过来，钻入竹篓中。放一次竹篓会捉到很多水蛭、穿钩的方法是，钩尖从水蛭的吸盘穿入，从脊背穿出，钩尖露出。

(12)豆腐干作钓饵。

钓黄颡鱼的饵料配方有哪些

黄颡鱼荤素饵皆食，但以荤饵为主。如红蚯蚓山柰、红虫、蛆虫、蚕蛹、地蚕、蚌肉、螺蛳肉、小鱼、小虾、肉丁。

用水稻稻秆灰，拌蚊子幼虫(孑孓)。蚊子幼虫可用纱网在肥水中捞取。蚊子幼虫和糠灰拌和，加些许水调制成湿团，挂钩，钓黄颡鱼效果最好。

钓饵：可用馒头、米饭粒、年糕、豆腐干作钓饵。

钓翘嘴鲌的饵料配方有哪些

翘嘴红鲌以荤饵为主要食料。

河虾是钓翘嘴鲌的首选钓饵。将皮虾(不要太小的)穿到钩上，钩尖应露出。

小鳌鲦鱼、麦穗鱼也是钓翘嘴鲌的主要钓饵。

河虾可以去市场购买。由于有时买不到，所以应多买些新鲜河虾，放到冰箱中，随钓随用。

还可以在钓场现捞现用。其实方法不麻烦，就是用小网诱河虾，小网投入水中后就不必去管它，用心钓鱼。待过一段时间再提网取河虾即可。

网可用旧尼龙帐、尼龙窗纱，自己简单缝制。边长在40~60厘米之间，太大了不便携带。四个角系上绳子，诱虾的饵料可用带酸味的馒头、面肥，或河蚌肉，螺蛳肉，诱饵需用绳拴到网中间，以免脱网落入水中。

各种小昆虫作钓饵：苍蝇、蜘蛛、蜻蜓、蚂蚱、土鳖虫、蟑螂、蛹、红虫、蛆虫、蚯蚓山籁、青虫、树虫、肥猪肉丁、米饭粒。

家畜、家禽的肉丁、内脏也可作钓饵、模拟饵，是钓翘嘴鲌的好饵。大多使用长线串钩钓法。用家禽的绒毛、兔毛、狗毛，取其一小撮用线绑到钩柄上。线长十几米也行，几十米也行。有的是用小船施钓，船尾上拴一条上百米长的鱼线，鱼线上有许多钩，钩上均拴有模拟饵。线的头上有铅坠，防止钓线漂起。

也可从渔具店购买成品模拟饵。这些模拟饵均是各种小昆虫的形状，十分逼真。

诱饵可根据季节、气温配制成各种气味的饵料。如香味饵、臭味饵、酸味饵。其原料主要是麦麸粉、糠粉、饼粉、豆腐渣、干馍（需掰碎）。用适量的水将饵料拌成颗粒状，用手抛撒。

悬钓怎样投饵呢？因为粉状物在水中容易漂散，为了使饵料能够不散，应该用网袋装饵。为了不使网袋沉下去，就应加浮漂。可用包装箱上的塑料块，拴根绳子，将网袋系在泡沫块下，抛到钓点。若换钓点，把网袋拉回，重新抛投。

钓淡水白鲳的饵料配方哪些

淡水白鲳是杂食性鱼种，荤素皆食。

动物性饵料：蚯蚓山籁、红虫、小鱼、小虾、小罗非鱼、地蚕、青虫、蚂蚱、蝗虫、蛐蛐、家禽家畜的内脏、泥鳅、肥肉膘。

植物性饵料：颗粒饲料、玉米、豆饼、麦面、麸粉。各种面粉调制成面团饵，也可以发酵制成面团饵，还可以用面粉与成品鱼饵混合使用做成面团饵。

淡水白鲳喜食腥味饵和活饵。若用昆虫类动物饵，最好用活的，穿

钩后仍可在水中蠕动。

将芒果去皮,划成指头大的小颗粒,用食用香精浸泡半天,再沾上豆粉。此饵是钓淡水白鳀的首选钓饵。

用小鱼的鱼身肉150克(去头、去鳍),从背部挂钩。

把新鲜的西瓜皮剪成2厘米左右长的薄长条,穿钩。

钓甲鱼的饵料配方有哪些

甲鱼以荤食为主,尤其喜食有腥臭味的食料。钓甲鱼可选用以下各种饵料。

(1)猪肝。猪肝是钓甲鱼的最佳钓饵。取一小块猪肝,挂到歪嘴钩上,也可用缝纫针作钩,把穿线的一头剪断,钓线拴到针的中部,两头插到猪肝块中,投入水中。钓甲鱼多用插竿钓或拉砣钓,因此,准备的猪肝的量要多一些。

(2)青蛙。用死青蛙,最好有一些臭味,穿钩钓甲鱼。

(3)家禽内脏。鸡肝、鸭肠都可用作钓饵。

(4)家畜内脏。猪肠、牛肠、牛肝,猪肺、羊肝等均可选用。

(5)红蚯蚓山柰、黑蚯蚓山柰。以黑蚯蚓山柰为好,因为黑蚯蚓山柰腥味浓。

钓罗非鱼的饵料配方有哪些

(一)诱饵

罗非鱼的生活习性与鲫鱼相似,钓鲫鱼的诱饵也可作钓罗非鱼的诱饵,如:各种面粉类诱饵。麦麸、饼粉、窝窝头、米糠、酒米、发酵饵等。

(二)钓饵

罗非鱼荤素皆食,以荤饵为主。如红蚯蚓山柰、蛆虫、红虫、昆虫、火腿肠粒、小虾、螺蛳肉年糕。熟山芋、桑葚、嫩玉米粒、甜小麦粒。

渔具店专门出售有钓罗非鱼的钓饵——福寿饵。

钓黑鱼的饵料配方有哪些

钓黑鱼通常不用诱饵，只用钓饵。黑鱼是肉食性鱼类，所以只用动物性质的钓饵。

用小青蛙钓黑鱼是首先的钓饵。

小泥鳅也是很好的钓饵。

无论是用小青蛙还是用泥鳅，均应用鲜活的。

用小青蛙作钓饵，在穿钩时应从青蛙肚穿进，沿着脊背向前穿刺，钩尖从上颚处穿出，这样，青蛙的腹部呈挺出状，使青蛙两足前伸，把两只后腿用线绑到钩柄上或脑线上。这样，青蛙的形态是向前扑跳的。

用泥鳅时，钩尖从脊背穿进，平行穿出，这样，泥鳅仍然可以在水中游动。

泥鳅也是钓黑鱼的好钓饵。其使用方法是，将泥鳅的肚子割开，不扒去肠子，目的是使泥鳅肚子流出血水，以增加腥味诱鱼。用 8 号以上的钓钩，钩从泥鳅的背上穿过。钓泥鳅应用小型的，以 3~5 厘米长的钓钩为最好。

第五章

常见淡水鱼的生活习性

鲫鱼有哪些生活习性

鲫鱼在我国分布很广泛,各地都有,也是人们最易钓到的鱼。初学钓鱼的人也往往是从学钓鲫鱼开始有兴趣的(图 21)。

鲫鱼有以下几个生活习性和特点。

1.个小,胆小

鲫鱼个小,常见的、常钓到的多为 200 克以下的鲫鱼,500 克一条的鲫鱼已很少了,当然这是指在纯天然水域的野生鲫鱼。现在人工饲养的鲫鱼品种很多,个头也大,500 克一条是常见的。如江西彭泽县培育出的一种名叫彭泽鲫,单条重达 6.5 千克,是鲫鱼之王。

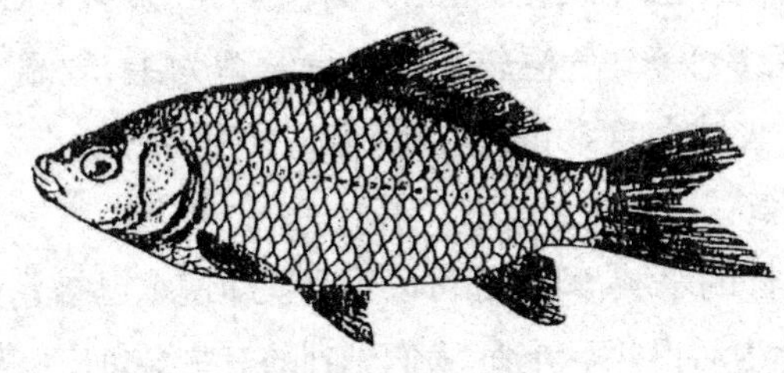

图 21　鲫鱼

鲫鱼生性胆小,温顺可爱,无挣扎力,怕强声刺激,易受惊吓。所以钓鲫鱼时更要保持环境的安静,不要大声说话,走动时脚步要轻,不要用手抛掷饵团。

2.耐缺氧力强,适应环境能力强

鲫鱼由于体形小,需要的氧气自然少于大型鱼,它是鱼中耐缺氧力最强的鱼。钓鱼人都知道,若鱼护里钓有几样鱼,最先死的是鲌鱼,然后是鲢鱼,接着是草鱼,回到家后,鲫鱼仍是活的。10月在浴缸里养鲫鱼,若单个重量不超过200克,可以养到第二年清明,鱼依然活着。但是,超过300克的就活不了这么久。

3.繁殖力强

鲫鱼繁殖力特别强,产卵多。如一条1~5年龄的鲫鱼怀卵量多达2万余粒。所以无论在什么水域,大都可以见到鲫鱼。大小不一的鲫鱼呈金字塔形分布,也就是小鲫鱼特别多,而单条重500克以上的鲫鱼(尤其是野生鲫鱼)很少。

4.喜群聚群游

鲫鱼有聚窝扎堆的习惯,游动时也有“集体观念”,很少“独来独往”。所以人们可以在一个窝钓上一天也还有鲫鱼上钩。有时鱼群来了,会连连获鱼,而鱼群过后却无鱼上钩。

5.鲫鱼既食荤饵,也食素饵。

荤饵有蛆虫、红蚯蚓山柰、红虫、面包虫等。素饵有面团、豆粉(尤其是豌豆粉、蚕豆粉)等。气温较低时以食荤饵为主,气温较高时,多食素饵。水质肥的水域多食素饵,水质清澈时多食荤饵。

6.生命力强

无论什么样的水域,鲫鱼都可以生活。即使水已被污染的水域,鲫鱼也可生活。当然生活得并不舒适。人们见到的有些鲫鱼皮色灰暗、大肚子、尾鳍不整齐的畸形鱼,多是因为受水质污染的原因。这样的鱼不要吃。

鲤鱼有哪些生活习性

鲤鱼(图22),古称赤鲤,现多称拐子鲤、鲤毛子。在我国分布很广,约有十多个品种。从东北的黑龙江,到西南的澜沧江都有鲤鱼,同鲫鱼一样,几乎有水生生物的水域都有鲤鱼,有些地方水质较差,但鲤鱼也能生存。

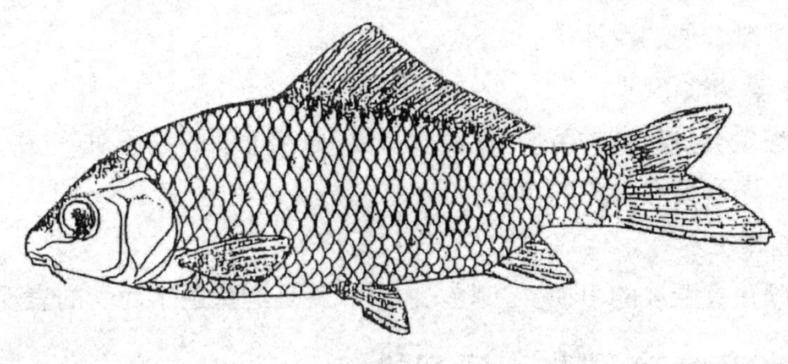

图22　鲤鱼

1.鲤鱼的生活习性

鲤鱼,多栖息在水底的水草丛中和松软的泥土中,还有喜欢拱泥寻食的特点。对肥沃的水底层和有乱石、腐烂的植物茎叶的地方特别喜欢。家畜、家禽经常下水的地方,排泄出粪便的地方,鲤鱼常来这里觅食、栖息。水库、湖泊中的缓坡和较深的水湾、涵洞、闸门附近也都是鲤鱼生存的地方。

2.鲤鱼的繁殖力强

一条鲤鱼的年产卵量可多达10万粒。鲤鱼生长速度快于鲫鱼,雌性鲤鱼两年就达到性成熟。

3.鲤鱼属杂食性鱼类,荤素皆食

幼小的鲤鱼以水中的微生物、藻类、植物性食物为主。长大以后吃水蚯蚓、蚊的幼虫、小虾、螺肉等。对甜味特别喜好。春、夏季食欲旺盛，秋季多食动物性质的食物。人工饲养鲤鱼，多以榨过油的饼类(花生饼、芝麻饼、菜子饼、豆饼)为主要饲料。

4.喜阴暗，畏强光

岸边若有大树，在水中形成树阴，这里光线较暗，鲤鱼喜欢这样的水域。也多生活在水底的肥沃的，有乱石堆，腐烂的植物堆中，以及牲畜下水排泄粪便的泥沙中。

5.喜甜食

鲤鱼有爱甜食的习惯。也喜欢饼类，如榨过油的菜子饼、豆饼、花生饼等。还喜食有香味的饵料。

6.喜逆水游

鲤鱼有跃波的习惯。“鲤鱼跳龙门”就是鲤鱼逆水而跃的表现。

草鱼有哪些生活习性

草鱼(见图 23)，又称草鲩、草鲲、草混子，是我国的主要鱼类之一。生长范围广，草鱼鱼苗的繁殖地分布也广，从黑龙江到珠江，都可以繁殖草鱼苗，生长草鱼。

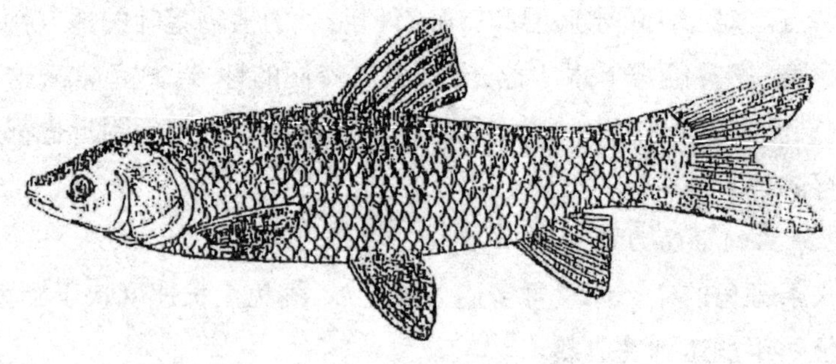

图 23 草鱼

1.生活习性

草鱼多生活在水的中下层，水草丰盛的地方是草鱼的最佳栖息场所。它行动迅速，不太温顺，窜劲大，食量大，发育快。形体大小不一，刚放养的鱼苗小到数克，成鱼重达数十千克。生长期在4~9月份，5月份繁殖力强。春末、夏初，在淮河流域的早晨9时以前草鱼多在水底层活动，9时以后常在水的中上层吃水中的青草、浮萍、菱角叶以及草棵中的小昆虫、蚱蜢。这时，水中会发出咂咂的响声。雨天更为活跃，食欲也特别旺盛。每到一个塘口，若见水中的嫩草有被咬断、草叶漂浮水中的现象，就表明水中有草鱼。若见水呈绿颜色，呼吸时感到有鱼腥味，也说明水中有草鱼。因草鱼吃青草后，排泄的粪便是绿色，粪便多了，水色自然也是绿色，由此也可以判断该塘多草鱼。

草鱼对高气温也有耐力、适应力。在夏天的中午，草鱼照样游动、觅食。在夏天的中午，用花瓣、嫩叶、蚱蜢就可以钓到草鱼，但是这都是在水的上层用浮钓法垂钓。

2.喜草

草鱼，因以草为主要食料而得名。草鱼特别喜欢吃青草、水草，饲养草鱼也大多是喂青草。草鱼吃草后，排泄的也是团状的绿色粪便。有时在水中可以发现漂浮的这些团状物，便可断定此塘有草鱼。钓草鱼可用青草造鱼窝，也可以用嫩草做钓饵。

3.喜群聚

草鱼总是结伴成群成队地游动，这是因为，若某片水域阳光充足，水较暖，草鱼会游到这里不走了。若某片水域有风有浪，这里氧气较为充足，草鱼也会聚集到这里。再一点就是鱼塘主人经常向水中投放饲料的地方，有的还用几根长竹竿放到水里，围个小圈，在圈内投放饲料和青草，这个小水圈是草鱼经常等待主人“恩赐”的地方。

4.食性杂,以素食为主

所有的水中植物都是草鱼的食料,小昆虫、小软体动物也吃。若是吃青草,水中会发出“咂咂”地咬草声,水面也会飘浮一些草屑绿叶。

青鱼有哪些生活习性

青鱼(图24),南方人叫鲩鱼、青鲩、乌鲩、黑鲩,江淮一带称作螺蛳青。青鱼从东北到江南均可生活,但长江以南较多。青鱼的数量没有草鱼、鲢鱼多。青鱼成长速度快,个体大,在水库、湖泊中,有几十千克重的青鱼不足为奇。

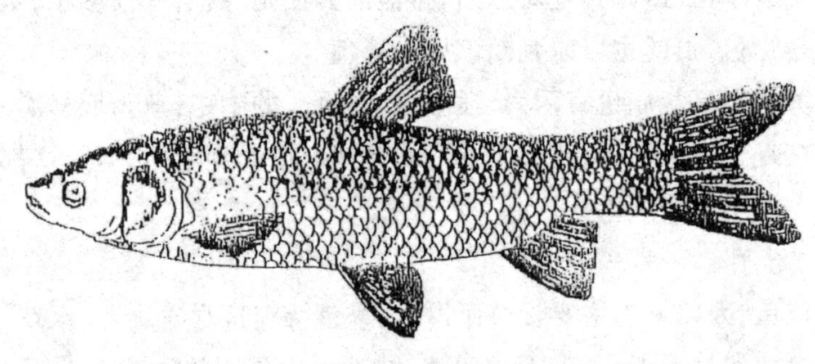

图24 青鱼

青鱼属水底层生活的鱼类。通常不游到水的中、上层。青鱼生长速度快,当年孵化的鱼苗到年底就可长到1 000克以上。性格没有草鱼活跃,但力量比草鱼大得多。人们若钓到大青鱼时,人与鱼的较量别有一番情趣,会留下长久的记忆。鱼在水中挣扎、窜游,人在岸上把着弯弓状的钓竿,只见鱼线忽地一下往左,又突然一下往右,有时人不得不随鱼在岸上奔走,这时钓友们在岸边助阵。待青鱼被钓鱼人遛得疲惫不堪,不得不随着鱼线被拽到水边时,岸上的人们无不拍手雀跃,其情其景令人兴奋不已。在台湾,钓鱼爱好者尤其爱钓青鱼,其原因就是比钓鲫鱼、罗非鱼等小型鱼过瘾。

青鱼的食物特征：青鱼以水底层的软体动物为主要食物来源，尤其喜食螺蛳肉，所以青鱼又被人们叫做螺蛳青。青鱼也吃蚬、蚌、虾、蜻蜓幼鸟、水虫等。在人工养鱼场中，青鱼自然以人工投放的颗粒性植物饵料为主。麸皮、糠粉、熟红薯、豆粉、米粒、青草也是青鱼的饵料，用熟红薯拌面钓青鱼是江淮一带人们常用的钓饵，而且效果非常好。

青鱼有牙齿，牙齿位于口腔的咽部，也叫咽齿。遇到螺蛳、蚌、蚬之类的有壳动物，它可以用咽齿咬碎硬壳，并将硬壳吐出吃壳内的肉。春、夏、秋季青鱼食欲旺盛，特别是秋天，青鱼特别贪食，在江淮流域，农村收割水稻的季节正是钓青鱼的“黄金时期”。

青鱼多生活在湖泊、水库、河湾等大水面的水域中。人工养鱼的小池塘青鱼较少，而且个头不大。因为蚌类、螺蛳类等多生长在自然的水域中，这些又是青鱼的主食来源。

鲢鱼、鳙鱼有哪些生活习性

鲢鱼也叫白鲢、跳鲢、水鲢(图 25)。

鳙鱼又叫胖头、花鲢、麻鲢(图 26)。

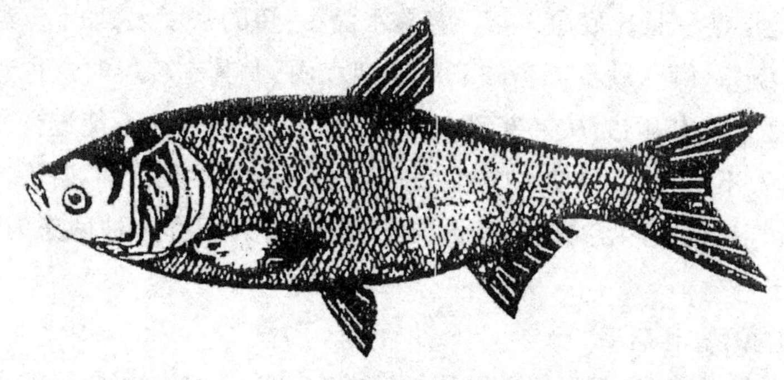

图 25 鲢鱼

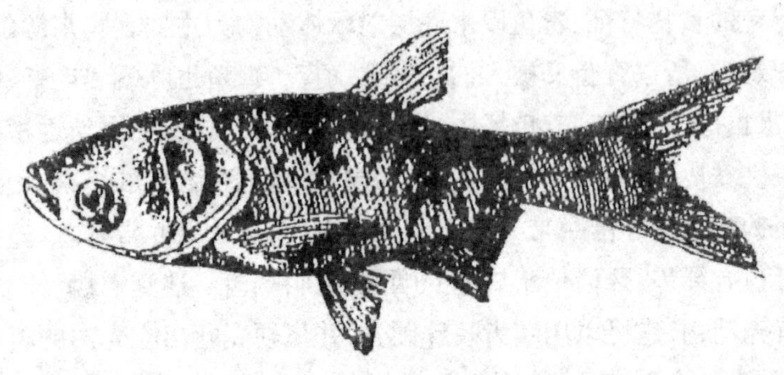

图 26 鳙鱼

鲢鱼、鳙鱼、青鱼和草鱼是我国淡水养殖的“四大家鱼”。鲢鱼皮色较白，鳙鱼皮色较黑，这两种鱼的鱼鳞细小，肉质嫩，生长迅速，鱼苗长到 3 年时就可达 3~4 千克重，而且产量大，是养鱼人养得最多的“家鱼”。

鲢鱼、鳙鱼的生活习性有三大典型特点。

1.耐缺氧能力差

鲢鱼、鳙鱼的耐缺氧能力最差，所以它们多生长在水的上层，因为水的上层溶氧量比底层丰富。若是水面小，鱼的密度大，加上气温升高不降，鲢鱼、鳙鱼就会因为缺氧而浮到水面，尤其是凌晨时这种鱼浮头现象最为突出，因为从午夜到凌晨没有阳光，水中植物不能进行光合作用，产生不了氧气，致使水中氧气缺乏，鱼不得不浮到水面。若天气继续阴沉，气压低，整塘的鱼就有可能全部死亡，人们称这种现象为“鱼翻塘”。

2.喜风，喜高温

鲢鱼、鳙鱼最适宜的水温是 25℃左右。低于 20℃活动量减少，低于 15℃食欲减退，温度再低的话，鲢鱼、鳙鱼基本上就不吃食了。这绝不是

说当气温低于15℃时就钓不到鲢鱼了。初冬或春天也有可能钓到鲢鱼,但这种情况并不多见。

在淮河流域的秋季，钓鲢鱼效果最好的时段往往是中午12时以后,因为它们的吃食高峰期在下午3~4时。

鲢鱼、鳙鱼还有一个特点就是喜风。喜风自然喜浪,这是因为水面有波浪时,水中的溶氧量会增加,丰富的氧气为它们的生活创造了舒适的条件,所以它们显得格外活跃,成群地在水的上层游动,人们在岸上就可以看到鲢鱼的身体。

3.喜酸味食物

这是钓鱼人在钓鱼实践中摸索到的鲢鱼、鳙鱼的食性特征。酸味是微酸,而不是十分酸。鳙鱼还喜欢酸中带臭味的食物。鲢鱼、鳙鱼的主要食物是水中的浮游植物、藻类、小昆虫类。人工喂养鲢鱼、鳙鱼,除颗粒饲料外,常用玉米粉、饼粉、麦麸、糠粉等农作物的下脚料。

钓鲢鱼、鳙鱼的方法,根据的是它们的生活习性。

如选择钓点:根据它们的生活特点,钓点宜选在富氧区。若水中有增氧机,可选增氧机四周作钓点。还应选在有风有浪的水域,不宜选择死水区。可选择进水口或出水口作为钓点,因为水流动时溶氧量比较丰富。

垂钓时间:根据鲢鱼、鳙鱼喜高温的特点,宜在春末、夏季、早秋垂钓。气温在30℃以下,25℃以上的时候为最佳。

鳊鱼有哪些生活习性

鳊鱼(图27),也称长鳊、山鳊、锅扁、武昌鱼。另一种和鳊鱼极其相似的鱼——鲂鱼,因其外貌特征、生活习性、食性均与鳊鱼相似。人们常把这两种鱼都统称鳊鱼,还有人称之为“长春鳊”。

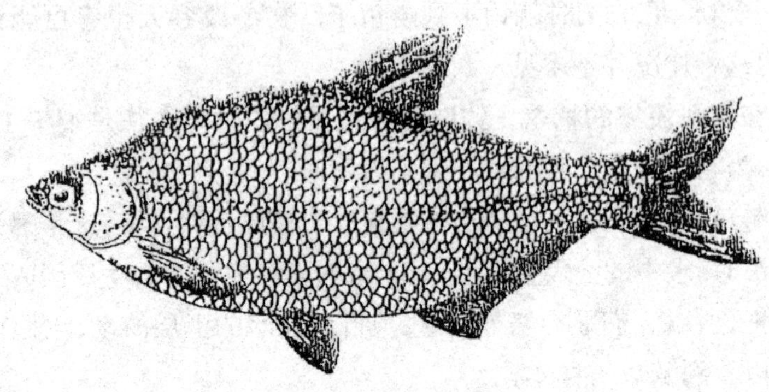

图 27　鳊鱼

鳊鱼属广布性鱼类,从黑龙江的中上游到珠江水系都有鳊鱼,因武昌附近的长江出产此鱼较多,加之毛泽东主席食过武昌鱼又写了诗,故武昌鱼在江淮流域很有名气。

鳊鱼形体不大,体重通常在 1 000~2 000 克之间,头小,身子宽扁,尾小,鳞密且小,皮色发白,所以也有人叫扁鱼、锅扁。鳊鱼属水的中下层生活的鱼种,在流动的水域和池塘湖泊的静水中均能生活。每年的 4~6 月份为产卵繁殖期,幼鱼两年成熟,体重到 1 000 克以后生长缓慢,3 000 克以上的鳊鱼在淮河流域较少见。鳊鱼因肉质细嫩鲜美受到人们的喜爱。20 世纪末,人工繁殖鳊鱼增多,成为水域中和市场上不难发现的新鲜鱼种。

鳊鱼以素食为主,主食水中的水生植物、藻类浮游物和很小的浮游小动物,其食性和草鱼近似,但也食蚯蚓类的软体小动物。气温升高时,水面有风有浪氧气充足时,鳊鱼也到水的上层吸食植物的碎屑和浮游生物,并喜好在草丛中寻觅食物。

鲇鱼有哪些生活习性

鲇鱼,因为它的嘴巴两边长有长长的胡须,又叫胡子鲇。野生的鲇

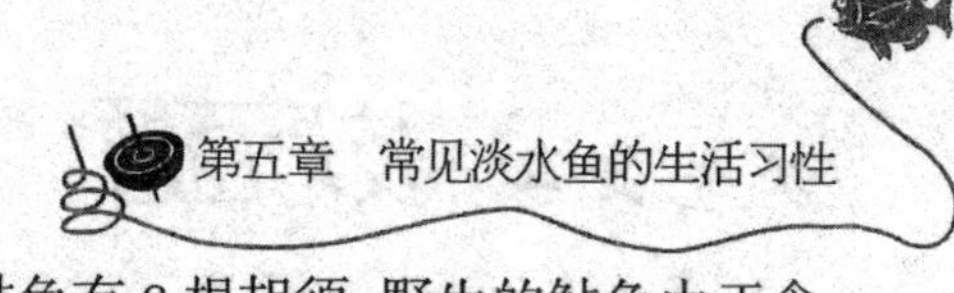

鱼只有两根胡须，人工繁殖饲养的鲇鱼有 8 根胡须。野生的鲇鱼由于食物是纯天然的，不含任何化学物质，所以在市场上更受欢迎。

鲇鱼在我国分布很广，从东北到珠江口均有鲇鱼。鲇鱼肉质细嫩，受到人们的喜爱。在淮河流域，鲇鱼炖水豆腐是一道十分受人欢迎的汤菜。

鲇鱼的视力极差，夜间活动频繁，所以人称“弱视鱼”（图 28）。

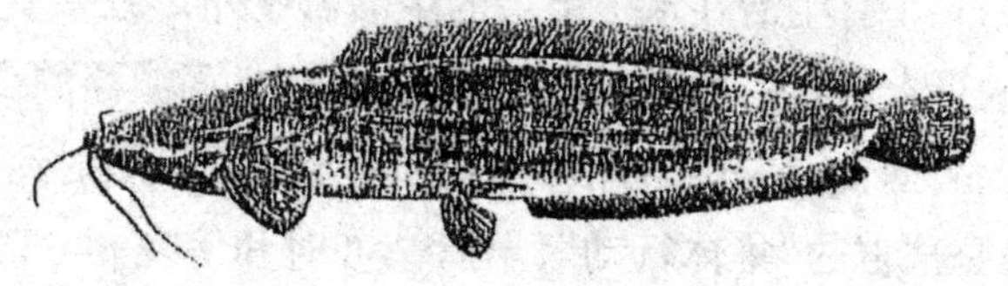

图 28　鲇鱼

鲇鱼是生活在水底层的鱼。如坑塘的塘底、涵洞的阴暗处、岸边的树根下、岩石洞砂砾中、腐烂的树枝叶草根中、江河的近岸处及流水缓慢的水滩里、回水湾中、多水草的地方。鲇鱼有逆水而游的习惯，在下雨天显得格外活跃。

鲇鱼属杂食性鱼类，以荤食（动物）为主，水中的小鱼、小虾、小虫、小泥鳅、蚌肉、螺蛳肉都是鲇鱼的食物，糠粉、麸皮、面粉、饼类制作的饵料也吃。

鲇鱼常潜伏水底不动，夜晚格外活跃，食欲也比白天好。因为鲇鱼的视力已经退化，眼睛小，而且惧光，所以猎取食物主要靠听觉和触觉。夜间因为光线差，又安静，所以鲇鱼显得尤为活跃。此时，也是钓鲇鱼的好时机。

翘嘴鲌有哪些生活习性

翘嘴鲌生活在水的中上层，单个比　鲦大得多，小翘嘴鲌也有50克，大翘嘴鲌有 10 多千克。笔者的家乡有个南湾水库，在水库中钓鱼人首选的垂钓对象就是翘嘴鲌。住在库区周边的农民只要气温合适，便在早晨、傍晚去水边钓翘嘴鲌。这种鱼贪食，容易钓获，而且其生活在不受污染的洁净水域，肉质细嫩，所以很受人们的喜爱（图 29）。

图 29 翘嘴鲌

翘嘴鲌除了有生活在水中上层的生活习性外，另一个显著的特点就是追逐的觅食方式。翘嘴鲌游动迅速，见到水面漂浮的小昆虫、浮游物质便追上去捕食，在有风有浪，早晨和傍晚有阳光照射到水面时尤为活跃，而且是成群的“集体行动”，早晨 7~8 时和傍晚 4~6 时，是钓翘嘴鲌的两个“黄金”时间。

黄颡鱼有哪些生活习性

黄颡鱼，俗名嘎呀、黄腊丁、黄刺鱼。形似鲇鱼，但比鲇鱼个体小，颜色黄，背鳍有硬而尖的刺，刺住人手时十分疼痛，甚至出血。由于黄颡鱼多在纯天然的水域中生活，所食食物也是纯天然的“野食”，加之肉质鲜嫩滑爽，无污染，很受人们喜爱。黄颡鱼分布很广，我国各地均有，加之繁殖力强，是最常见的鱼种之一(图 30)。

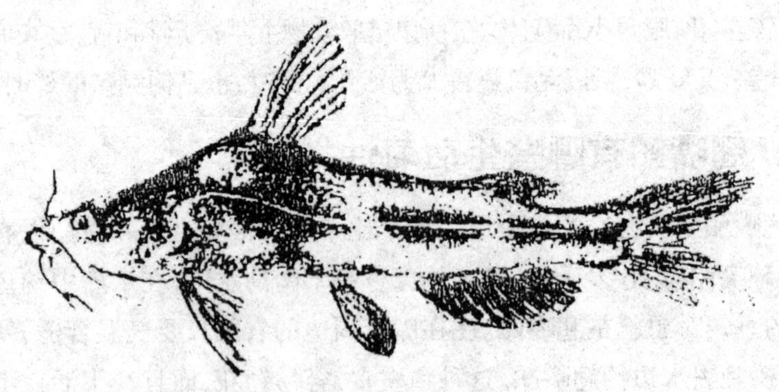

图 30 黄颡鱼

黄颡鱼的生活习性有以下特点。

1.生活在水的底层

黄颡鱼属水底层生活的鱼种。喜爱在肥沃的、有丰富的腐殖质的泥土中生活,也喜爱在淤泥中以及有凸凹不平的乱石堆、乱树枝的地方生活。

黄颡鱼喜高温,喜风浪。在傍晚、夜间格外活跃。

黄颡鱼怕强光,喜阴暗的水域。

2.食性杂,但以荤食为主

黄颡鱼属杂食性鱼种,以荤食为主,小鱼、昆虫、蚯蚓、螺蛳肉、小虾是它的主要食饵,也食水中植物。钓黄颡鱼可用面团、豆腐干、韭菜面团、豆腐乳面团,荤饵以蚯蚓、面包虫、红虫、蚱蜢等为主,也可把家禽的肝、肠切成小块挂钩。

3.黄颡鱼喜群居、群游,又十分贪食,可以在一个鱼窝连续垂钓

黄颡鱼比鲫鱼贪食,胆大,若有黄颡鱼吃钩,鲫鱼会避而远之,因为它身上有刺,又抢食,鲫鱼“斗”不过它。所以,若是窝里有黄颡鱼就钓不到鲫鱼了。

黑鱼有哪些生活习性

黑鱼俗称乌鱼、乌鳢、火头、财鱼、乌棒等。喜欢生活在水草茂盛的静水域,也常潜伏在草丛中。气温较低的早春和冬天生活在水的底层,气温较高的暮春和夏天常在水上层的草棵中游弋觅食(图 31)。

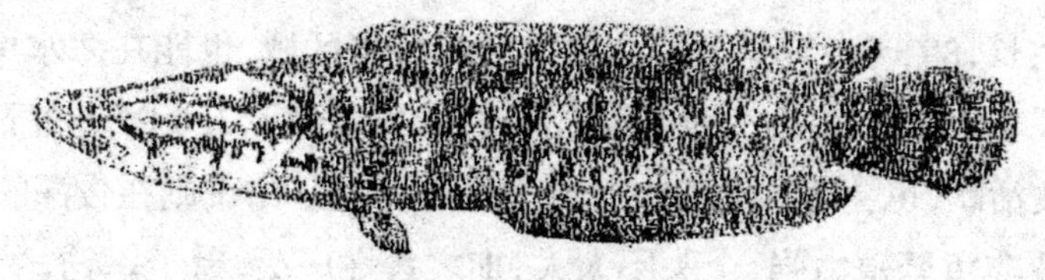

图 31　黑鱼

黑鱼的食物来源主要是小昆虫、虾、小鱼、草上的青虫、蚱蜢、水中软体动物等。为了保护它的幼鱼，会和成群的蝌蚪状的小乌鱼在一起游动，寻找食物，有时浮到水面晒太阳，人们在岸上可以十分清楚地看到这种现象。

黑鱼比较耐高温，可以在40℃的水温中生活，适应环境的生存能力也较强，即使池中少水只有湿泥的话，它也能继续生活。黑鱼常在25℃的水温中产卵，产卵前先筑巢，把草咬断使水草丛中形成一个无草的“洞”。待卵长成幼鱼后，黑鱼仍寸步不离地呵护着自己的后代。钓黑鱼多用短竿、粗线、大钩。垂钓前先仔细巡察，寻找黑色。然后将一只小青虫或小青蛙穿到钩上，悄悄将钩、饵伸到有小黑鱼的窝中间，此时要注意自身的隐蔽。大黑鱼见了青虫或小青蛙，以为是来伤害自己的“子女”的，为了保护它们，便凶猛地张开大口去咬住青虫，随后沉入水中。这时应迅速扽腕提竿，准能钓住一条大黑鱼。当你钓住了第一条黑鱼后，或许还能钓到另一条黑鱼，因为雌雄黑色常常也是形影不离，共同保护“子女”。

罗非鱼有哪些生活习性

罗非鱼的原名叫莫桑比克罗非鱼，现在通常简称叫“非洲鲫鱼”，原产地就在莫桑比克。20世纪50年代、60年代由泰国、越南引入，在南方试养。现在在全国各地均有罗非鱼。因罗非鱼在8℃以下就会死亡，所以还是南方各省养的多。罗非鱼因形体近似鲫鱼，所以现在都叫做非洲鲫鱼。福寿鱼就是罗非鱼，是杂交后的新鱼种(图32)。

罗非鱼属暖温水性的温热带鱼类。气温在40℃时有生命危险，10℃时停止生长，8℃时会“冻”死。主要生活在淡水区域，也能在海水中生活。

罗非鱼属水底层鱼，也会钻入泥土中，每天的上午9时前和下午4时后觅食活跃，也会游到水的中上层，游到近岸边。中午则在较深的水域栖息。罗非鱼繁殖力强，个头不太大，加之食性广泛，易于垂钓，受到钓鱼人的喜爱。

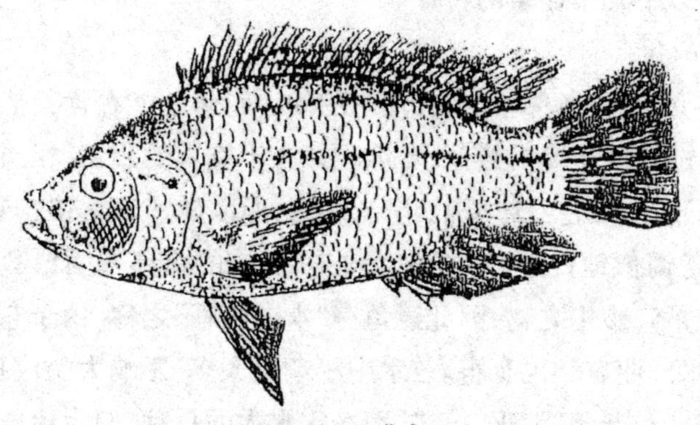

图 32　罗非鱼

罗非鱼荤、素皆食。如水中的浮游生物、藻类、苔类、水蚯蚓、小虾、昆虫幼虫。罗非鱼繁殖方法较特殊，在繁殖期，雌鱼全身颜色鲜亮，雄性鱼在水底为雌鱼用嘴拱出小圆坑，供雌鱼产卵用。雌鱼所产的受精卵则用嘴含着孵化，直到幼鱼能在水中游动时，雌鱼才放心地将幼鱼吐到水中，并时刻形影不离，保护幼鱼不受伤害。

鳡鱼有哪些生活习性

鳡鱼在我国分布很广，从黑龙江到红河，从洪湖到巢湖都有鳡鱼。

鳡鱼因其头部及鳃盖部呈金黄色，人们也称它为“黄箭鱼”、“铜头箭”，有些地方也叫宽头鳡、齐口鳡(图 33)。

图 33　鳡鱼

鳡鱼有以下几个显著的特征。

1.性格凶猛

据资料介绍,一条体长仅15厘米的幼小鳡鱼就能吞食其他鱼种的幼苗;一条体重15千克的鳡鱼,竟能吃掉5千克重的鲤鱼(相当于它的体重的1/3)。由于它身体窄长,呈流线型,所以游速非常快,遇到其他小鱼,它会像箭似地快速游去,发动攻击,受惊的鱼还未明白敌人来自何方就已成了它腹中之物,因此鳡鱼有“水中鱼霸”之称。由于它专门捕食鱼类,对水产业有利也有害。若水中小杂鱼太多,影响大鱼成长的话,它可以将这些小杂鱼“消灭”掉,从而净化水中的鱼种,使大鱼很好地成长。若水中小杂鱼不多,那么大些的鱼就成了它猎取的对象,会减少鱼的产量,影响养鱼者的收益,所以也有人称鳡鱼为“害鱼”。好在鳡鱼多生活在大水面的湖泊水库及江河之中,数量不是太多,因此给养鱼人造成的危害并不太大。

2.多生活在水的中上层

鳡鱼耐缺氧能力差,因水的中上层溶氧量较为丰富,所以鳡鱼多生活在中上层。

在江河中鳡鱼有半洄游的习性。生殖期常逆水而游,到江河的中上游产卵。冬季到下游水势比较平缓的深水区。

鳡鱼生长迅速,4龄的鳡鱼体长可达110厘米,体重近20千克,大的鳡鱼体重可达100千克。

3.荤素皆食,以荤食为主

鳡鱼食欲尤其旺盛。由于它活动量大,对食物的需求也多,不分荤素,来者不拒,见啥吃啥。吃食的动作几乎是抢食,属于攻击性的捕食.尤其喜吃水中的翘嘴鲌、 鲦、鲫鱼和虾类。

4.多在水库、湖泊中生活

小水域是没有鳡鱼的,鳡鱼多生活在大、中型的水库、湖泊中以及江河中。在我国,黑龙江水系、黄河水系、淮河水系、长江水系、红河水系以及大支流、洞庭湖、巢湖、太湖、洪湖等水域都有鳡鱼。

鲈鱼有哪些生活习性

鲈鱼也叫鲈子、花鲈、鲈板儿。因肉味鲜美,很受人们喜爱,列为名贵鱼之列(图 34)。

图 34　鲈鱼

鲈鱼是海水、淡水两栖鱼。早春时,游到近海沿岸、河流入海口淡水咸水交汇处觅食和产卵。小鲈鱼沿入海河流逆流游到淡水水域生长。到年底小鲈鱼已长到 10 多厘米长,这时又沿河面游回到近海的咸水水域生活。

鲈鱼的食性:鲈鱼属肉食性鱼,食欲旺盛,以食鱼类为主。如黄鲫、鳀、小黄鱼、白姑、虎鱼等,还食虾类,如虾姑、对虾、鹰爪虾、褐虾、毛虾。也食乌贼、沙银鱼。由于鲈鱼嘴巴宽大,吞食食料凶猛,有些养殖场为了清除小杂鱼和小虾,就养鲈鱼,让鲈鱼吃掉这些小杂鱼和虾类。

鲈鱼属中上层鱼,既不游到水面,也不沉入水底。所以钓鲈鱼应用悬钓法。

钓鲈鱼的钓具:鲈鱼属凶猛类鱼,窜劲大,游速快,因此钓具必须有一定的耐拉力,钓鲈鱼既可用手竿,也可用海竿,用手竿钓鲈鱼,竿长应用5米以上的硬调竿，钓线用0.3~0.4毫米的尼龙线。钓线宜长，可用齐竿线。钓钩应选用7号以上的粗条钩、钩应有倒刺。用海竿钓也应选用3米以上的硬调竿，钓线应选用0.4毫米的尼龙线，坠子要小。

淡水白鲳有哪些生活习性

淡水白鲳，原产在美洲，南美洲的亚马逊河流域最多，我国于20世纪80年代从国外引进，经过这些年的培育繁殖，已成为我国南方沿海各地的常见鱼，但在淮河以北较为少见，因为白鲳属热带鱼，不适低温严寒（图35）。

图35 淡水白鲳

淡水白鲳繁殖力强、成长快，养殖淡水白鲳产量高、效益好，近年淡水白鲳养殖业发展很快。

淡水白鲳的生活习性：淡水白鲳属于生活在水的中下层的鱼种，喜群居群游。淡水白鲳适应20℃以上的水温，在25℃~30℃的水温中生长最快，10℃以下很难成活，与罗非鱼的习性近似，在北方各省不能越冬。

淡水白鲳食物来源很广，荤素皆食。蚯蚓、菜虫、蚱蜢及各种小昆虫都是它的食物；植物性的麦麸、饼类、玉米粉、糠粉及颗粒饲料均食，还食家禽、家畜的内脏杂碎物，因此，淡水白鲳适应环境的能力强，而且还耐低氧，这是它的最显著的生理特征。

钓饵以上述物质为主要原料，面粉类可以调配，用多种粉料加香料揉捏成团。

钓淡水白鲳的钓具有特别的要求。因为淡水白鲳性格凶猛，窜游的力量是同等重量的草鱼的 5 倍，所以应用粗钓线（0.3~0.5 毫米的尼龙线）、大钩（7 号以上的长柄粗条钩），脑线尤其要结实，为了防止淡水白鲳咬断鱼线，最好在钩柄以上的脑线部分加套气门芯带，增强脑线的坚固性。

红眼鳟有哪些生活习性

红眼鳟又名赤眼鳟、红眼鱼、野草鱼、红眼草鱼。背部呈黑灰色，腹部为银白色，近吻端的上方有一红斑，因而取名为红眼鳟（图 36）。

图 36　红眼鳟

红眼鳟在我国分布很广。从东北的黑龙江到黄河、长江、珠江等水系均有红眼鳟，以珠江水系分布较多。北方红眼鳟较少，但东北较多。

红眼鳟的食性特征：红眼鳟属杂食性鱼类。多食水中的藻类植物及有机物的碎屑。如绿藻、蓝藻。动物性食物吃的较少，可食沼虾、甲壳动物、轮虫、河蚬。红眼鳟也吃臭味食物。由于红眼鳟食性杂，食物易得，所以人们喜欢养红眼鳟，红眼鳟属淡水经济鱼类。

钓点的选择：在池塘、水库垂钓，应像钓鲫鱼一样选择有水草、水生植物的水域，红眼鳟喜食桑葚，可在树下的水域设钓点。在江、河垂钓，钓点应选在汊湾处、流水速度缓慢处以及避风的无浪区。

鳜鱼有哪些生活习性

鳜鱼，也叫桂鱼、花脊鱼。因其肉质细嫩味道佳，又多为野生，所以受到人们的喜爱(图 37).鳜鱼在我国分布广泛，但产量不大，属稀有鱼种。黑龙江、黄河长江等水系的鳜鱼的产量比较多。从 20 世纪末开始，人们已开始放养鳜鱼。

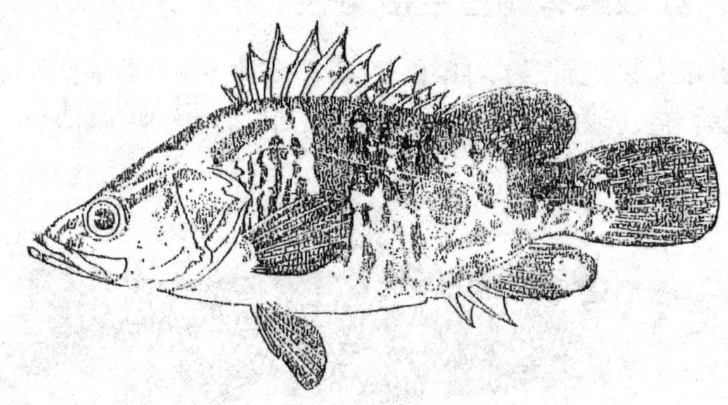

图 37 鳜鱼

鳜鱼鱼体表面是片状的黄褐相间的花斑块，嘴巴宽广，鳞细密且小，牙齿尖利，性格凶猛，背部有硬刺状的鳍。

鳜鱼是肉食性鱼种，主要食物来源是水中的小动物。如小虾、泥鳅、鲌鲦鱼、小鲫鱼，尤其喜食泥鳅。

鳜鱼多生活在水质清洁、多活水的水域。常栖息在水中的岩石边、石洞中、有石块的凹凸不平的地方及乱树枝的间隙中。鳜鱼的捕食方法独特，它不是游走觅食，而是“蹲点守候”，它身上的斑点与乱树枝、乱石块、树根须的颜色相似，极有隐蔽性，不易被其他动物和鱼类发现。当它发现有小鱼、小动物在身前游时，便凶猛地窜过去，扑咬猎物，然后回到洞中细嚼慢咽。它可以吞食与自身身长1/2的小鱼、泥鳅。因此，它也被认为是一种害鱼，因为它能吞食水中的其他鱼类，使鱼的数量减少。但是，由于它肉质鲜美，营养丰富，每百克鳜鱼肉中蛋白质近20%，比草鱼、鲤鱼、鲫鱼、鳝鱼的营养价值都高，自古以来就是人们餐桌上的珍品佳肴。鳜鱼的药用价值也很高，李时珍在《本草纲目》中写道："鳜鱼肉甘平，主治肠内恶血，去腹内小虫，益气力，令人健肥，补虚劳益脾胃，治肠炎泻血"。

鳜鱼多"定居"，少洄游。在静水中多沉在水底不动，窥视食物。若是流水，也会游到水的中层寻觅食物。春季气温回升时，也会到浅水的草丛中觅食，尤其喜欢侧体产卵在水底的石块之间。

马口鱼有哪些生活习性

马口鱼俗称马口、快鱼、跑鱼、大口兰刀、大口扒等(图38)。

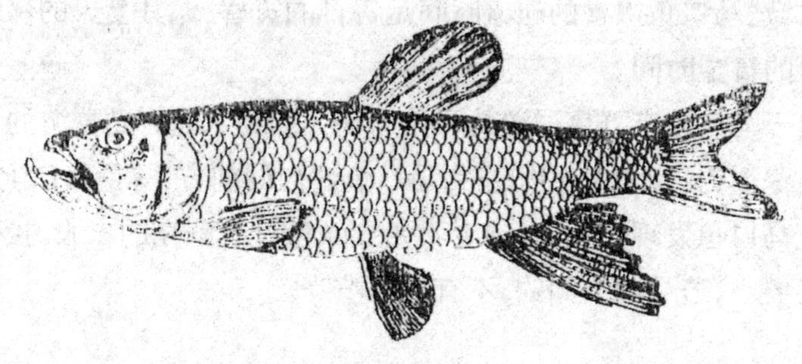

图38　南方马口鱼

马口鱼头尖口大，全身银白色，属小型鱼，大马口鱼体长也只有20多厘米。

马口鱼属自然繁殖的野生鱼，肉质细嫩，口感好，很受人们的喜爱。

马口鱼在我国分布很广，从东北的松花江、嫩江到黄河干流的中、下游及珠江水系均有马口鱼。云南、贵州、广西等省境内也有马口鱼。苏州、杭州的湖泊中也有马口鱼。

马口鱼的生活习性:马口鱼多生活在水的中上层。生活在江河、湖泊、水库、山涧溪流中,喜群聚群游。在晴朗的天气时,人们可以见到成群的马口鱼在水的上层游动觅食。在风雨天,马口鱼也会沉入水底。马口鱼属肉食性鱼类。以小昆虫、小鱼、小虾为食料来源。若水中有人工放养的小鱼苗,马口鱼会吞食这些小鱼苗,因此,马口鱼被人们认为是一种害鱼。

怎样钓马口鱼呢?因马口鱼属小型鱼,钓具用钓鲫鱼的钓具即可。钓线用0.15~0.20毫米的尼龙线,钓钩用4~5号钩。钓法宜用悬钓,钓饵在水下30~50厘米处。若气温不正常,马口鱼也会潜入水底,此时应用底钓。无论悬钓还是底钓,都应用浮漂,钓饵可用蚯蚓山桊、蛆虫、面包虫、蚂蚱、螳螂、小麦穗鱼、小活虾。马口鱼喜欢在有水草的水域生活,钓点应设在有水草的水域。河道的落水处,有水流的水沟也是马口鱼生活的水域。马口鱼摄食的旺盛时间是每日的黄昏,尤其夏天的傍晚是钓马口鱼的黄金时间。

由于马口鱼有群聚群游的习性,当人们在水面看到群游的马口鱼时可追踪浮钓。就是将钓饵投到马口鱼游向的前方,等待马口上钩。为了避免马口鱼发现钓鱼人,钓者不要穿颜色过于鲜亮的衣服。投钩的动作幅度要小,若是几人同钓,不宜大声喧哗。

第六章

选择钓场、钓点的技巧

怎样观察判断塘中是否有鱼

在非人工养鱼塘钓鱼，应首先了解该鱼塘的情况，观察分析此处是否可以钓鱼。判断某池塘中是否有鱼，常常与钓鱼人的经验有关。钓鱼人通过池塘的地形地貌、水质情况、水生植物情况进行分析比较，然后作出判断。水中是否有鱼，还应该从池塘所处的位置。周边环境的状况来综合分析判断。

主要应从以下几个方面考虑。

1.周围是否开阔，有无高山遮挡

在丘陵地带、高山区，许多池塘处于几座山的峡谷中，池塘四周甚至是三面环山。池塘的进水、出水都十分便利，但水温比较低，风也很少吹进池塘。由于池塘处在峡谷中，水位较深，这样的水域鱼类生长速度慢。由于缺少阳光照射，水生植物、小软体动物、节肢动物生长也缓慢，因此，鱼也缺乏食料，影响鱼的生长，这样的水域生长的鱼很瘦。

2.有没有活水来源

有没有活水来源，是衡量该池塘是否有鱼的一个重要条件。有些塘是在山的梯田之间，有梯田的山沟叫“山冲”，塘里的水是从上面的梯田中流进的，塘中有“塘漏”，堵住塘漏，就可以蓄水，拔开塘漏的木桩，就可以往下面的梯田流水，这样的塘有活水流进，由于有活水，塘中一定有鱼。

但有些塘处在山冲的最上面。这样塘的水源是由下雨时从山上流淌下来的水汇积于塘中形成的。天晴若干天后，塘里的水就会减少，甚至干涸，这样的塘无活水，自然少鱼或无鱼，不宜下钩施钓。

还有些塘离村庄较远，处在高岗上。这种现象在平原地区较为多见。由于无进水口，塘中的水是靠雨水积蓄，久旱无雨，塘也会干涸。即使再下了雨，蓄了水，水中也无鱼生长。因此，凡是处在高岗上的塘也是无鱼之塘。

3.塘埂的高低状况

平原地区的塘无高山遮挡，但也有两种情况：一是塘埂高于四周，二是塘埂低于四周。高于四周的塘无活水来源，塘中的水是下雨积的水，一旦久旱无雨，塘中就会因缺水变得少水或干涸，这样的塘是无鱼的；后一种是塘埂低于四周的塘，常常有活水流人，不会缺水，适合鱼的生存和生长，这样的塘适宜钓鱼，有经验的钓者通过看塘埂就可以判断出水中是否有鱼

观察塘埂是新土、黄色、少草或无草，便可以断定此塘是新挖的或经过修整的新塘，修塘多半先放水，从塘中取土，从而使塘埂变得更深，变得更高，这样的塘往往在修塘后的第三年、第四年才有鱼可钓，第二年鱼不太大，到第四年鲫鱼才能长到单尾150克左右的重量。

塘埂的草很深，并有杂树野花，说明此塘是老塘，可能有鱼。这样的老塘离住户、村庄很远，水中又没投放树枝、钉木桩，塘边又没搭草棚，说明此塘无人看管，也就是说没人投入鱼，有鱼也早被人捕捞光了。

塘埂上有些地方被踩得很光溜，放有石块，甚至有的人不注意环保在周围丢有烟蒂、废塑料袋等生活垃圾，说明有人在此钓过鱼。若塘埂

上有多个这样的地方，说明有多人、多次在此钓过鱼，从而证明塘中有鱼可钓(图39)。

图 39 在被钓鱼人踩踏的岸边设钓位

4.看水色水质友水面的状态

水的颜色，反映出水的质量，好的水色，说明水的质量尚好，适宜于鱼生活栖息，差的水色，反映出水质差，影响鱼的生长。常见水的颜色有几种。

(1)蓝黑色、绿黑色的水。这样的水质闻有腐臭味，透明度极差，手伸入水中10厘米以下就看不到手指，这样的水往往很浅，因为水下有大量的污泥、腐烂物质。造成这种水色有多种原因：一是周边的废水、污水长期大量流入；二是塘口处于低洼处，无出水口，脏水无法排出，只是在雨天塘里涨了水才从堤埂漫出，若雨量过小，仍添不了新水。

(2)淡绿色、淡黄色的水。这两种颜色的水域，水质好于第一种水，塘水不浅，风可吹入塘中，环境开阔，有进水口和出水口，水下能见度在20厘米以上，无腐臭气味。

淡绿色的水体，说明水中草鱼较多，也可能有较多的水生植物。因为草鱼吃了绿色的水生植物后，排泄的粪便也是绿色的，草鱼多，排泄的粪多,因此使水色变绿,在水面可以见到呈长条状、小块状的草色粪便。

淡黄色的水体中鲤鱼较多。因为鲤鱼有拱泥、游走觅食的习惯。水底的泥土被拱动后会翻起浑浊的泥浆,泥浆一多,水自然呈淡黄色、浑浊的水体了。钓鱼人有句谚语,叫“绿汤钓草,黄汤钓鲤”。

(3)红色、铁锈色的水。有些水塘的水呈红色、铁锈色,水表面漂浮一层铁锈状物质。形成这种水色的原因是,塘内沤泡有红麻或其他植物,这些植物长期浸泡在水中,从植物体内渗出一些物质,导致水色变红。红色水是有毒性的,能将鱼毒死。所以,泡红麻的水塘是没有鱼的。

造成铁锈色水质的原因,是塘内无活水流入,水很浅,水深多在1米以内。铁锈状物质漂浮在水面,隔断了空气与水的接触,使得空气中的氧气不能向水中渗透,这种水色的水塘,通常不长水草及其他水生植物,缺少氧气。所以,呈铁锈水色的水塘也是少鱼或无鱼的。

5.看水面大小

在农村,水塘的大小不一,小到只有几十平方米,大到数千平方米,水面越大,养的鱼越多。水面过小的塘是很少有鱼的。水面小,水位必定浅,即使有鱼也会被人捕捞光。所以遇到面积只有几十平方米、百余平方米的小塘,不必下钩。不过,有的塘虽小,但是居家户专门养鱼的,水少而有鱼,一定好钓。

怎样科学地选择钓场

笔者理解的钓场就是垂钓的水域,即垂钓的大环境。钓场指的是钓鱼的场所,而不是具体的钓点。钓点就是打窝施钓的地方。钓场与钓点比较,选择钓场是第一位的。钓场内是否有鱼是关键。若钓场无鱼或少鱼,再好的钓饵,再好的钓点也是难以钓到鱼的。

选择钓场是关系到钓鱼成败的关键之举。

垂钓的地方可分为两种类型:一是有人看管的池塘、河汊、水库、湖泊；二是无人看管可任意垂钓的天然水域，在这些水域垂钓人们称为“野钓”。前一种类型的水域钓鱼，大多是要收费的。有的是按钓获鱼的重量收费，有的是按垂钓的时间收费，也有的按人头、竿数收费。在这种钓场钓鱼不存在选钓场的问题，鱼的密度大，易钓获，但乐趣远远不如野钓。野钓的钓场由于无人看管，鱼的密度小。不少人利用节假日、双休日出外垂钓，时间是宝贵的，特别是在夏季钓鱼，一天中有几个黄金时间段，午饭前后的钓鱼效果不如早晨和傍晚。不注意认真选择钓场，随便见片水域就投饵下钩，此处若是无鱼，就白白浪费了黄金时间，到了中午，即使有个好钓场，其效果也不如早晨9时前，因此说，钓鱼计划首当选择钓场。尤其是到未曾去过的水域，更应该认真观察判断水情、鱼情。有垂钓经验的人在垂钓前总是不慌不忙，走走、看看、想想、不急于投饵下钩。

选择钓场的科学方法可以用八句口诀来概括。

一看地，二看天，
沿着水边多转转。
鼻子闻，竿子试，
最好走访农家院。
水色黑，钓不得，
水色蓝，钓鱼难，
浅黄、灰白好水色，
“安营扎寨”莫迟延。

1.看地形，包括大地形和小地形

大地形就是水域周围的地貌特征。四周无高山遮挡，水域开阔，阳光照射水面的时间长，通风，这是适合垂钓的好环境。因为阳光充足时，水中的溶氧量较为丰富，水温较高。四周有高山，阳光照射水面时间短，水温偏低，水中的鱼生长慢，不活跃，常栖息于深水区，钓鱼人把这种塘口叫冷水塘。

小地形，就是水域近处的环境。看是否有进水口、出水口。适宜垂钓的池塘应在低洼处，下雨时雨水可以从四周流进。由于有活水注入，有利于水生植物生长和鱼类生活，这样的塘口也不易干涸。池塘所处位置很高，四周的水不可能流进，这样的塘在天旱、夏季容易干涸。这种塘口在山区、丘陵地区常常可以见到。

2."二看天"就是看天气情况

看风向，感觉气压，感觉气温。气压偏低，而钓场又在大山之间的峡谷中，此处钓鱼效果不会好。有5级以上大风，钓场开阔，水浪很大，也不宜垂钓。此时应选择有一面山可以挡风、水浪相对较小的水域。若天气阴沉，水域又在丘陵之中，水温一定受影响，也不宜垂钓。所以通过看天来选择水域是十分必要的。

3."鼻子闻"

就是站在水边闻水面散发的鱼腥味。鱼腥味的浓淡可以判断出水中鱼的密度大小，鱼腥味重，说明水中鱼多；反之则说明水中鱼少.尤其是站在下风口，最容易闻到鱼腥味。有经验的垂钓者常常把鱼塘中是否有鱼腥味作为选择钓场的参考因素，是有其道理的。

4."竿子试"

就是用钓钩测试水的深浅。有的塘呈碟子形，整个塘的面积很大，但普遍较浅，多处测试都不足50厘米或更浅。因为水太浅，不会存鱼，鱼大多在塘中央的深水区。不过，若是春天或雨天，这样的浅水也是可以钓鱼的。有的水域很深，近岸的浅水区也在3米以上，垂钓效果也不一定好。最适宜垂钓的水深1~1.5米，这样的水域溶氧量充足。因此，选择确定钓场时一定要用竿子试。

5.走访农家院

指的是垂钓场附近有住户，最好前去询问一些情况。如此塘是否干涸过，水中什么鱼多，怎么收费，鱼塘主都喂什么饲料，是否有人来钓鱼等，只有通过询问才能获得一些信息。

6."钓不得"有两层意思

一是钓不到鱼，二是不能钓鱼，钓到的鱼也不能吃。

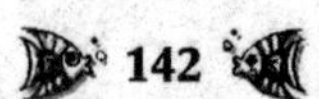

黑色的水质说明受污染已十分严重，四周肯定有很多工业废水和生活脏水流入，这种水质鱼肯定很少；即使有少量的鱼，肌体也肯定受到污染，所以说“水色黑，钓不得”。

7.“水色蓝，钓鱼难”

水色若显示是青蓝色、绿色，说明水中的腐殖质太多，氧气不足，周围可能没有活水流进，鱼在这样的环境中是很痛苦的，哪里还有食欲，所以在这种蓝色水体中钓鱼肯定难以有好收获。

8.浅黄、灰白是正常的好水色

这种水色是有进水、出水的活水，水受污染少。因为水中的鱼在水底觅食时会泛起一些泥浆，使水色变黄；若是草鱼多，草鱼的粪便是绿色的，使水色略带绿色，也是正常水色；若是鲤鱼多，水色也会发黄。遇到这样的水色完全可以断定水中有鱼，可放下渔具选择具体的钓点。

选择钓点有哪些诀窍

确定了可以施钓的钓场后，就该认真选择钓点了。无论哪一个钓场内，并非每一处水域都是“鱼窝”，鱼是根据当时的气温、风向、水中的溶氧量、水域中的具体环境，择水而栖的。有经验的垂钓者总是很认真地选择钓点的，绝不会一到水边就投饵施钓。他们会沿着堤岸慢慢走，仔细观察，分析比较，然后再投饵定钓点。

选择钓点是有诀窍的。

笔者总结归纳了十四句口诀，钓友们可参考这些口诀选择钓点。

先找草，后看边，
进水出水好钓点。
宽选窄，窄选宽，
没有凸处就选湾。
牛脚坑，青草栏，
迎风不行背风站。
庄稼地，被水淹，
鱼儿最爱来聚餐。
春钓边，夏钓潭，
秋钓阴凉冬钓暖。

迎风钓，是首选，　　多走走，多看看，
鸭鹅戏水鱼也欢。　　不要匆忙设钓点。

钓鱼人有句俗语："钓鱼不钓草，等于瞎胡跑。"可见找草的重要。

草与鱼的生活关系，本书另作介绍。

1. "后看边"

指的是水岸边的状况对钓鱼的有利因素和不利因素。有利于垂钓的岸边：道路平坦，便于行走遛鱼；有打谷场、菜园、大树的地方鱼的食料多，好钓鱼；有些鱼有避光的习性，树阴下是这些鱼栖息的好地方。

不利于垂钓的岸边：荆棘、竹林处；上空有电线，不安全；离铁路、公路太近，嘈杂，不安静；有悬崖或沼泽的地方，设钓位也不安全。

2."宽选窄，窄选宽"

指水面的宽与窄，宽与窄是比较而言，是相对的。

湖泊、水库、江河，其中下游水面宽，上游水面相对窄一些。在这些水域垂钓，钓位应选上游，因为这里水面较窄，垂钓的范围小一些，鱼也相对集中一些。

湖泊、水库的上游常有一些水汊，水面较窄处还被人们用网拦住，在汊中养鱼。这些相对较窄的水汊因接近山崖、庄稼地，水汊上面又经常有水流进水库、湖泊，这里的食料较为丰富，是鱼常来觅食的地方。特别是秋天，庄稼果实成熟，昆虫增多，鱼的食料更为丰富。这就是要在宽水中选窄水的原因。

另一种情况是"窄选宽"。这里说的窄水是小河、小溪流以及狭长的塘口、堰口。因大多数地方窄水面，又有流水，鱼难以聚集栖息，而那些水面相对较宽，水势平缓的水面，水也较深，往往还有成片的水草，易于被鱼选作栖息地、聚集地。所以应把水面较宽的水湾作为钓点，这就是"窄水中选宽水"的道理。

3.“没有凸处就选湾”

垂钓地的岸边地形各异，有的是向水中凸出的，有的是向内凹进的，凸出和凹进的水湾部都是好钓点。

凸部作钓位，人的竿子可以伸得更远。在水库湖泊中垂钓，钓竿宜长不宜短。凸部位前的水域常常是鱼游弋的必经之道，钓获鱼的概率大，所以首选的应该是凸部。

水湾也是好钓点。水湾的水比较平静，风浪常常把水中的浮游物刮到了水湾里，成为鱼的食料场。水湾因为有两面的凸出部夹着，避风，大鱼有时并不喜风，而喜平静的水域，这里大鱼较多。有水湾的地方往往水生植物多，因此，水湾是好钓点。

4.“牛脚坑，青草栏”

牛脚坑，就是牛在水中踩的坑，也就是牛经常下水的地方。

青草栏，就是养鱼人向水中投放青草喂鱼的时候，先把四根长竹竿绑成一个正方形或平行四边形投入水中，为的是避免青草被风刮走，人们把竹竿围的部分叫做青草栏。

牛脚坑里经常有牛粪，鲤鱼、草鱼都喜欢吃，这里就形成了鱼窝。笔者曾在一个多小时内，在牛下水的地方钓了8条大鲤鱼。所以，若发现有牛卧水的水域，即是首选的好钓点。

草鱼由于习惯在青草栏里等待主人喂草，所以青草栏里易钓获草鱼。一次笔者和钓友们出外钓鱼，一钓友用嫩笋叶作钓饵，把钓饵投到青草栏中，钓了一条5千克的大草鱼，而其他钓友都没有钓到草鱼。

5.“鸭鹅戏水鱼也欢”

意思是说，在水中有鸭鹅戏水，它们会向水中排泄粪便，这些粪便是鱼的食料。所以，鱼常常在鸭鹅活动的地方寻食。也就是说，有鸭鹅活动的水域可以作为钓点。

水面不大，而鸭鹅成群的话，可能出现钓不到鱼的情况，这是因为光鸭鹅的粪便就足以满足鱼的需求，鱼习惯吃它们的粪便，而对钓鱼人投放的钓饵并不喜欢，或者它们已吃饱了，食欲也差了。所以，在鸭鹅活动的水域钓鱼要灵活掌握，不能死搬硬套。

有风的水域有波浪，使水的表面积增加了，也就是水与空气的接触面积增加了，因而可以增加水的溶氧量，所以，有风时鱼活跃。特别是风浪把水时的浮游生物吹到一处，使迎风的岸边水域食饵丰富，鱼就会到食料多的地方觅食。迎风钓就是在鱼自然食物较为集中的水域钓，钓获率要高于无浪区和浪尾区。所以，迎风站选点是首选钓点的方法。

6."迎风不行背风钓"

迎风钓是首选钓点的方法，但有时却出现另一种情况，在风头上垂钓小鱼、鲌鲦鱼特别多，也就是说闹窝的小鱼多。这是因为这些小鱼多生活在水的上层，由于有风时水面的氧气格外充足，小鱼又有追逐水中漂浮物的习性，所以在风头处，小鱼闹窝凶，钓不着大鱼。这时，大鱼可能在背风处，只要到背风处钓，或许可以钓到大鱼，而且没有小鱼闹窝。这种现象是常见的。笔者有时也不钓风头，而去钓风尾，常常能钓到大鱼，而且很少有打搅的小鱼。这就是"迎风不行背风钓"的道理。

7."庄稼地，被水淹，鱼儿最爱来聚餐"

这指的是夏季下了大雨，池塘、水库涨了水，水常常漫过堤岸，淹没水边的庄稼地。这时的庄稼有的已接近成熟，如水稻、玉米、谷子、蔬菜等，这些植物有的就是鱼的食物，所以鱼就会随着水面游到庄稼地去寻找食物。尤其是草鱼、鲫鱼、鲤鱼最多。在这样的季节钓鱼，若遇到水淹地，选择庄稼较少的地方下钩，定会有收获。有时人还可以听到鱼吃草的声音，可循着声音找鱼窝下钩设钓点。特别提醒钓友注意，这种庄稼地虽有鱼，但地的主人因地被水淹而心情沉重，这时去钓鱼，气氛不和，必须征得主人同意，要避免发生矛盾。

8."春钓边,夏钓潭"

春钓边,就是春天应在近岸的浅水区钓鱼,其原因:一是近岸的浅水区在春天水温上升快,比深水区温暖,鱼会游到浅水区;二是浅水区的食物较丰富,水生植物大都生长在近岸的水中,水中的小昆虫、节肢动物、软体动物在春天也多在近岸的水中,它们都是鱼的食料。经过了严冬,天气转暖,鱼的食量大增,继续补充营养,雌鱼还要产卵,对食料的需求量也增多,纷纷到近岸的浅水区觅食,所以春天宜在近岸处垂钓。

夏钓潭,潭指的是深水区,其道理正和春天相反。夏天,水温多在30℃以上,鱼适宜的水温在25℃左右,显然,这么高的水温鱼也感到难受,而深水区因为阳光晒不透,水温相对低。另外,夏天光线太强,大多数鱼是喜欢光线弱的水域,而深水中光线暗得多,这也是鱼在深水中生活的原因之一。所以夏天应在深水区下钩。

9.为什么"秋钓阴凉冬钓暖"

早秋气温仍然很高,而在阴凉的水域水温相对较低,适宜鱼生活。另外,阴处是岸边有大树遮挡阳光,大树上有小昆虫,有鸟儿的巢,有鸟粪、昆虫落入水中,这些都是鱼的食物来源。鱼喜欢在有大树遮阴的水域中生活。

冬天气温、水温低,有阳光的水域较为温暖,此处适宜鱼的生活。所以,冬天应在背风、有阳光的地方设钓点。也就是上午坐西向东垂钓,下午坐东朝西垂钓。

10."多走走,多看看"

指的是到了钓场以后,对过去未曾来过的生疏地方,尤其是到水库、溪流中钓鱼,不要匆忙设钓点,应该沿岸边多转转,多走走,并用竿多测试,然后根据水温、风向及水中的情况进行比较分析,从中找出优势多的地方设钓点。否则,设的钓点可能不是最好的,而有更好的钓点却未被发现，造成遗憾。这种情况是常常遇到的。选的钓点不当，不但钓不到鱼，而且浪费了时间。到了上午11点以后，即使选到了好钓点，钓鱼效果也不会好了。

有时是因为同去的钓鱼人很多，不少人想“捷足先登”，“先下手为强”，于是匆匆忙忙地设钓点、占位置，此法是不可取的。水库、溪流的边岸线较长，地形也复杂，所以多走走，多看看更有必要。有人说，选对了钓点，就等于成功了一半，是有道理的。试想，如果选择了根本不会有鱼的水域，那还能钓到鱼吗?因此，选择钓点一定要慎重。

在选择钓点时，也可以同时选2~3个钓点，在这几个钓点中都投诱饵，然后根据垂钓效果，对几个钓点进行取舍，此办法比较稳妥，不少钓友也都是这么做的。

一年四季怎样选择钓点

1.春天怎样选择钓点

经过漫长的冬天以后，春天万物复苏，大地回春，气温上升。但是，早春气温依然不高，水中的小生物也刚刚复苏，靠岸的水中会长出一些青草，这些青草是鱼的食料，所以鱼会游到近岸处寻找食物。因此，春天宜在近岸的水草边作钓点。

春天气温逐渐回升，水温多在10℃左右，在这样的水温中，鱼并不活跃。但是，浅水区在太阳光的照射下水温上升较快，因此，浅水区的水温比深水区的水温略高，鱼会游到浅水区生活，钓点也应选在浅水区。

春天，尤其是仲春，是鱼类排卵繁殖的季节，由于浅水区的小草、轮叶生长的比深水区多，鱼的卵常依附在草茎、草叶上孕育，这些草类成了鱼的产床，所以鱼也多游到有水草的水域，这里鱼的密度较大，所以，浅水区、有水草的水域应是首选的钓点。

我国由于地域辽阔,各地春天到来的时间也不一致。据有关气象资料介绍,一段时间的平均气温在25℃左右为夏季,平均气温低于10℃以下为冬季,气温介于这两种温度之间的分别是春季和秋季,春季来得最早的是南方,然后逐渐北移,若乙地在甲地北方的100公里的话,季节来临的时差就是3~5天。因此,各地的春季的具体时间是不一样的,钓者应依当地的气温情况作为选钓点的参考。

"春钓边"、"春钓桃花水"是钓鱼谚语,是钓鱼人的经验总结。

但是,若是小库,湖泊这样的大水面,浅滩的面积也很大,有的甚至方圆几千平方米,若水过浅(如30~80厘米)也不存鱼。因为春天一天中的气温变化也很大,傍晚温度降得快,随着温度的下降,浅水区的水温也相应下降很多,鱼也不会在这样的水域停留栖息,会向深水区迁徙,所以,早晨和傍晚钓鱼时,钓点应选在深水与浅水的结合部,水深在2米左右为宜。

2.夏季怎样选钓点

夏季,指的是平均气温在25℃以上的时间,在江淮流域是6月、7月、8月,3个月。我们知道,最适宜淡水鱼生活的水温是30℃以下,而夏季水温大都在30℃以上,因此,夏季是钓鱼的淡季。

夏季,鱼的栖息地在哪里呢?在深水区,因为水的上层温度较高,越往水底温度越低。

鱼还栖息在有树阴的地方,被高岗、山冈挡住阳光的水域,由于没有强烈阳光的照射,水温也低于有阳光区。

有水草的水域水温也较低,这也是因为水草遮挡住了阳光的照射。

以上这些地方都是鱼在夏天生活的地方。因此,深水区,有树阴的水域以及长有水草的水域都可以作钓点。

"夏钓潭",是钓鱼谚语,潭,指的就是比较深的水域。水库中靠近大坝的水域及两水相夹的水湾都是深水区,夏天宜设钓点。

夏天，一天中的气温也是有变化的，上午9时前和下午5时后气温较低，这两个时间段是夏天钓鱼的最佳时间，因此夏天钓鱼要起得早，走得早，最好能在6时左右就下钩。因为从9时至下午5时，这8个小时内钓鱼效果不佳。当然这指的是大晴天，若天阴，又有风，还是可以钓鱼的。在上午9时前和下午5时后，钓点可以近一点，也就是可以钓浅一些的水域，鱼也是早晨在岸边觅食，气温升高才逐渐游到深水中，到了下午5时后又会从深水区游到近岸的浅水区觅食。

鱼的生活有“一日三迁”的习性，钓鱼人是跟着鱼走，所以钓点也要一日三迁。

鱼种不同，生活习性也不同，上面说的多数是淡水鱼的夏季生活习性，但也有例外。如草鱼、鲢鱼，是不怕热的，水温达到30℃以上时仍十分活跃，食饮仍十分旺盛，所以，在夏天的中午，午后最热的时候仍可以用浮钓法钓草鱼、钓鲢鱼。钓点的选择不十分重要，在草边多数获草鱼，在有水浪的地方易钓获鲢鱼。

鲤鱼在夏天是生活在水底的泥土层，若气温过高(如达到38℃以上)时，鲤鱼就在钻到水底的淤泥中一动也不动，这时，除非饵料就在嘴边才去吞食。所以，夏天钓鲤鱼钓点应选在水质较肥、水底腐殖质较多、有烂草烂树叶的地方。

白鲢鱼也不怕热，天气越热它们越活跃，尤其喜好追逐波浪，钓白鲢应选有风浪的水面，用甩钩法钓。

3.秋天怎样选钓点

秋天又分早秋、仲秋、晚秋三种情况。早秋的气温和夏天差不多，选钓点的方法应同夏天选钓点方法接近，如早晚可选近一点，中午宜钓树阴处和深水区。

到了仲秋，气温平均也在20℃以上，所以仍应“钓阴”。“秋钓阴”就是指这个时间的选点方法。

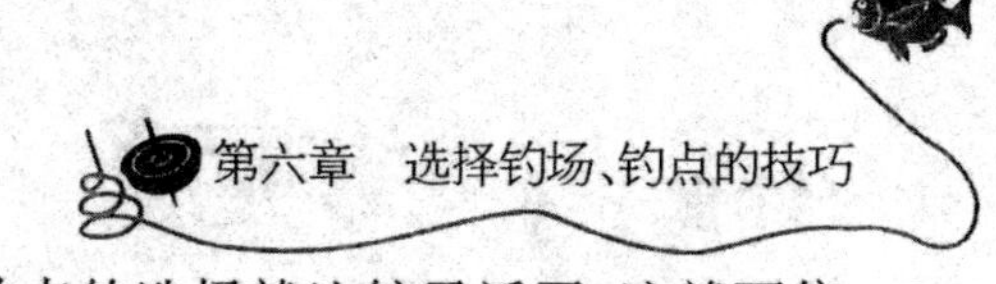

到了晚秋，已快接近冬天了，钓点的选择就比较灵活了，这就要依据当天的阴晴情况、风力情况灵活选点。早晚宜选向阳的暖水域，中午则“钓阴”。若是阴天，应选深水区，因为深水区的水温变化小于浅水区。

秋季，是庄稼、果子成熟的季节，树上的果子、籽实会被风吹入水中，尤其是小昆虫类也落入水中，若水边有这样的大树，大树下面是好钓点。若水塘边有菜园、庄稼地、打谷场，靠近这些地方的水边也是好钓点。

到了深秋，鱼儿为了贮存养分准备越冬，食欲特别好，所以秋天是一年中钓鱼的第二个黄金时间，钓鱼的收获不亚于春季。

若是在水库湖泊中钓鱼，秋季水位下落，所以钓点也就随水位下落而改变，水湾处、深水与浅水的结合部仍然是好钓点。

若是在河流中垂钓，有洄水湾的地方、堤坝的内侧都是好的钓点。

在池塘垂钓，凡是有水草、乱树枝的地方都可作钓点。

4.冬天怎样选钓点

冬天是钓鱼的淡季。因为水温在10℃左右时，鱼的活动量大减，常卧于水底不动，当气温、水温在5℃时，鱼基本上就不吃食了。但是，鲫鱼例外，在5℃时仍有食欲。

冬季钓鱼效果虽然差些，但仍是可以钓到鱼的，尤其是初冬，气温与晚秋接近，若是天气晴朗无风时，钓点选在向阳处，仍是可以钓到鱼的。

“冬钓暖”，其道理大家都会明白。暖，除了向阳的水域外，深水区的水温较浅水区高，所以冬天应钓深水区。

若在池塘钓，应选择环境开阔，太阳一出就可照到水面的池塘。有些山中的池塘，四周环山，或三面环山，到上午10时以后太阳仍照不到水面，这样的塘水温上升慢，叫“寒水塘”不适宜冬季垂钓。

水库、湖泊到了冬季水位下降明显，鱼已聚集到湖中心的浮水区了，通常情况下，接近堤坝处的水最深，所以钓点应选在坝埂附近，要远投，将钓饵投到几十米以外的深水区。天气晴朗，气温回升时，或连续几天高温时，仍可以在稍浅的水域作钓点。

冬天鱼虽不活跃，但都集中到了深水区，若钓点选准了，钓鱼仍会有收获。笔者的一位朋友，是80多岁的老者，冬天在水库钓获了一条重达26千克的大青鱼。

池塘钓怎样选择钓点

1.根据塘的不同形状选择钓点

池塘的形状大致有方形、圆形、长方形、弧形几种。

方形塘由于有边有角，鱼多沿边埂游动，很少游到塘角。因此，在方形塘垂钓，钓点应选在边线的中间(图40)。

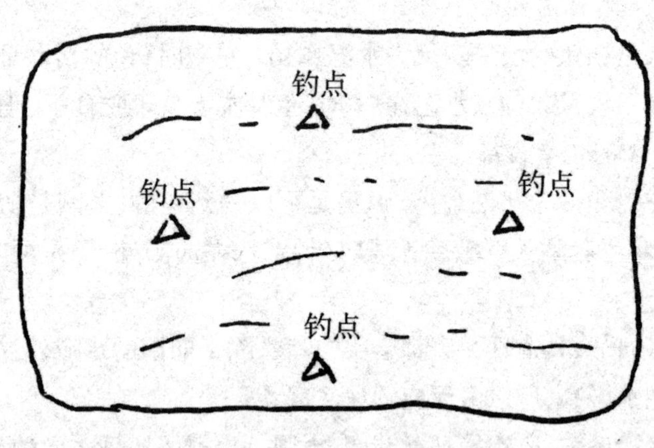

图 40　方形塘的钓点

2.选择有水草的地方作钓点

关于水草与鱼的生活关系前面内容已有介绍，钓鱼时应选择有水草的地方作钓点。

3.根据水的深浅选钓点

大多数池塘水深1~3米。是选深水还是选浅水，与季节、气温有关系。冬季宜选深水，春季宜选浅水，中午宜选深水，早、晚宜选浅水。水塘水位较深，宜选水位浅的水域。水塘水位普遍较浅，不足1米，就应选相对较深的水域作钓点。

4.家畜经常下水的水域

靠近村庄的池塘，猪、牛经常下到塘中饮水，排泄粪便，这里水质肥沃，尤其是鲤鱼，最喜食牛粪。所以，这些地方是垂钓的最佳钓点。

5.鸭鹅经常游弋觅食的水域

鸭、鹅下水后会排泄粪便，粪便是鱼的很好的食料(图41)。

图 41　鸭鹅经常下水处设钓点

6.岸边有菜园、打谷场的地方

岸边有菜园、打谷场，可在靠近菜园打谷场的水域设钓点。因为风会把打谷场的粮食颗粒、碎屑、菜园里的花朵、小虫刮到水中，这些都是鱼的食料。由于近岸处长期有食物,鱼会习惯地游到这里觅食(图42)。

图 42　岸边有打谷场的水域

7.在大树下面的池塘设钓点

大树上常有昆虫、子实落入水中,大树上栖息鸟儿的粪便落入水中也是鱼儿的食料，所以在大树下的池塘设钓点是不错的选择 (图43)。

图 43　大树下的池塘设钓点

8.水边搭有木板石块的地方

我国一些农村住户房屋旁的池塘都搭有长木板或石块，村民常在这里洗刷、洗菜，该处的水中经常有菜叶、谷物，鱼儿习惯于在此觅食(图44)。

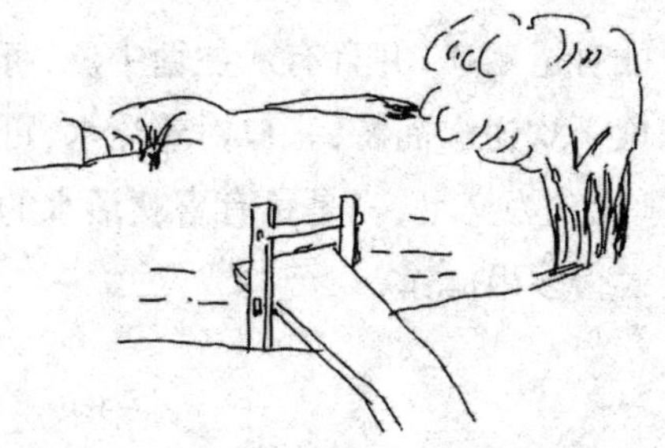

图 44　水边搭有木板石块的地方设钓点

9.水中有水草树枝处

水域的某一处有水草，有倒在水中的树枝，该处是最佳钓点。因为水中的水草、树枝，可能聚集小昆虫、小虾，水草、树枝也可将水中的浮游生物阻挡在这里，所以，此处食料丰富。另外，鱼有隐蔽于水草、树枝的习性，它们生活在此处较为安全，可以防止人们捕捞。所以，水草中、乱树枝间会有鱼儿聚集(图45)。

图 45　水中有水草树枝处设钓点

在水草、树枝处投钩,钩与水草、树枝应留有一定距离(至少50厘米),防止钩被水草、树枝挂住。同时防止鱼中钩后习惯于向草丛、树枝中窜游而挂住钩。

10.进水口处

池塘的某一处有进水口,并且有水往塘中流,可在流水处附近设钓点,其原因:一是鱼喜欢逆水而游,张口对着流水,可以获得流水中的食物;二是流水处氧气较为充足;三是鱼有喜欢活水的习性。在流水处垂钓其收获比别处大得多(图46)。

图 46 进水口处作钓点(△处)

11.村庄前后的塘是钓鱼的好地方

许多住家户周围有水塘。靠村庄的内侧塘边垂柳依依,又有可供人们洗刷的木板石条。鸭鹅也从里侧下水。所以内侧是最好的钓点。有的塘的一侧是村庄。另一侧是道路,这样的塘同样有鱼,靠村庄的内侧是钓鱼的首选钓点。

12.鱼塘主经常投放饲料的地方

鱼塘主常常习惯在塘的某一部位向水中投放青草或颗粒饲料，有些塘中常常可以见到用几根竹竿摆成三角形或四方形，在三角区或四方形中投放青草。可在这些地方设钓点。因为鱼儿习惯于游弋到这里等待主人的“恩赐”(图47)。

图 47　经常投放饵料的水域

13.堤岸的突出部位

堤岸突出部位前的水域是鱼游弋觅食的必经之道，在这里作钓点，鱼中钩的概率高(图48)。

图 48　突出部位(有△处)设钓点

14.下风口设钓点

由于风把水中的漂浮物、小昆虫、植物的子实刮到下风口，使下风口成为食料丰富的水域。所以，此处为最佳钓点。

在水库钓鱼怎样选钓点

水库钓鱼怎样选钓点？水库的地形复杂，水面宽广，边岸线水的深度不一，水底的地形也是多种多样，鱼的分布稀而广，这就给钓者增加了选择钓点的难度，因此，较为准确地选好钓点是关系到能否钓到鱼的至关重要环节。初到一个新场，务必要仔细观察，综合分析，科学判断，从而选择好钓点，千万不要不加分析、比较地随便设钓点并立即投饵下钩。

在水库选择钓点应从以下几个方面考虑。

1.钓点与钓位相结合选择钓点

钓点指的是欲投钩投饵的那片水域。钓位指的是人在岸上摆放渔具、架竿取鱼、行走坐立的位置。

钓点与钓位相结合，就是综合两方面的情况后，认为条件都适合自己的需要，从而决定在此设钓点和钓位。

为什么要把两方面的条件综合分析呢?因为二者缺一不可。水中的条件好，适宜下钩，可是岸边有障碍物，上空有电线，或者是陡壁、悬崖，岸与水面落差很大，也就是钓位不好，就不能在此处设钓位；反之，岸上宽阔平坦，岸与水的落差较小，适宜设钓位。

2.背风的水域

在天气寒冷的季节，背风朝阳的水面，水温较风口浪尖的水面高一些，是鱼栖息的场所，所以在秋季、冬季及早春应选择背风向阳的水面作钓点。

3.有风浪的水面

在气温较高的季节，水中有风浪时可以降低水温，而且有风浪的水

面氧气特别充足，这里是鱼生活的好环境。鱼将头对着迎面而来的波浪，张开嘴让水流入口中，再从鳃边流出，这样就可以不费力气地使水中的食料流入口中。

4.入水口

水库的四周会有一些入水口，溪流、小河的水流入库区。入水口地势平缓，水位不高，所以入水口下面的水域也是好钓点。流水中夹带杂鱼的食料，此处较其他水域食物丰富得多，所以鱼会聚集到这里寻找食物。鱼有逆水而游的习惯，这里又是活水区，是鱼乐于生活的水域。

5.网箱附近

养鱼人经常往网箱里投放饲料，这些饲料也会流散到网箱外，网箱外面的鱼也会到网箱附近觅食(图49)。

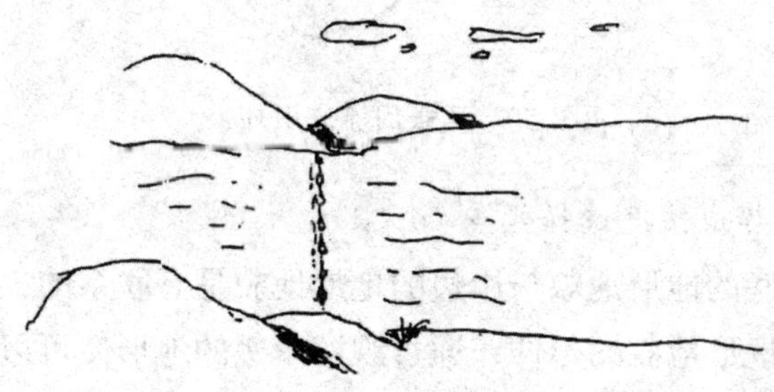

图 49　网箱附近设钓点

6.水中插有竹竿、树枝或插有木牌的地方

如果水中插有竹竿、树枝，说明水中有鱼，这是主人为了防止人们偷鱼才这么做。

7.两山包相夹的水湾

水湾的水较平静，风也会把水上的浮游生物刮到这里，这里食物丰富，适宜于鱼栖息。

8.船只停靠的地方

船只停靠的地方水位略深，岸边又无障碍物，可在此处设钓点。

9.两条河流的交汇处

两条河流的水从不同方向流向水库,此处是活水,河中的鱼也会随流水游进库区,此处鱼较多,是好钓点(图50)。

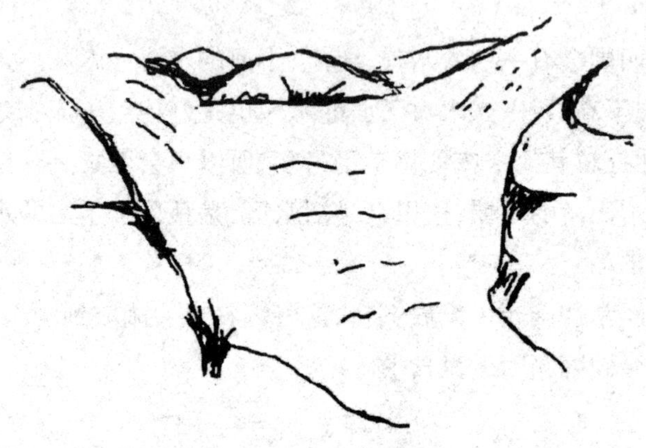

图 50　两条河流交汇处

10.根据岸边情况选择钓点

水库水底的地形地貌与岸边的地形地貌是有联系的，水底的地形地貌是岸边地形地貌的延伸，通过观察岸边的地形便可以断定水下的地形。鱼在水中生活不喜平坦而喜沟壑、坑洼。一是因为这里的食物较为丰富,二是因为这里较为安全,可以藏身,防止人们捕捞。

岸上有两个山包,山包之间一定是一条山谷,延伸到水中一定是水沟,水沟的水较深,易藏鱼。岸边是一斜坡,那么延伸到水中也是一个斜坡,斜坡处不易存鱼。

岸边有一山包伸向水中,水下也一定是延伸的土岭。由于水中有山包,人在山包前投钩,此处一定是鱼游弋的通道,过往的鱼较多,可设钓点。

水库多是在河流上截流筑坝,蓄水形成的。水底的老河床最深,也

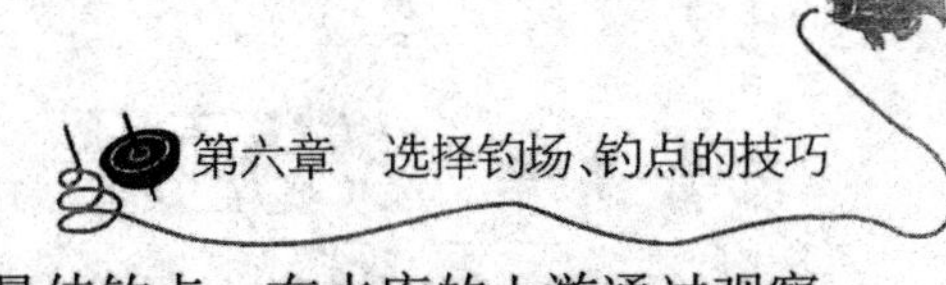

是鱼栖息藏身之处，因此，老河床是最佳钓点。在水库的上游通过观察山势、水势可以判断出何处是老河床，可以在有河床的水域设钓点。判断不准时，可以访问在附近居住的老年人，从他们那里了解老河床在何处。

水库蓄水后会淹没原有的庄稼地、房屋，这些被淹的庄稼地、宅基地多坑洼不平，这里也是鱼栖息觅食藏身之处。通过观察访问找出被淹的旧宅基地、庄稼地作钓点，钓鱼效果也会好于其他地方。

水库周边会有一些住户，他们常常到水中洗涮，他们喂养的牲畜也常常去水库里喝水、排泄粪便。这些水域鱼的食料比较丰富，应在有住户的水域附近设钓点。也有些住户在水边设养猪场、牛圈、羊圈、鸭鹅棚，这些家禽、家畜的粪便有的直接排入水中，有的被雨水冲到水中，靠近鸭鹅棚、猪圈、牛圈的水域是钓鱼的好场所。

水泵抽水的地方地势较低，水比其他地方深一些，是一条深沟，可以把钓饵投到沟中，尤其是低气温的季节，沟内的水温略高于其他地方，可以设钓点。

岸边庄稼地的水域也适宜作钓点。因为庄稼地里植物的碎屑、种子被风刮到水里，这些碎屑、种子是鱼的食料，鱼就会常在附近水域觅食。

有人设过钓位的地方。在岸上可以发现有些地段有人设过钓位，周边被钓鱼者踏踩，地面光溜，草被踩死和人遗留的痕迹，说明有人在此设过钓位。水中的钓点已有人投过饵料，可能此处钓鱼效果不错，经常有人在此钓鱼，钓点里的饵料也多，鱼会聚集到钓点觅食，此处仍可以设钓位，并且是好钓位。发现有这样的钓位，千万不可错过。

有溢洪道的地方。水库的中、下游都会有溢洪道，一旦水库里的水暴涨，水库管理者就会把水从溢洪道引出去，以防止水位过高，减轻大坝承受力，降低水库容水量。溢洪道流水时，鱼也会随水游出溢洪道。溢洪道停止流水后，鱼也会停留在溢洪道内侧的水域。溢洪道附近的鱼密度大。不少人都习惯在溢洪道附近钓鱼。

向水中突出的部位。向水中突出的是山体的延伸处或土岭。在这里设钓位,可钓的范围广,即三面环水。突出的部位前也是鱼游弋的必经之道,俗称“鱼道”。而且,坐在突出的部位垂钓,竿子伸出的地方较其他地方远,钓大鱼的机会多。钓到了大鱼,无论是遛鱼还是抄鱼,都比较方便。

第七章

垂钓技巧

经典性的垂钓谚语

谚语，即流传在广大群众中的含有哲理的短句，易懂易记，是民间文学的一种形式。古今以来，关于钓鱼的谚语很多，笔者也收集了很多。现选出其中的一些流传较广的表达的内容准确的作一介绍，供钓友们参考。

钓鱼大有益，老少皆适宜。

一竿握在手，延年又益寿。

姜太公钓鱼，愿者上钩。

风动水动，水动鱼动。

钓饵不在贵不贵，只看用法对不对。

惊蛰鱼开口，寒露鱼封口。

宁钓黄昏后，不钓雷雨前。

春钓边，夏钓潭，秋钓阴、冬钓阳。

浑水塘钓鲤，青水塘钓鲫，绿水塘钓草。

三月三，鲤鱼上河滩。

清明雨纷纷，钓鱼人成群。

水清鱼瘦，水浑鱼肥。

一日三迁，早晚溜边。

宽水钓窄水，窄水钓宽水。

草稠钓草稀，草稀钓草密。

深水钓浅水，浅水钓深水。

动水钓静水，静水钓动水。

钓鱼不钓草，肯定钓不到。

钓鱼要三耐：耐寂寞，耐饥寒，耐守候。

知己知彼，百战不殆。

近山知鸟音，近水识鱼性。

塘边闻鱼腥，塘中看鱼星。

七分钓饵，三分钓位。

建立“根据地”，不打“游击战”。

方塘钓角，长塘钓腰，圆塘钓中间。

水发黑，钓不得。

水发蓝，钓鱼难。

黄白水色好钓场，赶快下钩莫迟延。

多走走，多看看，三思而行选钓点。

下看水，上看天，左顾右盼再下竿。

上空有电线，趁早别下竿。

一方水土养一方鱼。

春虫、夏面、秋蚯蚓。

钓鱼不要凑热闹。

鱼在水上游，活得不舒服。

鱼儿露头，收竿快走。

涨水钓浅滩，落水钓深潭。

有鱼大家钓。

同是天涯钓鱼人，相逢何必曾相识。

泥鳅上了钩，钓鱼剃光头(一条也钓不到)。

水清无鱼。

庄稼地，被水淹，鱼儿最爱来聚餐。

牛脚坑，洄水湾，鸭鹅戏水鱼也欢。

钓翁要有好心肠，怀卵鱼儿放回塘。

同在一个地球村，我爱这个大家庭。

看见的鱼钓不着。

新水不下钩。

河边水腥气，钓鱼好运气。

钓鱼不能急，要有好脾气。

清水用荤饵，浑水用素饵。

长堰钓腰，大堰钓梢。

秋香冬甜，春荤夏素。

挪挪窝，钓得多。

活水钓死水(静水)，死水(静水)钓活水。

大风钓大鱼，小风钓小鱼，无风不得鱼。

鱼在水面游，趁早把竿收。

早钓黎明，晚钓黄昏，午钓树阴。

钓鱼不钓午，钓午白辛苦。

早钓太阳红，晚钓鸡进笼。

鲫鱼喜甘甜，鲤鱼喜香醇。

鲢鳙喜酸臭，鲇鱼喜膻腥。

青鱼螺蛳草鱼草，甲鱼偏爱鲜猪肝。

雨天鱼靠边，切莫甩长线。

闷热天无鱼钓，刮风天不白跑。

饵不在精，对路则灵。

怎样找准鱼生活的水域

凡是塘堰、湖泊、水库的水都可分为底层、中层、上层。鱼在水中是生活在不同的水域的。通常，不同的鱼生活在不同的水域，但由于某时自然因素的变化(气温、气压、水质)，鱼也会改变生活的水域。如生活在底层的鲫鱼也会游到水的中上层，生活在水的中上层的鲢鱼也会沉入水底。垂钓前必须按照当时的客观环境分析判断鱼在哪个水域生活，才能将钓饵投到鱼的附近，使鱼能及时发现鱼饵，进而吞食鱼饵。所以，要钓鱼必须首先了解鱼生活的水域。

(一)鱼种不同，生活的水域也不同

淡水鱼种类很多，他们生活在不同的水域，它们为什么生活在不同的水域呢?主要是因为它们觅食的方式不同，对氧气需求量的不同，以及耐缺氧能力的不同。鲫鱼、鲤鱼多生活在水的底层。青鱼也是生活在水的底层。鲫鱼的耐缺氧能力强，水的底层氧气的含量少，但不会影响鲫鱼的生活，加之水底的食物比较丰富，所以鲫鱼多生活在底层。要钓获鲫鱼，必须将钓饵投入到水底。鲤鱼也是生活在水的底层，它有拱泥觅食的习惯，耐缺氧能力也强。青鱼的食物主要是螺蛳肉、蚌肉，这些食物都在水的泥土层，所以青鱼也是生活在水的底层。鲢鱼、鳙鱼、鲌鱼的吃食方式是滤食，将水中的食物连水一同收入口中，水再从鳃边流出，食物留在口中。它们以水中的藻类、浮游物为主要食物来源，而这些食物多漂浮在水的中上层。另外，这些鱼的耐缺氧能力极弱，而水的上层的溶氧量最为丰富，为了获得足量的氧气，它们也必须生活在水的上层。

草鱼、黑鱼、鳊鱼在水中生活的范围比较广泛。草鱼以水草为主要食物来源，水草遍布在水的各层，哪里有水草，草鱼就在哪里生活。鳊

鱼，黑鱼生活的水域多在水的中下层。

（二）溶氧量的高低决定着鱼生活的水域

鱼像一切动物一样，需要氧气才能生活。水中也含有氧气，但含氧量相当低，大约只有6/1 000 000。水中氧气的来源有两个方面。一是大气层，二是水生植物。由于气压的作用，空气中的氧气溶解于水中。气压的高低与水中的溶氧量成正比关系，气压越高，水中的溶氧量也高；气压越低，水中的溶氧量也低。我们经常可以看到这种现象，当气压低、天气闷热时，水中的鱼会浮到水的上层，甚至可以看到鱼张着嘴呼吸水面的氧气，这就是因为水中的溶氧量低，使鱼十分难受。不过，水中的溶氧量也有饱和度，当水中的氧气达到饱和状态后，就不再从空气中溶解氧气。还有就是水生植物。水生植物在太阳的光合作用下吸收水中的二氧化碳释放出氧气。水中植物多，释放的氧气也多，水中的溶氧量就丰富，鱼之所以爱生活在有水草的水域，其原因之一就是这里的氧气较无水草的水域充足。

影响水的溶氧量的高低还有许多因素，如气温、风力等。气温高，水中的溶氧量低；气温低，水中的溶氧量丰富。所以，在冬季，没有鱼“翻塘”的现象。鱼“翻塘”就是鱼浮到水面游弋甚至死亡。风也会使水中的溶氧量增加，因为风动，水起波浪，有波峰浪谷，增加了水与空气接触的面积。又由于风力的作用，大气中的氧气容易溶于水中，所以，有风时好钓鱼。民间有“风动水动，水动鱼动”的说法。鱼的耐缺氧能力也有差异。若水中的溶氧量充足，就易钓获鱼。当气压低，水中的溶氧量不足时，无论在哪个水层都难钓到鱼。

要想钓获鱼，必须了解各种鱼的耐缺氧能力，寻找溶氧量比较丰富的水域垂钓。如钓鲢鱼、鳙鱼、鲐鱼，必须在水的中上层投钩。

（三）温度对鱼生活的影响

鱼属于变温动物，就是说，鱼的体温是随着水温的高低而变化，鱼的体温与其生活的水温差不超过0.5℃~1℃。因此，影响鱼生活的第一要素就是温度。当水温适合鱼的生活时，鱼就活跃，食欲就旺盛。适合温水鱼生活的最佳温度是25℃左右。当温度高于30℃或低于10℃时，食欲减退，活动量小。但不同的鱼对温度的适应范围也不相同。鲢鱼、鳙鱼、草鱼相对其他鱼讲，适应高温的能力强。当温度在30℃以上时，也很活跃。罗非鱼在淡水鱼中属热带鱼，不耐低温，在5℃以下时就会死亡。

温度与水的溶氧量又有一定的关系。气温高，水的溶氧量小。所以，夏天由于气温高，水中的溶氧量小，钓鱼的效果自然不佳。

不同的水层，其温度也有差异。夏天，水的上层温度高，水的底层温度较低，所以，炎热的夏天鱼会潜在水底不动。冬天，水的上层温度低，水的底层温度稍高，鱼为了御寒，也会潜入水底不动。同样的道理，夏天深水区比浅水区的温度低，所以鱼在夏天(尤其在中午)就会游到深水区；冬天是深水区温度高，鱼就会游到深水区。夏天钓鱼，除了钓鲢鱼、鲌鱼可以在水的中上层钓外，若钓鲫鱼、鲤鱼，应在深水区垂钓。冬季，也应在深水区下钩。

民间有“春钓边，夏钓潭，秋钓阴，冬钓阳”的说法，其道理就是因为春天水边的温度较高，鱼多在浅水区觅食；夏天潭水(深水区)水温较低，为了避开炎热的气温，就游到深水区歇息；秋天仍很炎热，气温也高，鱼就在阴凉处；冬天向阳处的温度高，鱼就在这里生活。

钓鱼必须考虑到此时此地的气温，气温不同，垂钓的地点不同，垂钓的水的层次也不同。

(四)寻找有水生植物的水域

后文专门介绍鱼与水生植物的关系。

水生植物对鱼的生活有哪些影响

水生植物与鱼的生活有着极为密切的关系，有经验的垂钓者在选

择钓位时，首选的就是有适量水生植物的水域。

平常人们把水生植物统统叫做“水草”。这种说法没什么不好，但可以说得更准确一些，水草只是水生植物的其中一种。其实水生植物包括挺茎植物、浮萍和水底植物。荷叶、水浮莲不是水草，但是水生植物。钓鱼要钓草(有草的水域)，更应钓有水生植物的水域。

1.水生植物是鱼的保护伞

人们若用网捕鱼，有水生植物的地方是不好下网的，聪明的鱼儿会藏到草丛中躲起来，避免被人捕捞。水中也有大鱼吃小鱼的弱肉强食现象。有了草丛，鱼儿藏入其中，不易被大鱼发现，少遭伤害或不遭伤害。钓鱼人都有体验，在钓着了大些的鱼的时候，若周围有水草，鱼会向草丛中窜去，足以说明鱼是靠水生植物藏身御敌的。

夏天气温很高，阳光暴烈，鱼也会躲到水生植物中“避暑”。冬天，寒风呼号时，鱼也会躲到草丛中御寒。夏天有水生植物的水域，水温相对较低。而冬天正好相反，有水生植物的地方水温较高。

2.水生植物及它上面的小虫都是鱼的食物

草鱼尤其喜好吃水草。其他鱼也因为水草上有可供它们食的小昆虫、子实，而聚集到草丛中寻找食物。钓鱼时经常会见到有的水草无草尖，而水面漂浮有草屑，这就是草鱼吃了草尖，留下碎屑。由此可以判断出该水域中一定有草鱼。

因为水草有阻挡的作用，水中的浮游生物、藻类会被水的波浪冲走，遇到水生植物时便会聚集下来，形成鱼儿的食物场，所以鱼儿会常常游到有水生植物的地方觅食。

3.水生植物增加水的溶氧量

水草在光合作用下释放出氧气，水草多的地方氧气自然充足。而氧气是一切动物维持生命不可或缺的重要条件，鱼儿也不例外，靠氧气生存。水中的氧气含量大大低于空气中的氧气含量，有了水草，相应地增加了水中的氧气，鱼儿自然游到氧气相对充足的水域生活。

4.水生植物有助于鱼产卵、孵卵

鱼儿排精产卵时，往往要依靠水生植物的茎叶梗席摩擦自己的身子，刺激身体，从而排出精子、卵子。在春季鱼儿的繁殖季节，常常可以听到鱼在水中扑棱扑棱的声音，人们把这种现象叫“鱼甩子”。鱼卵受精后要附着在水生植物的茎、叶、根系或树枝上。若无水生植物及水中的倒斜的树枝，受精卵则会沉没于水底。由于水底氧气含量低，会导致受精卵因缺氧而不能成活。所以在鱼的繁殖季节，水中的植物丛中鱼会特别多，也特别容易钓获。

5.水生植物使水质清澈

有水生植物的地方，水质比其他水域好，相对比较清澈。这是因为水生植物可以阻挡浊水、沉淀物和泥浆，泥浆会附着到草梗、草叶上。水生植物还有吸污排浊的功能，对污染不太严重的水起到净化水质的作用，由于水质的改变，会使鱼在这里生活得较为舒适。

因此，水草与鱼的生活有着密切的关系。有经验的垂钓者钓鱼投饵前，总是仔细寻找，选择有水草的水域。

但是，并非是水生植物越多越好钓鱼。有些塘口的水面几乎全部被水草覆盖，这里并不适宜垂钓，因为水草太多太密，无处投饵下钩，即使钓到了鱼，鱼也会向草丛中逃窜，拉不上岸。更为重要的原因是，水草的遮盖使水与空气的接触面积变小，水中的溶氧量小，水草释放的氧气多半在空气中而不是在水中。

水草的遮盖也影响到光照，导致早春或深秋水温不能回升，也会影响到鱼的活动。杂草密集，水中根茎交错，加之腐烂的草，使鱼的游弋受阻，也会影响到鱼的觅食，在这样的水域钓鱼效果也不会好。草多与草少，有草与无草，对钓鱼人来说，存在着辩证法。有经验的钓鱼者常常采取“密草钓稀，稀草钓密”的办法，这就是说，水中草密时，选相对草较稀

的水域下钩；水草若稀少时，选水草相对较稠密的水域下钩。其原因主要是考虑到水中的溶氧量和光照问题。水草过密时，可以采取“打草洞”的办法：用随身带的锚钩(专为拔草用的)抛进草丛，然后提起，将水草钩出。连续几次，抛钩处的草被钩净，形成一块无草的小洞状水域，再停片刻，就可以在其中投饵下钩了。若没带锚钩。可就近折些细树枝条，扎成一个圆圈，投入水中，设法把圆圈内的水草钩起，也会形成一个无草的小水面。

有水草，为鱼的生活创造了不少优越条件。水草过多，又成为妨碍鱼生活的因素。如何钓草选位，钓者应视具体情况而灵活掌握，在实践中丰富经验。

钓草有哪些方法

由于水中的草对鱼的生活有着密切的关系，因此，有草的地方是钓鱼人首选的钓点。

这里说的草泛指水中的水生植物，如苌草、水花生草、水浮莲、蒲草、芦苇等其他许多草类。怎样在有水草的地方选择钓点，怎样巧妙地在草丛中投饵、下钩，怎样选用适合的钓草钓具，是不少钓友十分关心的问题。况且，钓草与不钓草、草稀与草密二者之间也存在着辩证的关系。

(一)钓具的选用

在水草多的水域钓鱼，应使用长钓竿。长竿的伸缩余地大，可钓远，也可钓近，便于将钩、饵准确地伸进草窝，钓线宜选用短风线，风线指的是在水面以上的一段线。风线长了，可能与水草绞缠住，况且，鱼中钩后往水草中窜游时，难以控制鱼游动的方向，而短线就好多了。浮漂也应用小型号的。

(二)怎样选择钓点

水中水草的分布有多种状况，有些水域水草稠密，甚至布满整个水面,有些水域水草稀疏。面对水草的各种分布状况,该怎样选择钓点呢?

1.草稀选草密,草密选草稀

若水域中大多数地方水草稀少,但有些地方水草较稠密,这时应选择水草较稠密的地方,鱼多在水草多的水域生活,因为这里鱼的食物较多,而且水色较暗,适宜于鱼的生活。相反,如是水草过于密集,那么水与空气的接触面小,空气不流通,水中的溶氧量不足;鱼游弋不畅,耗费体力;光线不足,鱼也难以发现食物。再说,如果草过于稠密,就无法投饵下钩,所以应选择水草相对稀少的地方作为钓点。

2.有草与无草的结合部

水中若有成片的水草,这些水草的边缘(也就是草与无草的结合部)是好钓点。鱼无论是进入草区或游出草区,结合部是必经之道。这里由于光线充足,水中的能见度高,鱼易于发现钓饵和诱饵,所以钓点应选在这里。

3.草片与草片的结合部

若几片草相连,一定会有联结部,这里草稀,又处于几片草的中心部分,鱼从这里游过的机会多,加上起鱼方便,草片的结合部应是首选的钓点。

(三)垂钓技巧

在水草区钓鱼可用底钓,也可用浮钓、逗钓。采用什么方法,一是根据季节、水温的具体情况,二是打算钓什么鱼就用什么钓法。

1.底钓

若是主攻底层鱼就是底钓。在水草区底钓首要的问题一定要让钓饵沉入水底。有时因水底有草或其他障碍物,钩子可能被水草托住了。所以试漂时一定要在多处试,才能准确判断钩子是否沉入水底。

2.浮钓

以钓水的中层鱼、上层鱼为主,如钓鲌鱼、 鲦、鲢鱼等。浮钓不应

在水草较密的水草区，避免鱼将钩线拖到草丛中造成绞线跑鱼。

3.逗钓

鱼在草间吃食时，草丛中会发出“咂咂”的响声，这时可把钓饵伸到水下20厘米的地方，并不时地轻轻向上提竿，提竿时钓饵不应出水，也可左右晃动钓饵，以逗鱼上钩。此钓法不必用浮漂，而且应用短线。

钓黑鱼用逗钓法最好，若发现草丛间有一片小黑鱼仔在游动，附近一定会有大黑鱼。此时用小泥鳅、青蛙、小虾、青虫作钓饵，把钓饵伸到小黑鱼群中。大黑鱼会以为是“敌人”来伤害小鱼，于是便张开大嘴吞食钓饵，于是便中钩了。

4.钓草与不钓草

有草钓草，也是常规钓法，但是，有时却用反常规的钓法，即不钓草。这是什么道理呢?人们在草窝里钓鱼时，被这些小鱼搅得很伤脑筋钩一下去就被拉走了，提线却什么鱼也没有，还很费饵料。这时便抛开钓窝，到无草区垂钓，无草区小鱼可能很少，钓获的自然是大鱼了，这种现象是常见的。

也可以先投钩，不投诱饵，其目的也是不让小鱼聚拢过来。

5.抛草做窝

在无水草区垂钓时，为了诱鱼、集鱼，可用抛草做窝，在钓场附近拔些青草，用绳或藤子稍微捆扎，然后投入水中。还可在草捆中放些粉末状诱饵，草捆入水后，诱饵会从空隙中漂散出来，起到诱鱼、集鱼的作用。

鱼不上钩的原因有哪些

鱼不上钩，指的是投饵下钩后在较长的一段时间(如1、2个小时)里浮漂不动，不见有鱼咬钩的情况，这时就应查找原因了，否则就会白白耽误时间。

造成鱼不上钩的情况可以综合为10个原因。

若多数人同在一起钓鱼，钓绩都不佳的话，那么鱼不上钩的主要原因如下。

1.气温的原因

气温的下降或上升都会影响到鱼的正常生活。昨天是晴天，今天气温下降，气压低，又无风，鱼的生活肯定受到影响，食欲降低，活动减少。

2.风向的原因

此处的鱼本身是喜南风，今天突然刮北风，鱼不会咬钩。风向在钓鱼中是一个影响很大的自然因素。

3.水位变化的原因

塘里添了生水(塘主灌水、下了大雨)，鱼一时难以适应，使生理和活动都受到影响，尤其是下雨涨满了水，而且有泥浆样的浑水，钓鱼效果不会好。

4.鱼塘主的原因

有时，鱼塘主在垂钓前做了“手脚”，往水中投了化肥、鸡粪等，鱼自然不会咬钩了。

5.水质的原因

若水质很差，也是难以钓到鱼的，若水色发黑、发绿、发红，有铁锈色，或水生物覆盖了整个水面，也不会钓到鱼。

若别人都钓到了鱼，只有包括自己在内的少数人钓不到鱼，那就要从自身找原因了。应从以下几个方面查原因。

6.饵料的原因

前面已作了介绍，可以从饵料的性质、气味上变化一下，改变钓饵看效果如何。

7.检查钓具

特别是钩、坠，看钩入水后是否被水中障碍物挡住了，钩并未沉底。

钩是否沉底,应从浮漂上看出来,将钩移到窝子外面看浮漂的状态是否有变化,若无变化,说明不是钩坠的原因,说明钩已沉底了。

8. 钓法的原因

可以改底钓为悬钓,或从悬钓改底钓,看效果如何。

9.钓点的原因

由于水下地形的原因，此处并不是鱼窝，也不是鱼可以游到的地方,这时就改变钓点,到其他地方垂钓。

10.距离的原因

由于气温的影响,有时鱼在岸边近处,有时却远离岸边,在深水区。这时可以改变施钓的位置,由近岸改到深水区或由深水区到浅水区。

若这些招都用了,还是钓不到鱼,而且多数钓友都未钓到鱼,就只有说拜拜了。有时也有这种情况,上午9时前鱼不上钩,但到了10时以后,鱼就上钩了,这是因为上午10时以后渐渐起了风,有了风,加上水温有所上升,鱼自然上钩了。

怎样在大风中钓鱼

出外钓鱼,常常会遇到有风的天气,有时甚至是5、6级大风。风大,给手竿钓者造成了一些困难,一是钩组抛不远,二是难以观察浮漂的动态变化。但大风天钓鱼常常会有大收获。因为大风,使水中的溶氧量丰富,鱼有了充足的氧气,就变得十分活跃,食欲也旺盛。只要掌握在风天钓鱼的技巧,钓鱼是有大收获的。

大风天钓鱼应注意哪些问题呢。

1.钓具的配置

钓竿选用6米以上的长手竿。竿长,垂钓的范围广,既可近钓,也可远钓。浮漂很关键,应选用型号较大的漂身细长的纺锤形漂。漂长,在水中的稳定性能好。漂大,所用的铅坠自然大。铅坠的重量稍大一些,能保证浮漂的稳定,在风浪中减少移位的现象。调漂时应调迟钝一些,调10目钓5目,或调8目钓4目。水面上露的漂尖长,目标就醒目。

在正常情况下,子线的长度多在10厘米以上,甚至达20厘米。但是在大风中垂钓,子线应短一些,也就是说,铅坠离钩的距离近一点,子线的长度应不超过10厘米,5厘米、6厘米也可以。由于钓组的重心下移,加上铅坠的作用,可以避免钩子在水下移位,离开了窝点。由于缩短了子线,鱼咬钩的信息能很快传递到浮漂上。子线过长,传递的信息肯定不灵敏。

2.饵料的配制

手竿钓鱼时,大多数钓者有使用诱饵的习惯。由于在大风中垂钓,水中有波浪,所以诱饵应有一定的黏度,少用粉状料,多用颗粒状粗料。饵料的用量应大于正常量。不要用手抛撒诱饵,也不要用网篮式打窝器投诱饵。因为用网篮式打窝器投饵,水的上中下层都有饵料,水浪会把中上层的饵料冲走。所以应用三角形打窝器,用这种打窝器投下的诱饵可以直接沉入水底。也可以在钩上挂诱饵团,待钓饵沉底时抖动钓竿,使饵料落入水底。这样连投几次就可以了。

钓饵要黏软适度,不能太硬。有些钓友担心饵料太软了入水即雾化,因此饵做得很硬,此法不可取。饵团硬了,鱼咬不开。饵团软一些,但必须有一定的黏度,饵团在入水可经久耐泡。饵料中应加入一些细粉状饵料或雪花粉。饵团入水后便膨胀为棉絮状。在大风中使用钓饵,动物类的荤饵应为首选。如红蚯蚓、虫、家禽内脏等。这些饵料钩挂得牢,能经得住水浪的冲击。

为了增加诱鱼效果,钓饵也可配得外软内黏。即饵团外面的饵料有一定的松散度,适当软一些,而饵团核心部分可以黏一些。这种饵料入水后外面的软饵会从饵团上离开,漂浮在钩组周围,这些漂浮物起到了诱饵的作用。而饵团的内部由于较黏，不会从钩上脱落，这饵料是供鱼食用的。

海竿炸弹钩使用的是糟食饵。为了抗击水浪的冲击，饵料应调制得黏一些。增加饵料粉状料的成分，减少颗粒料的成分。至于黏到什么程度，全靠垂钓者的实践经验，跟着感觉走。

3.怎样选择钓点

若是5级以上的大风，由于水中的波浪较大，可将钓点选在风尾处，风尾处水浪较小。风浪太大，鱼在水中游动吃力，很可能多在风浪小的风尾处歇息。鲢鱼、草鱼、翘嘴鲌的习性是喜动不喜静。若钓这些鱼，钓点应选在有风浪的水域。

水中若有水草、乱树枝的话，是好钓点。一是因为这些地方的风浪较小，而且水中的浮游物漂到水草、树枝处后就被挡住了。浮游物集中，这些浮游物是鱼的食料。所以一定要在有水草、树枝处设钓点。

由于观察浮漂的动态变化较为困难，钓点不宜设得太远。

若是投放了诱饵，钓饵入水前应考虑风向问题。因为风力会造成钓饵的移位。假如钓饵投在窝子山正中间，水浪会把钓饵冲得离开钓窝。正确做法是：若刮南风，钓饵应投在诱饵区的南侧30厘米处。钓饵入水后，水浪将钓饵波动，移动的方向是由南向北，正好移到诱饵区。

在人工养鱼塘钓鱼的8法

人工养鱼塘就是开放鱼塘，人工养鱼塘的特点是鱼较多，易钓。通常是按钓获的斤数计算，也有按时间收费，按人头、竿数收费的。若是按时间，按人头收费，往往鱼较少，难钓。这里介绍在人工养鱼塘钓鱼的8种方法。

1.尽量不在周末,星期天钓鱼

一是因为周末假日去钓鱼的人多。人工养鱼塘的水面比不上湖泊水库,水面较小,人多,钓鱼的空间小。若是按时间、人头收费的鱼塘,养鱼主人还可能在周末前做手脚,如投放化肥、灌水,改变了鱼生活的环境,自然难钓获鱼。除了周末假日,钓鱼的人自然少得多,垂钓的空间大,人少,钓鱼人不会感到拥挤,显得轻松舒适。

2.用该塘主喂鱼的鱼饲料作诱饵式钓饵

鱼因为长时间吃鱼饲料,有了癖食性,对其他饵料感到陌生。有经验的垂钓者都是这么做的,钓鱼也会大有收获。

3.在增氧机附近设钓点

增氧机的启动会使水中增加溶氧量。增氧机附近的溶氧量更为丰富,鱼儿习惯在增氧机附近生活,所以增氧机附近的鱼多,易钓获。若钓鱼人认为水中溶氧量不足,钓不到鱼,可让鱼塘主启动增氧机。增氧机一开动,水中的溶氧量增加了,尤其是在增氧机附近的溶氧量更为丰富,所以应在增氧机附近设钓点。

4.夏天宜钓深水区,阴凉处

夏天深水区阴凉处水温较低,鱼也怕热,夏天会到深水区、阴凉处“避暑”,所以夏天应在阴凉处、深水区设钓点。

5.钓雨后

下了雨,会降低水温,也使水中增加了溶氧量。雨后的第二天最适宜钓鱼。

6.钓早晚

夏天的早晨9时前、下午4时后,温度相对较低。这两个时间是钓鱼的“黄金时间”段。在这两个时间段,鱼活跃,食欲也好。即使在春季、秋季,这两个时间段也是垂钓的最佳时间。

7.在鱼塘主经常投放饲料处设钓点

鱼塘主习惯在某一处向水中投放饲料，鱼儿自然习惯在这里等待主人的“恩赐”,在投放饲料处鱼的密度大,自然容易钓获。

8.钓大鱼时注意钓具的匹配

有些养鱼塘的大鱼多,如草鱼、鲤鱼,有的单尾重量在4千克以上,若钩小线细,容易断线跑鱼。所以在人工养鱼塘钓鱼时,一定要先了解该塘的鱼情。先问清此处什么鱼多,重量多少,以便有针对性地配置钓具,还应做好抄鱼的准备,事先准备好大号抄网。以避免钓到大鱼时手忙脚乱。

怎样在堰坝钓鱼

堰坝多为拦河筑坝蓄水,在丘陵、山区,堰坝十分普遍,在堰坝钓鱼是手竿钓的主要钓场。

要想在堰坝内寻找最佳钓点,首先要摸清堰坝的水位情况。堰坝通常是在小河、小溪上拦河筑坝,靠近坝堤的是下游,上部则为上游,水势由上而下,上游的水位较浅,靠近堤坝水位较深。是在深水位钓还是在浅水位钓呢？还要具体情况具体分析，主要是看在什么季节钓。

春季雨水不多,堰内水位不太高,上游水位较浅,应在中下游作钓点。夏季雨水充沛,堰内水量大、水位深,加上水中的各种植物生长茂盛,而这些水生植物多在上游的浅水区生长,所以,钓点应选在中上游的浅水部位。况且,水面较窄,饵料易被鱼发现。到了秋冬季,上游的水位下降,甚至无水,而只有靠近堤坝的地方水位较深,这时,鱼多聚集在深水区,所以钓点宜选在堰坝的下游。

堰坝中常常有小桥跨过。桥的内外侧均是好钓点,内侧水势平缓,会聚集一些浮游物,靠外侧多为活水,鱼有喜欢活水的习性。从上面流下的水中也会有鱼随水而下(图51)。

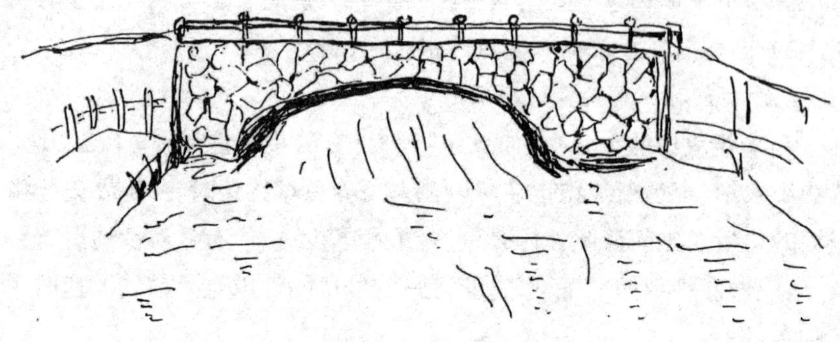

图 51 桥洞口的两侧是好钓点

怎样在溪流中钓鱼

在丘陵地区和山区，有很多流经峡谷田野的溪流，有的蜿蜒曲折，有的湍急，也有的平缓。这些溪流因为水质好，少污染，其中的鱼也是纯天然水域中生长的鱼，因此，这些溪流是人们的又一个理想钓场。溪流钓成为一种钓鱼方式。在溪流钓鱼，因其独特的水流状态，使得钓鱼方法也不同于在塘口、湖泊中垂钓。

（一）怎样在溪流中选择钓点

溪流钓点的选择是关键的一个环节。可以从以下几个方面考虑。

1.急流中选缓流

因地势的原因或因雨水涨水的原因，溪流有时涨满水，因而流速较急，这时应选择流速相对较缓的溪流段作为钓点。只有在流速较缓的溪流段，鱼才可以栖息，这里的食料也比较丰富。

2.选水湾、水面较宽的水域

溪流大多不宽，有时仅3~5米，但在有些地段，由于地势的原因，会有水面相对比较宽阔的“葫芦肚”状的水湾。这里是鱼生活停留的水段，也是“鱼窝”。

3.选坝埂两侧

在溪流中，有些水段中会有土坝、水泥坝，筑坝是为了防止水流冲垮堤岸，起着减缓水流的作用。坝的里侧常常会汇聚一些水，形成较宽的水域，坝的外侧因没有急速的流水，水势比较平静，适合鱼群聚集。因此，坝内、坝外均是好钓点。尤其是坝内，因环境安静，水生植物多，浮游物也常聚集在这里，更适宜作钓点。

4.选堤堰内

溪流中常常被人们筑坝拦水，被拦的水形成堰。这里是溪流钓的最佳钓场。因为，凡是筑坝后的堰，蓄水较多，水面宽，上游的水流入堰中，鱼也会随水游入堰中，成为鱼的永久栖息地。在这里钓鱼比池塘还要好。因为这里是活水，不存在溶氧量不足的问题，而且水生植物很多。

在堤堰内选钓点，若筑坝处水深，应选择上游的浅水区，有水草的水域。若整个堰内水都很浅，应选择相对较深的地方。

由于堰里的鱼是从上游流入的，鱼种繁多，易于钓获。许多堰并没人承包，自然没投放饲料，堰中食物不足，鱼比较贪食，也易于钓获。当然，由于无人看管，捕捞的人多，有时鱼并不多，只有在发了大水时，会从上游流入新的鱼，应抓住雨后的大好时机垂钓。

5.选大树下、多草处

溪流的两岸，有的长有大树，有的树的根系就在水中，形成树根洞穴。也有的水草茂盛，鱼常藏在草丛中，躲避人们的捞捕。因此.树根下、草丛中都是钓鱼的好地方。

6.选人们洗涮的水域

有的溪流离住家户很近，居民常到溪水中洗菜，这里食物比较丰富，也是好钓点。

7.选溪流与河、水库的交汇处

溪流的水有的流入水库、湖泊，有的流入江河。在这些交汇处，水势比较平缓，水面宽阔，加之鱼有逆水而游的习性，因此，在交汇处鱼较多，是最好的钓点。

(二)溪钓怎样使用钓具

因为溪水不宽，也不深，可选用细线、小钩。若有水草，宜用长竿短线，也可用逗钓、戳茬钓。

更为适宜溪流钓的是拉大线。就是在一根长线上拴数根子线，子线长度约2米。子线上拴钩，不必用铅坠。使用时二人、一人均行，二人更为方便，把长线横架在小溪的水面以上，二人在两岸各持线的一端。观察鱼汛是看子线是否有反应，若下坠，有力度，主线也会有反应。这时一人松线，由对岸的一人收线，取鱼，然后挂饵，这一方的人再收线，把鱼线鱼钩重新投入水中。

渔具店出售有专门在溪流中垂钓的溪流竿，可供选用。

(三)什么时间在溪流钓鱼效果好

因为受季节和雨水的影响，溪流大多在冬季会干涸，直至第二年春季下了雨，各处的水才流入溪流。若雨水小，溪中虽有水却无鱼或少鱼。只有在下了大雨，甚至有了洪水后在溪流中才会有鱼可钓。这是因为溪流中的鱼是从上游的池塘里跑出来的，因水漫过了塘埂，或是塘决了埂，鱼才会从塘中跑出。

游钓鲫鱼

春天是钓鲫鱼的最好季节，而游钓是钓鲫鱼的好方法，有时比蹲点钓的效果还要好。这是因为春天鲫鱼的食欲旺盛，为觅食而成群结队地四处游动，而且多在近岸处的水草空隙间活动，在有风浪的水域嬉戏。

1.饵料的配制和使用

游钓也必须打窝子，酒泡的小米是打窝子的最好诱饵，每窝用量不需要太大。用小号或中号打窝器装一篮诱饵打一个窝子。

钓饵用红虫、蛆芽或红蚯蚓。这些钓饵是鲫鱼最喜食的饵料。这些饵料营养丰富，含蛋白质多，而且柔软耐用。

2.钓具

手竿可选用4~6米的硬调竿。由于竿子较长，所钓的范围广，既可钓远，也可钓近。线一定要用细线，以直径0.15毫米的钓线为首选，脑线更细一些。钓钩以3~5号钩为宜，也可用朝天钩。朝天钩的特点是，在水下钩尖始终朝上而不会卧在水底，易于鱼发现钓饵。

浮漂以七星散漂为首选。因为是游钓，钓点多，各钓点水的深度并不一样，而七星漂的特点是适应能力强，无需反复调漂。

为了减少移动鱼护的麻烦，可用多个小鱼护，隔一段距离放一个，所钓获的鱼就近放进鱼护。

3.钓点的选择

凡是近岸处或稍远处的草洞均可打窝。水湾处，有乱树枝处，向阳处均是好钓点。钓点也不宜太多，有5~8个足矣。钓点过多，使用的诱饵也多，钓鱼人来回走动就多。

钓者在每个钓点轮流游钓。若在一个钓点连续钓起几条鱼后没鱼上钩了，就可暂时离开该钓点，去另一个钓点施钓。哪个钓点钓获的鱼多，说明哪个钓点是好钓点，可作为重点钓点。连续几次都钓不到鱼的钓点可断然放弃。最后也就可能只有3~5钓点了。

因钓点较多，打窝时一定要在岸上做个记号，或插上一枝树棍，或放一块石头，然后记住水中的窝点。

因为鲫鱼多是群聚群游，所以游钓的好处正好适应了鲫鱼的这一生活习性。游钓是一种主动钓鱼的方法，比“守株待兔”要好。因此，春天钓鲫鱼不妨用游钓法。

鲫鱼生性胆小，喜安静，怕惊吓，游钓宜单独行动。若人多，你来我往，穿梭一般，肯定钓不到鱼，钓者宜穿颜色较暗的衣服，走动时竿子不能在水面的上空挥动，应与堤岸平行移动.钓鱼人脚步宜轻，不要咳嗽说话。提鱼时动作要小，做到轻提轻放，屏声敛气。

秋季怎样钓鲫鱼

除了春天，秋季是被钓鱼人认为的第二个钓鱼“黄金季节”，同样也是钓鲫鱼的“黄金季节”。但是秋季与春季有许多不同之处，钓鲫鱼的方法与春季也有所不同。秋季钓鲫鱼应注意以下几个问题。

1.宜钓深水

过了夏季，秋季雨水较少，无论是水库、池塘，水位都会下降，加之气温依然较高，所以，秋季的鲫鱼多在深水区生活。不过，上午9时前、下午5时后也会游到浅水区。所以，秋季钓鲫鱼时宜选择水位相对较深的水域。池塘钓，可选外口，即离村庄较远的那一边，因为靠近村庄的这边土岸多是呈斜坡形，而另一边是塘埂，埂下水位比里侧深。水库钓，可选深水湾，水库上游或中游的水域。水深在2~3米左右最为适宜。事先可用钩线来回多测试几个钓位，以从中选择合适的钓点。

2.选有树阴的地方

秋季，有树阴的地方由于没有阳光直射，该处水温稍低，比较凉爽。况且，鱼有避强光的习性，总是聚集到光线较暗的弱光区。关于鱼的避光性，若家里浴缸、大盆里养有鱼，便可以观察到，鱼总是躲在无强光的那一片水中。有树阴，岸边必然有大树，大树常落有小鸟，甚至在树上筑巢，它们的粪便会不时地落入水中，成为鱼的食料。树上的果实、种子、小昆虫也可能被风吹落到水中，这些种、小昆虫也是鱼的好食料，它们会习惯地游到树阴处等待这些食料。

“秋钓阴”，是钓鱼谚语，其道理如上。

3.早秋钓风头，晚秋钓风尾

早秋，气温依然很高，若是水面不大的池塘，塘中氧气可能不足，有了风，可使水中增加溶氧量，所以应选风头下钩，在有水波水浪处设钓点，同时，风可以降低水温，从而使鱼感到舒适，鱼儿感到舒适，就有了食欲，在风头下钩是有科学道理的。

到了晚秋，已接近冬天了，这时水温下降到10℃以下，甚至更低，而晚秋的风多是北风，使人感到萧瑟，风不但不能使水升温，反而使水温度变得更低，而无风的背风处，水面水静，较为暖和，鱼常游到背风处聚集，卧底不动。因此，到了晚秋，宜选在的背风处设钓位。

4.早秋可用半水悬钓

早秋也就是接近夏末，气温较高，水中的深水区往往溶氧量不足，鱼儿便游到水的中上层，因为水中的氧气是从大气中渗入的，越往水底，溶氧量越少。所以，在早秋钓鲫鱼，可用半水悬钓法，在水的中层钓，还可以游钓。

5.怎样用饵

若是早秋，以素饵为主，如各种面团饵，饵料的气味可淡一些，晚秋，鱼的食量增加，为了越冬，就贪食，需要贮存营养，所以，晚秋以用动物性质的荤饵为主。饵料的气味可以重一些，以增加诱鱼效果。红蚯蚓、红虫、蛆芽是首选的钓饵。

6.钓具的选用

因秋季鱼多在深水区生活，用海竿钓比用手竿钓优越性多。既可用炸弹钩，也可以用串钩，宜选用5~6号中型钩。若用串钩，竿梢上仍可夹铃铛。

夏季荷塘钓乌鳢(黑鱼)的技巧

暮春、三夏、孟秋这五个月天气炎热,气温多在30℃以上。由于气温高,大多数鱼的食欲减退,除了上午9时前、下午5时后,中午是难以钓获鱼的。但是乌鳢不怕气温高,夏天也照常觅食,所以在高温的夏季不妨去钓乌鳢,荷塘是钓乌鳢的好去处。荷叶在夏季生长旺盛,可以遮挡阳光,乌鳢便在荷叶下“乘凉”。荷塘的青蛙、小昆虫较多,这些又是乌鳢的好食料,所以,荷塘的乌鳢较多。

1.钓饵的选用

钓乌鳢不需要诱饵,仅用钓饵。乌鳢是吃荤不吃素的,钓乌鳢必须用动物类的肉食饵。如小青蛙、小泥鳅、小虾、小白鲦鱼、蚂蚱、蚯蚓、家禽的内脏等。最好用鲜活的。

2.钓具的选用

钓竿可用5~8米的硬调竿。竿子长一点,垂钓的范围就广,既可在近处钓,也可以在远处钓。钓线不宜过长,长度在1.5~2米即可。钓线过长,使用不方便,容易被荷秆绞缠。钓钩可选用8号以上的大钩,钩门宜宽。钓线应粗一些,因为乌鳢的个头偏大,500克以下的小乌鳢较少。不使用脑线,直接在主线上拴钩。也无需用浮漂、铅坠。

3.钓法

钓乌鳢用逗钓、戳茬钓。在钩上挂了饵后,就将钩伸进荷叶之间的空洞处,钩入水不要太深。钩入水后若几分钟没有反应,就提起钩再放入水中,也可以把钩朝左朝右,朝前朝后地缓缓移动,以逗乌鳢上钩。

乌鳢在水中有时也慢慢游动,此时可见荷叶晃动。乌鳢多在水的表层活动,潜入水底的不多。所以钓者可在水面仔细观察,寻找乌鳢的踪影。有时可见到成群的乌鳢仔在游动,只要见到这种现象,便可判断在乌鳢仔的周围一定会有大乌鳢，大乌鳢是保护乌鳢仔的，所以应抓住时机将钓饵投下去。大乌鳢见有“异物”，认为是来吞食它的小仔的，便张开大口去吞食钓饵，这时就很容易钓住大乌鳢。钓乌鳢无需死守一处，应边走边钓，先观察水中的动态变化再下钩。

夏天钓乌鳢时一定要保持钓场安静，最好是单独行动，脚步要轻，不要穿颜色过于鲜艳的衣服。乌鳢怕惊吓。

因夏天气温高，钓鱼人一定要防晒，应戴宽沿的草帽，不要穿背心、短裤，以避免皮肤被强阳光暴晒。老年人由于年老体弱，夏天最好不要出外钓鱼，即使是青年人也要防止中暑。还要注意钓点的上空是否有电线，尤其要注意是否有高压线，如果有，即使那里是好钓点，也应断然避开。因为无论什么时候，安全都是第一位的。

夏天正是莲藕生长的好季节，钓者应爱惜荷藕，不要因为钓鱼而去折断荷秆、扯烂荷叶，荷塘都是有人承包的，钓鱼人应注意自身的修养。

抛草悬钓草鱼

抛草悬钓草鱼是淮河流域钓鱼人常用的一种钓草鱼的方法，钓草鱼效果非常好。

具体方法是：在钓场附近拔一些青草，用绳捆住，系一根长绳，将草抛到钓点。需要注意的是要顺着风向抛，不能逆风抛。因为逆风抛入水中后，水的波浪能把草捆弄到岸边。系长绳的目的是控制住草捆，避免波浪把草捆弄得很远。

钓钩可用8~10号大钩，钩上挂几根草。草也需用细绳捆扎。浮漂离钩约30~40厘米。然后将钩投到水中的草捆附近(图52)。

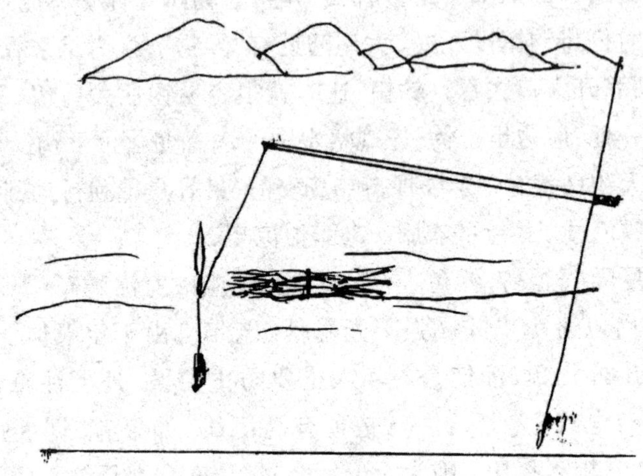

图 52 抛草悬钓草鱼

此方法除了用手竿钓以外，还可以用海竿钓，也可以用拉砣方法钓。若用拉砣钓法，钩的上方要加铅坠(为了甩得远)，因此，必须使用与铅坠的重量相匹配的浮漂。

底钓鲢、鳙

钓鲢鱼、鳙鱼用悬钓法，其实，底钓鲢鱼、鳙鱼效果也很好，而且钓获的多是大鱼。

1.钓具

底钓鲢鱼、鳙鱼可用矶竿，也可用手竿。手竿钓用10米长(或12米)的竿，双钩，10号钩，脑线长20~30厘米。矶竿长3.6~5.4米，配小号绕线轮，配0.3号左右的优质线50米。可用10号钓钩或歪嘴钩。

2.钓饵

底钓鲢、鳙，配制饵料是个关键环节，饵料用商品饵，用雾化快的饵料。饵料气味可选用酸型的、酸臭型的或微香型的。选用何种气味的饵料可依据当时的气温、水质等情况。

3.诱饵

底钓鲢、鳙可以使用诱饵。如豆腐渣麦麸粉、小碎米等。为了使饵料有酸味，夏天可将饵粉放进塑料袋，扎口，在太阳下晒1~3个小时。也可在诱饵中加入少量有酸臭味的钓饵。

4.钓法

选好钓点后，先投放诱饵。为了使诱饵沉入水底，不应用手抛投诱饵，而应使用锥形打窝器装诱饵。这种打窝器入水底后才打开，可以保证将诱饵沉入水底。

钩上挂饵后投到钓点。饵料入水后即慢慢雾化。鲢、鳙鱼吃钩是连食带钩一起吸入口中。因为鲢、鳙吃食的方法是滤食，而不是咬食，钩上的饵料在水中雾化约3~5分钟，3~5分钟后钩上已无饵，所以应每隔3~5分钟提竿一次。然后重新挂饵。

手竿悬坠钓鲢鱼

悬钓法是钓鲢鱼、鳙鱼的常用钓法。

1.钓具

选用5~10米的硬调碳纤维竿。钓线选用1.5号的优质线，1号的脑线，脑线长约20~30厘米。钩选用7~10号的普通中型钩或歪嘴钩，线的型号与所钓的鱼的大小的情况匹配。另外还应注意铅坠与浮漂的匹配。

2.钓饵

应选用雾化性能好的商品饵。若用自配饵，饵料中也应加一些雪花粉，以增加饵料的雾化效果。饵料应以酸味饵为主。

3.诱饵

用麦麸、豆渣作诱饵。也可用钓饵作诱饵。在钓饵中加少量的雪花粉。用饵料包住鱼钩，然后投到钓点，然后抖动竿梢，使饵团离钩落入水中，连续投3~5团。这些落入水中的饵料即起到诱鱼的作用。

3.钓点的选择

水位深度在1米以内。宜选择风尾处的水域。因为这里浮游生物多，或是堤岸的凹陷处的水湾，也可选在水中有波浪的地方。若水质清澈，应选较深的水域。

4.施钓方法

水的温度对鱼的生活有重要影响。鲢鱼喜高温，喜风浪。若是春末秋初，鲢鱼在上午11时以后，至下午5时最为活跃，此时多在水的中上层生活。钓饵投在水面以下50厘米处。

饵料入水即开始逐渐雾化，所以每隔半分钟就应提竿1次。此时钩已是空钩，然后装饵续钓。由于鲢鱼性格温顺，吞钩后的反应不是挣扎，而是游走或沉入水中，所以浮漂的反应是稳重下沉。有时也有送漂现象，但是浮漂上升的幅度不太大，只是上升1目、2目。若是浮漂快速下沉(俗称黑漂)或快速上升，是其他鱼咬钩的反应。

怎样钓鳜鱼

(一)钓鳜鱼的方法

1.给鳜鱼造窝

鳜鱼喜欢在石洞中，杂乱的堆积物中生活栖息。我们就针对鳜鱼的这一生活习性给鳜鱼造窝。

在鳜鱼经常生活的地方投些乱石块、木棒，堆积在水中。鳜鱼就有可能钻入乱石块、木棒中栖息，然后在旁边投钩下饵，即可钓获鳜鱼。

2.食物链诱鳜鱼

鳜鱼喜食小鱼小虾，我们就想方法使小鱼小虾聚集到某片水域。其方法是往水中投些家禽家畜的骨头，及人吃的剩饭剩菜、鱼骨头、肉杂碎。一次不行，应连续几天抛投，这样，水中有了小鱼小虾喜食的饵料，

自然会聚集过来美餐。小鱼小虾多了，又自然会诱惑鳜鱼了。这时在这里下钩，自然可以钓获鳜鱼了。

(二)鳜鱼的食饵

鳜鱼最喜欢吃的是活泥鳅，其次是小鱼、小虾。因此，小泥鳅是钓鳜鱼首选的钓饵。可选用长度在5~7厘米的细条泥鳅。最好是活的。在脊背上挂钩，这样，挂了钩的泥鳅在水中仍可以游动，加强了诱鱼的效果。小泥鳅也有钻洞的习惯，小泥鳅入水后，由于身体被钩扎着，很疼，就想穿到石洞中躲藏。正好送到鳜鱼的口中。

也有人将泥鳅的腹部剖开，让泥鳅流血水，血水有腥味，也就增加了诱鱼的效果。

(三)钓具和钓点的选择

用海竿钓鳜鱼，用3~4米左右长的竿即可，宜用硬调竿或中硬调竿。

钓钩：选用钩门宽的8号以上的大钩。脑线要结实。

钓线：用直径为0.4毫米左右的线，线应稍长，因为鳜鱼有一定的窜游力量。

坠子：若是在流动的水域施钓，坠子宜重，以增加钩线在水中的稳定性，若在静水中钓，铅坠可稍小一些，这就提高了钓线的灵敏度。

钓鳜鱼还可以用竹篓钓法：竹篓可自己编做，也可以请人做或到渔具店购买。其形状像一个腰鼓，不过应比腰鼓大一些。竹篓的两头做两个堵头，堵头像个漏斗，细的一头是竹片尖(图53–A)。

使用方法是：先用钩穿上小鱼或泥鳅，放入竹篓中，线从竹篓边上穿出。然后将两个堵头扣在竹篓的两端，并拴紧，防止堵头掉开。

使用原理是：鱼若一旦发现了竹篓的泥鳅或小鱼，就想吃掉它的，左游右游会发现从竹篓的两头可以钻进去。一旦钻进去后就再也别想钻出来了，因为堵头里边是倒刺状，几乎无口可钻出，只好乖乖地待在里边了。

一人可以用多只竹篓，同时投入不同的钓点，鱼线是延伸到岸边的。提篓时间可酌情灵活掌握。若是家住在水区附近，可以头一天晚上投放竹篓，第二天早上收。若篓中无鱼，可以将篓中死饵换成活饵，继续投放水中。

钓鳜鱼应根据鳜鱼的生活习性选择钓点。一是事先知道某片水域有鳜鱼，有针对性地选择钓点；二是在钓别的鱼时无意中钓获了鳜鱼，然后在钓获处选择更好的钓点。

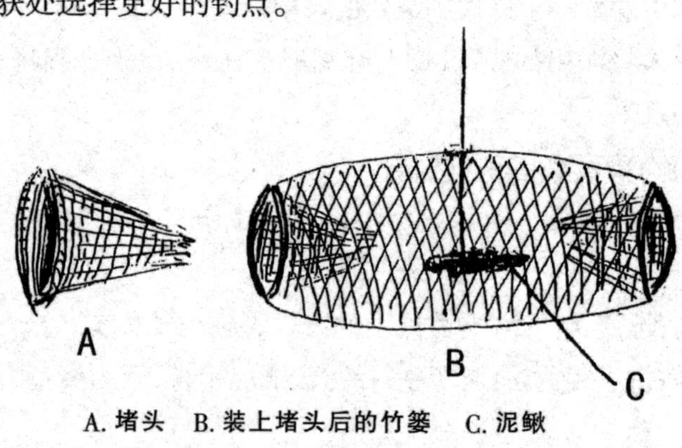

A. 堵头　B. 装上堵头后的竹篓　C. 泥鳅

图 53　竹篓钓鳜鱼

因鳜鱼喜欢生活在多泥沙石、少淤泥的干净的硬水底，钓鳜鱼时应根据水边的土质判断出水中是什么样的水底。也可以先用空钩在浅水中多处投钩，看水底是否是平坦的，还是坑洼不平的，鳜鱼喜欢坑洼不平的水底。还可以选择岸边是崖石或有大树的近岸的水域投钓饵，因为岸边是崖石，水下可能有崖洞；岸边有树，水下可能有树根、树洞。

若水库、湖泊中钓鳜鱼，应选择深水。鳜鱼吞食饵料不像鲫鱼那么小心谨慎，而是凶猛地一下子就咬住钓饵，若食物对口味，就立即吞食，干脆利落，竿梢会晃动，鱼铃也立即有响声。浮漂的反应是沉没水中，这时再耐心等待几秒钟，待鱼钩挂住鱼嘴时再提竿拉线。

第八章

海竿钓鱼技巧要领

海竿钓怎样组装钓具

竿、线、轮、钩组装的程序是:

先装轮。拧动钓竿下段的旋钮,把线轮的上下铁片插入竿的上下两个铁箍中,再把旋钮拧紧。然后摇摇线轮,看是否有松动现象。否则,再拧紧。

把绕线轮的拨线架向内扳,把钓线从拨线架的下面穿出,然后把钓线穿入各导线环中。边穿线,边抽拉竿的各节,全部拉出后,线头从竿梢上的最小的导线环中穿过。

把各导线对齐,使之在一条直线上。导线环也应与线轮上的线轴在一条直线上。

装轮时,摇把可固定在轮的右侧,也可在轮的左侧,拧动轮把上的螺丝是可以调整的。

加铅坠,将钓线从铅坠的小孔穿过。

把鱼线由下至上从鱼竿各节的导线环上穿过,再穿过竿梢上的最后一个导线环,而后从铅坠的小孔中穿过。结一个小圆环,挂到联结环上。再把炸弹钩上的线环挂到联结环上,这样就算组装完毕了(图54)。

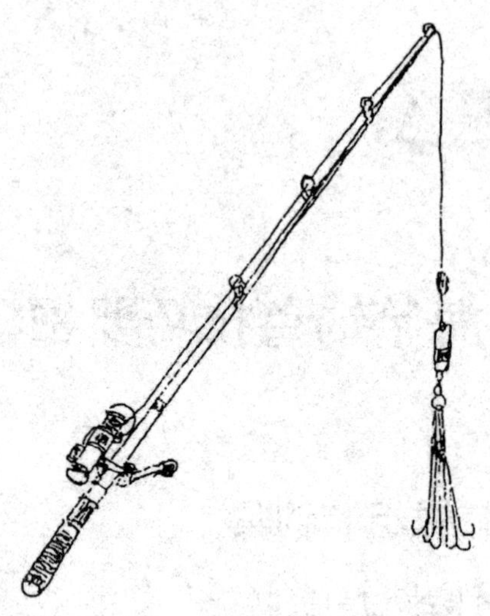

图 54　组装完整的海竿

投钩前务必做到"六检查"

钩上挂了饵后就该往水中投钩了。投钩前必须做到"六检查",否则一旦某个环节出现差错就投不出钩,甚至断线、断竿。

(一)检查身后或侧边有无障碍物

假若身后或侧边有障碍物,钩线可能会被树枝、竹杈等障碍物缠绕,不但解线费时,而且浪费饵料。所以投钩前一定要环视身边环境,若有障碍物,一是另选投钩地点,二是改侧投为撩投。

(二)检查拨线架是否已向外扳

线轮出线时,拨线架必须向外扳,才不会影响出线,否则根本出不了线,饵团在惯力的作用下会脱钩。若投钩者用力过大,还会造成断线或折断竿梢。所以,必须检查拨线架是否已向外扳了。

(三)检查各导线环是否在一条直线上

若各节竿的导线环不在一条直线上，出线时的轨迹是歪歪扭扭不顺畅的,会影响钓饵的投放,钓线摩擦导线环箍,会损伤钓线和导线环。

(四)检查竿梢处是否有缠线现象

若竿梢处线有缠绕现象,肯定投不出钓饵,更为严重的后果是造成断线、丢饵、断竿。因为在投饵团时,钓鱼者用的力是爆发力,劲较大。这种力完全由竿梢承受，若竿梢的韧性不足，肯定会折断竿梢或产生断线。

(五)检查饵团与竿梢的距离是否恰当

饵团与竿梢的距离应不少于30厘米,不大于80厘米。不过,若是竿子较长,需要远投的话,也可以大于80厘米,这与人的身高、周边环境状况都是有联系的。如竿子长,人高,周边环境开阔,饵团与竿梢的距离可以大一些,但在通常情况下,以40—60厘米的距离为好。

(六)检查绕线轮是否有绞线现象

除了扳好拨线架外,还应检查线在绕线轮上是否有绞绕现象,如线是否卡在线轮外的部件上,或在过线轮处是否有缠线打结现象。若有这种现象一定得及时排除,使线出得顺畅。

怎样判断鱼是否中钩

使用海竿钓鱼时,一般情况下鱼中钩后竿梢会晃动,若夹有鱼铃,鱼铃会发出响声。但是具体情况要具体分析。以下情况可作为判断鱼是否中钩的参考。

(1)铃声不大,偶尔响一二下就再也不响了。出现这种情况有两种可能:一是鱼身被鱼钩刺了一下但没刺中,或是鱼身触及了鱼钩;二是小鲫鱼中了钩,小鲫鱼中钩后不再挣扎,所以铃铛只响一二下。笔者在使用海竿钓鱼时经常出现小鲫鱼中钩的情况。铃铛只响了一二下,就再也不响了，我以为鱼饵没有了，就拉线换饵，收钩时见鱼钩上挂有一条不足200克的小鲫鱼。

(2)铃声不大但有节奏感，竿梢虽晃动但晃动的幅度不大。这可能是鲫鱼或鳊鱼中钩。

(3)铃声较大，竿梢晃动幅度也大，甚至向前弯曲。这是草鱼、鲤鱼(中小型)中钩的信号。

(4)铃声很大，竿梢晃动的幅度大，向前弯成弓状。这是大草鱼、大鲤鱼、青鱼中钩的信号。

(5)铃声响了几下，突然不响了，竿梢也不晃动。这是鱼脱钩了，或者鱼只是触及了鱼钩，并未中钩，也可能是小鱼闹窝。

(6)铃声响了几下(或者是没响)但鱼线松弛了，也有时鱼线移位了(从正前方移到左方或右方)。这是鱼中钩的表现，鱼中钩后并没有挣扎，只是带动鱼线向别处游走。

遛鱼的技巧

钓到了大鱼就要遛鱼。用海竿钓鱼更要学会遛鱼，并掌握遛鱼的技巧。因为海竿的竿短，有的只有大约3米长，用竿提鱼上岸是不行的，必须先把鱼遛乏遛僵，然后用抄网抄鱼上岸。

初学钓鱼的人钓住了大鱼会手忙脚乱，不知所措，于是死拉硬拽。由于不得遛鱼要领，不是跑鱼，就是断线折竿。

遛鱼是有技巧的，现介绍遛鱼的几个步骤及注意事项。

1.先判断鱼的大小

鱼中钩后在竿梢和系铃处会立即有反应。鱼大，窜劲大，竿梢抖动的幅度大，铃声大；鱼小，竿梢只微微抖动，甚至竿梢不动，只有微小的铃声。通过竿梢的抖动幅度及铃声的大小，可以初步判断水中的鱼的大小。

凭手感也可以断定鱼的大小。

开始摇轮收线时，若摇不动，不松线，不回线，说明鱼已“打桩”，鱼可能很大。鱼在中钩后可能尚不明白是怎么回事，在那儿发愣。鱼打桩只是短暂的，不一儿鱼就会动的。也有可能是鱼太大，钓鱼者摇轮的力度小，鱼钩刺鱼嘴的刺激小，鱼没当回事，不理会而卧着不动。

但多数鱼因嘴中有异物会立即做出反应，开始挣扎。这时钓鱼者可以从钩线的松紧、摇鱼轮力量的大小、鱼在水中激起浪花的大小判断鱼的大小。

初步确定了鱼的大小，便可以由此采取应对的方法。若是小鱼，就可以直接摇轮收线。若断定是大鱼，就不要急于摇轮收线，而要遛鱼，做好与鱼打“持久战”的准备。

2.戒慌乱，要镇定

若断定水中的是大家伙，第一要做到不能慌乱，而要镇静。钓者钓到大鱼后若是缺少钓鱼经验，这时会有以下几种心态。

（1）缺乏思想准备，心里很慌乱，不知所措。

（2）怕跑鱼，于是使劲摇轮收线，一心想尽快把鱼拉到岸边。

（3）缺乏耐心，急于求成，与鱼对抗时不会以柔克刚，结果是欲速则不达。

（4）不知使用曳力器，线轮不能放线，鱼往远处窜游时，只好硬扯钓线，若钓线不结实或鱼钩挂鱼不牢的话，就容易出现断线、鱼脱钩的现象。

钓鱼者要有好的心态，要沉着应战，绝不能慌乱。有些人做不到镇静，表现得欣喜若狂，兴奋不已。因为钓了大鱼自然高兴万分，于是扬起海竿就“呼呼”地快速摇轮收线，恨不能三两下子就把鱼拉到岸边。若鱼冲撞，他也不松线，与鱼对抗，这样最容易断线或挂破鱼唇，导致跑鱼。

钓到大鱼后摇轮速度不能快。慢点摇，既是对鱼的一种试探，也可以避免让鱼受到刺激而爆发冲撞力，减少对抗。

3.把鱼往宽水面、无障碍物的水面引领

钓到大鱼后应有打“持久战”的思想准备。为了防止水中的障碍物挂线,必须把鱼往水面宽阔、无障碍物的水域引领,便于遛鱼。

若周围有其他鱼线,遛鱼时也应尽量避开,防止与别的钓线绞缠在一起。

还应考虑抄鱼是否方便。若原钓位的堤岸与水面落差较大,应选择地势平缓、堤岸边无障碍物的浅滩处抄鱼。

4.遛鱼的目的是使鱼疲劳

遛鱼的目的不要定位在起鱼上,而应该是把鱼弄得精疲力竭,消耗它的体力,用“鱼窜我引,鱼静我收”的方法。切记:若鱼向正前方窜游,不能硬拉硬扯,不要认为人比鱼的劲大,就可以把鱼硬拉上来。正确的方法是将鱼线偏拉,使鱼窜游的线路呈弧形,或向左偏,或向右偏,呈弧线运动;若线不太长,还可以作“∞”字形遛鱼。总之不要让鱼线与鱼游动的方向成一条直线。

鱼的窜游劲儿是先大后小,先猛后慢。经过三两个回合后,鱼的劲儿会小得多。就这样搞“疲劳战术”,逐渐消耗鱼的体力。人的精力比鱼充沛得多,无论多大的鱼也是斗不过人的。所以不要急,莫慌乱,要充满必胜的信念。

5.怎样处理回线现象

遛鱼时,有时会出现鱼线松弛似乎鱼已脱钩跑了的现象。其实鱼并没有跑,而是向近岸处游来。这时钓鱼者不能麻痹大意,因为鱼到了近岸处会发现岸上有人,会回头向水中窜游,此时的窜劲肯定不小。因此,仍应调好曳力器,以便鱼窜游时曳力器自动放线。调的方法是略微将旋钮向左拧,使曳力器放松一些。有时鱼到了岸边仍会向水中窜游十几米。

6.鱼到了岸边怎么办

好不容易把大鱼拉到了岸边,钓鱼者惊喜万分之际容易忘乎所以,稍不留意就会将到手的鱼丢掉，前功尽弃。因此，鱼到了岸边仍不能慌。

有的人这时会忘了摇轮收线，而是人举着竿向后退步。可是他没想到，你往后退，就离岸远了，离鱼的距离也远了，除非有人帮你用抄网抄鱼，否则，你就只有扬竿提鱼了，鱼若是很大，是提不起来的。此法不可取。应该用摇轮收线的办法，然后自己用抄网抄鱼。

还要注意，不要用手提线抓鱼。若是钩住的鱼唇部分不多的话，用手提线，容易挂破鱼唇跑鱼。若是脑线或鱼线不结实，也容易断线跑鱼。正确的方法是用抄网抄鱼。

钓着了大鱼时，最好请钓友帮助用抄网抄鱼。若无人帮助，当鱼到了近岸处时，应注意竿梢与鱼线的角度，如果竿子竖得太直，竿梢与线的夹角可能小于90°，这时鱼发力窜游的话，很可能造成断竿现象。笔者就曾有过这样的经历，由于竿梢竖得直，在抄鱼时鱼挣扎窜游，结果折断了竿梢。因此，竿梢与线的夹角应大于90°，也就是说，竿子应尽量向前倾斜一点。

抄鱼的要领

用海竿钓鱼，笔者的体会是：不论钓获的鱼多大，都应用网抄鱼，不应用手提线拉鱼。这是因为海竿钓不同于手竿钓。手竿钓鱼，钩都是挂住鱼唇(多半为鱼上唇)；海竿用的是炸弹钩，有时是钩挂住鱼身子或鱼鳍，钩扎得并不深，若用手提线把鱼提上岸，钩很容易从鱼身上脱掉，结果是鱼去钩空。只有用抄网，才会万无一失。

用抄网抄鱼应注意由于问题。

(一)一定要把鱼遛老实后再下抄网

若鱼还在水中游就下抄网抄，鱼见了抄网会猛地窜逃；况且人在抄鱼时，鱼线已很短，鱼稍一挣扎，就可能脱钩或断线。所以一定要沉住气，直至看着鱼无力游动了再下抄网。当然这指的是重量至少在2千克以上的大型鱼；若鱼很小，不足1千克重，其挣扎力是有限的，完全可以直接抄鱼，不会脱钩断线。

有的钓鱼者因为怕鱼跑了，急着下抄网，结果是网跟着鱼追。此法不妥，容易造成断线跑鱼。

(二)用“网等鱼”，不用“网追鱼”的办法

鱼到了近岸后，将抄网下到水中，抄网口斜对着鱼头，把鱼往抄网里领，而不能用抄网去追着鱼抄，若网的口径小，不能抄鱼尾，应抄鱼头。

(三)抄大鱼上岸应提网口金属框

网中的鱼若不太大(2千克以内)，就可以直接将鱼抄上岸；网中的鱼若重量超过2千克，鱼入抄网后不能抬高网把，而应用手去抓抄网口的金属框，然后提金属框上岸。这是因为用手抬网把，承重力都在网口与网把相接的网颈部，若鱼过大过重，网颈部会承受不了重量，导致断把，甚至跑鱼。

若水面与堤岸落差很大，人的手无法抓住网口金属框怎么办呢?这时不要把网口抬得过高，将网口往下压，网把呈倾斜状(而不是与水面平行)，慢慢往上提网，这时的承重力就在网线上而不是在网把上，只要网口不跑鱼就可以一直慢慢向上提，直至人的手可以握住网口金属框，再连网带鱼提上岸。

怎样避免淤泥掩盖饵团

海竿钓用得最多的是底钓。底钓时，炸弹钩裹饵团沉入水底。由于饵团有一定的重量，加之是抛投，惯力的原因使饵团入水时又增加了重量，沉入水底时很容易被水底的烂草、烂树叶、淤泥所掩盖，造成鱼不易发现饵团的现象，即使鱼吃饵，也会因有淤泥混杂而吃得困难，吃得无味。用海竿钓鱼的人都有这种体会，有的人也绞尽脑汁想办法，以解决减少淤泥掩盖饵团的问题。

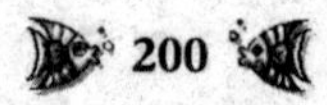

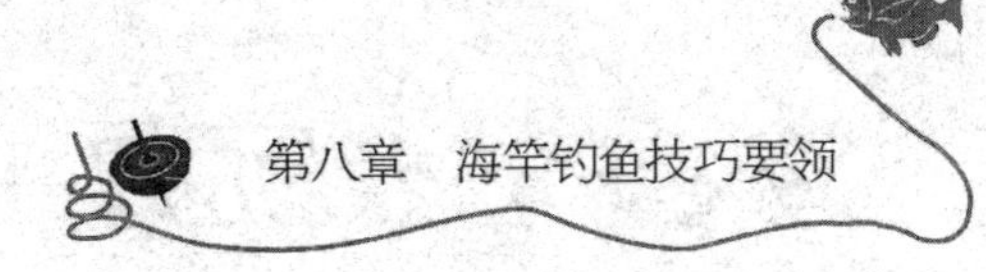

现介绍三种办法供大家参考。

(一)支竿前微微提线

往水中投了饵团后，待饵团沉入水底时把竿梢微微上提3~5厘米，再支竿于架上。这样做就把已入泥中的钓饵团从淤泥中往上提动了一些，至少比不提竿要少入泥2~3厘米，因此，就减轻了淤泥掩盖的程度。

(二)重坠轻饵

坠子的重量大于饵团的重量。坠子在飞行中一直处于最前方，入水时自然是先落入水底，然后饵团才慢慢入水。铅坠入水后就已经降低了饵团的入水速度，也相应减少了惯力，所以饵团入水后不会“咚”地一下子被淤泥掩盖，即使被淤泥掩盖，也减轻了掩盖的程度。

(三)加小浮漂或泡沫塑料块

在铅坠的下方加一个小浮漂或泡沫塑料块。饵团入水后，由于浮漂有浮力，饵团就不会被淤泥掩盖，而是平躺在水底。不过，浮漂浮力的大小应与饵团的重量相匹配。

还可以在浮漂下拴两只钩，钩上挂饵。

图55-B是在两根线上加塑料细管，细塑料管的作用可以使两根线、钩分开(图55)。

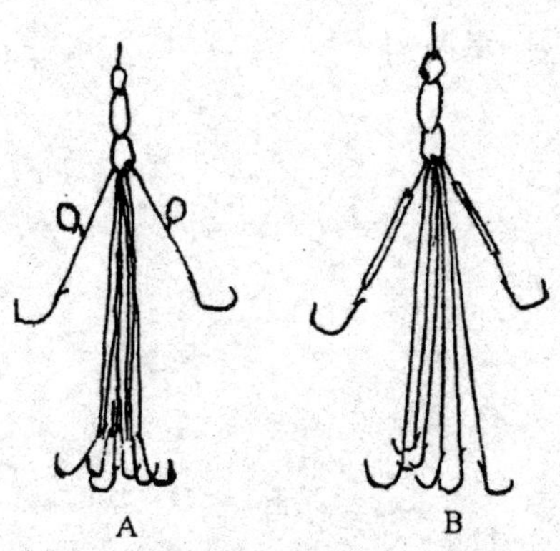

图 55　炸弹钩加泡沫塑料球

这两只钩的作用是：铒团入水沉底后可能落在淤泥中不易被鱼发现，但是上方的两只钩是容易被鱼发现的，因为有白色(或浅色)小圆球，这小圆球有浮力，可以使两只钩浮在水的下层或接近水底，钩上又有可供鱼吃的饵料，鱼很容易前来咬钩。

咬钩后有两种结果：一是这两只钩就挂住了鱼嘴，起到了钓鱼人想要的获鱼目的。同时，鱼在中钩挣扎时下面的炸弹钩也可能扎住鱼的身体的一些部位，这样鱼就被多只钩牢牢挂住，嘴中有钩，身上有钩，鱼就难以逃脱了。二是鱼在咬这两只钩时可能发现了钩下面的一片饵料，它们觉得咬这小钩上的钓饵太费事，不如下面的大片饵料，于是舍弃这钓饵去吞食下面的大饵料，就会被饵料中“埋伏”的多只钩刺中鱼嘴了。那么这上面的两只钩就起到了诱鱼上钩的作用了。

若是一时找不到塑料小圆球，又觉得绑泡沫塑料费事的话，就可以用图63中B的办法。具体方法是：从很细的电线上截取两段电线外面的细塑料管，管长约3~5厘米，脑线从管中穿过，一头绑钩，一头拴到联结环上就行了。这种方法的使用原理是：因塑料管是硬质的，脑线有了塑料管后也成了硬挺的，在水中不会陷入淤泥中，因此易被鱼发现。它起的作用同第一种小圆球的作用是一样的，既可直接使鱼中钩，也可以诱鱼吃炸弹钩，可谓是一举两得。

第九章

安全保健、修养

出发前应做好哪些准备

有经验的垂钓者，在出发前总是做好充分的、细心的准备，包括渔具、备用渔具、生活用具、食品的准备、交通工具的准备、垂钓地点的选择、了解气候情况等。

可制作一张卡片，将所有需要准备的物品分门别类的写在上面，准备时一一对照。钓罢鱼准备返回时再将用品对照卡片，看是否有遗失忘拿的。

(一)钓具的准备

出发前，将需用的钓具、饵料和其他物件检查一遍，防止遗漏。备用钓具包括钩、线、浮漂、铅皮、头节竿梢等。可准备一个备件盒，将小配件装入盒中，浮漂装进浮漂筒，避免被折断。备用钓线缠在钓线架上。备用竿梢十分重要，因水中的障碍物、塘边的树枝、电线或遇上大鱼而折断竿梢的现象是经常遇到的，应准备两根竿梢，一根配小钩，细线，一根配大钩，粗线，以便根据需要随时更换。

还应准备几种必不可少的小物件。如钳子(图56)、小剪刀、打火机等。

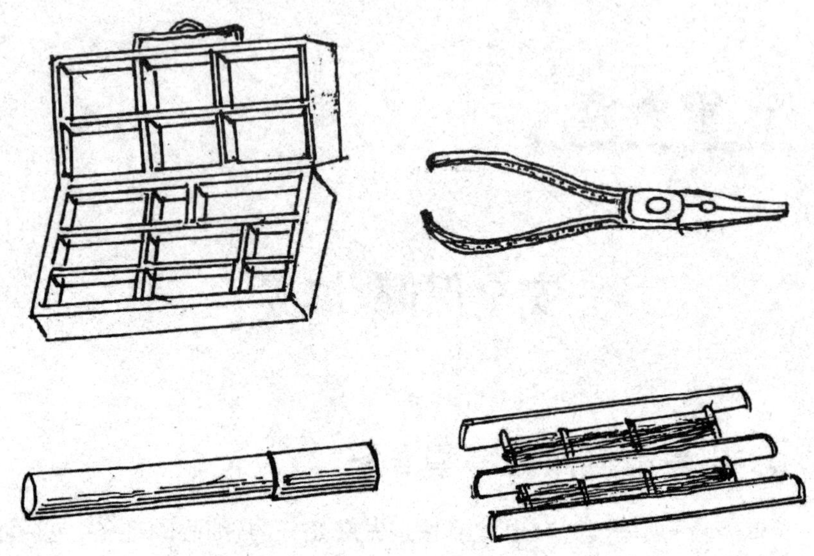

图 56

(二)生活用具的准备

外出钓鱼不可穿颜色鲜亮的衣服,忌穿红色、黄色服装,因为这些颜色被太阳光反射到水中后易被鱼发觉。应穿颜色灰暗的服装,如迷彩服。有多只口袋的马甲是许多钓友最喜欢穿的上衣,无袖,加之口袋多,给钓者带来许多方便。应穿旅游鞋或平底、软底鞋。

坐凳应选用既结实又轻便的,购买时不要图便宜。有一种铝管配帆布带的是很实用的坐凳。本凳的优点是价格便宜(图57),也很结实。

选用坐凳还应注意的是高度。这是钓友们最容易忽视的一个问题。坐凳的高度要与自己的身高相适应。坐下后两腿基本可以垂直,不能过度弯曲,否则会影响下肢的血液流通,但是,坐凳也不能过高,形成双脚离地的样子,这样也不安全。

年老的人可买带靠背的小折叠椅(图58)坐着舒适,可减轻疲劳。

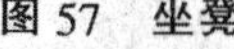

图 57　坐凳

图 58 可折叠的靠椅

渔具店出售一种较高级的浮漂盒。内衬有绒布，可装多支浮漂(图59–A)。

小铁铲也是必不可少的。因为池塘边的堤岸有时坑洼不平，放不稳坐凳，必须用小铲将坑洼处铲平(图59–B)。

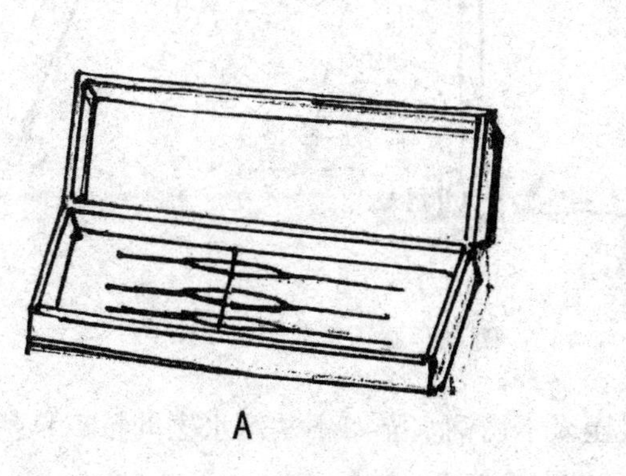

图 59

出外钓鱼,晴雨伞是必须携带的生活用品。尤其是夏天钓鱼,为了防止紫外线的照射,必须有晴雨伞。人的皮肤若长时间在强烈的太阳光下暴晒,有患皮肤病的可能,甚至患皮肤癌。有的人戴一顶草帽或太阳帽,只顾及了头部,而全身的其他部位裸露着,被太阳晒着,是不行的。晴雨伞既可以遮阳,又可以遮雨。渔具店出售的有一种晴雨伞是可以防止紫外线照射的,还配备有3个塑料楔子,把塑料楔子扎到地上,细尼龙绳上的挂钩挂到伞上,就可以防止风将雨伞吹歪吹倒(图60)。

图 60　晴雨伞

水壶可选作塑料壶或不锈钢水壶。不锈钢水壶的特点是冬天可以保温,壶盖取下来又可以当水杯(图61)。

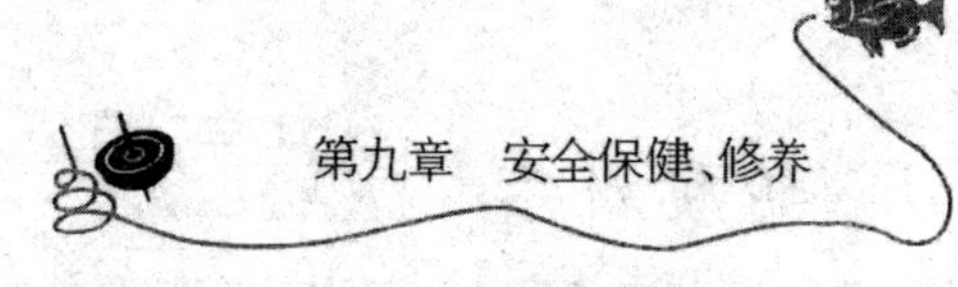

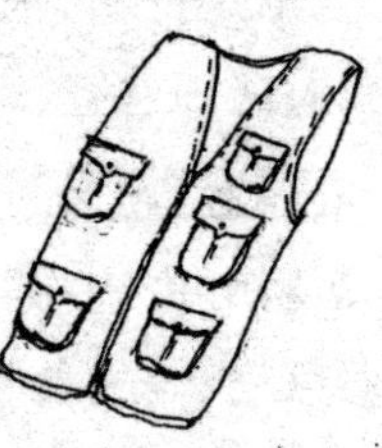

图 61

若老年人视力差，可买一个微型望远镜。戴上这种微型望远镜，观看水中几十米外的浮漂仿佛近在咫尺，看得十分清楚。此镜也适合用长竿长线在大水面的湖泊、水库钓鱼使用。

还应准备毛巾、通讯工具(手机)及食品、饮料。寒冷季节应带热水、热饭。因此，可用保温瓶装水，用小保温桶装食品。有条件的也可带只酒精炉。

可折叠的布质水桶(水盆)也是必不可少的(图62)。因为有些钓场的水位与堤岸落差很大，不易取水。所以必须用自己带的水桶取水，以调配饵料。桶里的水还可以洗手。

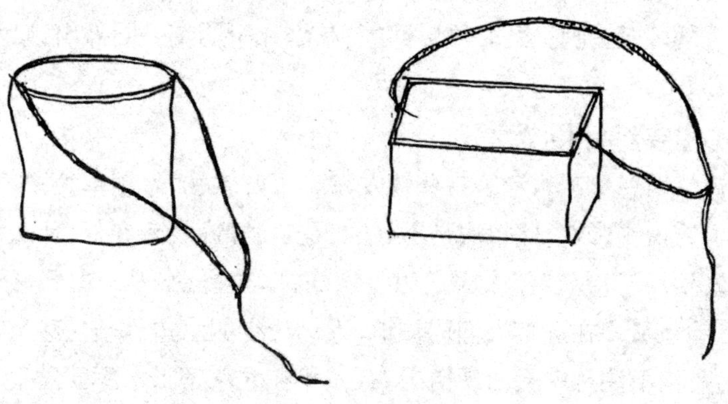

图 62　帆布水桶

若不是搭车、乘船，还要准备交通工具。无论是自行车，还是摩托车，都应仔细检查，打足气，最好带上几件修车工具。

(三)准备的各种饵料

饵料分为钓饵、诱饵。要准备湿料，也要准备备用的干料。如干小米、麦麸粉、饼粉及各种成品饵。也可准备一些添加剂，如香精、虾粉、中草药液等。

(四)保证充足的睡眠

有些钓者在垂钓的头天晚上一直处于兴奋状态，老在考虑怎么钓，窝打在何处，夜不能寐，而第二天又很劳累，长此以往会影响健康。为了能保证充足的睡眠，可吃些安眠药，镇静药。这个问题对青年人而言，尤为重要。年轻人觉得一天没休息好是小事，其实，对待身体的健康无小事，不能为了钓鱼而透支健康。任何时候都要养成有规律地生活的习惯。

为了能按时起床，可用手机、闹钟定时。

(五)与家人沟通

钓鱼，是一种娱乐活动，应与家人沟通。安排好家务事。要告诉妻子，去哪里钓鱼，晚上几时可以回家，和哪几个朋友一同外出，以便让家人放心。

(六)要结伴而行

钓鱼切忌单独行动。有些钓友发现了好钓场，总想单独去钓，恐怕人多了钓鱼受影响，此想法是不好的，是自私的。钓鱼在外，什么情况都可能发生，尤其是老年人大多患有疾病，单独行动，万一出现意外就麻烦了。钓鱼又多在远离人们居住地，人烟稀少的水边、岸边，甚至在悬崖峭壁旁，稍不注意就会出现情况。有一年在北京密云水库就发生一件钓鱼人被大鱼拉入水中，溺水死亡的事故。那位钓鱼人就是因为单独一人，钓住了一尾大鱼，拉不到岸边，他就把鱼线绕到腰上，鱼靠近岸后见

到人就极力往水中窜游，结果把钓鱼人也拉入水中。因此，出外钓鱼必须结伴而行。有了钓友，钓鱼时也不寂寞，一旦有了意外，也有人相助。

安全保健要做到"十防"

人们出外钓鱼的目的，主要是锻炼身体，怡情养性，当然希望能多钓一些鱼。安全保健问题绝不可忽视，只顾获鱼不顾安全是万万不可取的，因此，提醒钓友们出外钓鱼时应做到"十防"。

(一)防止雷电和触电

天有不测风云，气象万变。出外钓鱼可能遇到大雨倾盆、雷电交加的情况。这时一定要收竿避雨，立即离开钓场，到安全的地方或附近的住家户避雨，以防雷电。

有一位年轻人刚学会钓鱼，兴趣很浓，开着私家车，拿着新买的高级碳素竿去钓鱼。当他钓着大鱼后兴奋不已，手忙脚乱，扬竿时碳素竿触及了上空的高压电线，当即殒命。尽管钓鱼类的报章杂志经常刊登钓鱼时要远离电线的文章，但是因钓鱼竿触电的事仍然是年年都有发生，各地都有发现。有一家中心医院，几乎每年都收治几例因钓鱼而触电的病例。此问题千万不可忽视。只要发现头顶上空有电线，尤其是高压电线，无论下面的钓点多么好，都应断然离开，绝不可图侥幸。

(二)防缺吃少喝

很多钓鱼者在出发前对钓具准备得既充分又细致，反复检查，总怕遗漏了什么，但对生活必需品的准备往往不足。尤其是年轻人对吃喝不在乎，心想少吃一顿没关系，或者打算在钓场附近随便买点食品凑合一顿。爱抽烟者带足了烟，可是不带饮料。这些做法都欠妥。人的身体是大事，一日三餐定时定量是身体营养的需要，一顿也不能少。尤其是在炎热的夏季，饮料必须带足，以满足身体对水分的需求。出外钓鱼，消耗体力较大，所带食品应是富有营养的才好。

(三)防止暴晒

夏天出外钓鱼一定要带晴雨伞。晴雨伞遮阴的面积大,晴天可以遮阳光,雨天可以挡风雨。戴草帽、戴太阳帽只能适应阳光不太足的天气,否则是不行的。有的年轻人只穿短裤,是不好的,皮肤在阳光下暴晒时间长了不好,应穿长袖褂、长腿裤。

(四)防止毒蜂、毒蛇咬伤

有一次笔者在竹林、树丛边设钓位钓鱼,没能发现附近有一个马蜂窝,结果毒蜂乱飞,身上被咬伤了10多处,当时疼得钻心。好在钓场附近有一家诊所,而且有季德胜的蛇药。当即服了药,蜂毒才没发作,但当时疼得我钓不成鱼了,只好收竿回家,弄得我几天都不舒服。我从一篇文章中也见到钓友被毒蛇咬伤的事例。那位钓友是在水库扎营夜钓,夜间在草丛走动时被毒蛇咬伤,住了两家医院,经抢救才脱离生命危险,但是花了一万多元的药费, 真是得不偿失。所以出外钓鱼一定要多加小心,最好穿深腰运动鞋。驻钓时,夜晚不要去生疏之地,不要在杂草丛中、乱树林中穿行。扎帐篷时,可将周围的杂草树枝砍掉,清理干净。

(五)防止溺水

在野外钓鱼最大的危险就是溺水。这是因为钓鱼离不开水域,常在水边走。野钓时周边环境不安全,多有悬崖峭壁和湿地泥泞处。湿地泥泞处,表面多有水草覆盖,人们不易发觉,稍不注意,就会滑入水中,在取鱼、遛鱼时,人们只顾与鱼搏斗,往往容易忘掉脚下的湿地,容易跌倒落水。钓鱼人往往喜欢在悬崖陡坡处设钓位,因为这里走动的人少,比较安静,是鱼栖息的好地方,往往会有大鱼出现。但是,在这样的岸边垂钓存在着较大的事故隐患,稍不留神,就有可能跌到坡下或水中。这里的水通常较深,十分危险。尤其是在没有钓友陪同的情况下,万一出现落水现象,后果难以设想。有一年,笔者孤身一人去南湾水库钓鱼,山坡很陡,与水面有50°坡度,水色发黑,水深估计20米以上。中午时分,在不到20分钟的时间里，抛出去的4把绷钩全中鱼了，我当时弄得手忙脚乱，不知所措，我不会游泳，面对蓝黑色的深水，面对水中的庞然大物，我心慌得要命。鱼在水中时隐时现，不时激起一片大浪，我见那条大鱼露出水面的尾鳍足有30厘米宽，遛鱼时我的手指被钓线勒出了血。这时正好对面出现了一条小船，船上是位打鱼人，都是家乡人，彼此认识，是他帮我把大鱼用扎钩扎上了船。那天，我钓了4条大青鱼，总重量近50千克，其中最大的一条重达近20千克。此次钓鱼虽收获不小，但很长一段时间我还心存余悸。我出门时并未告诉家里人在哪个库汊钓鱼，又正值中午时分，我孤身一人，若落入水中，家里人是无法找到我的，我将永远葬身水库。从此以后，钓鱼时我再也不单独行动了，更不去危险的深水边垂钓了。

（六）防止趟水钓鱼

一些垂钓水域，在离岸不远处的水中有大石块，或者有小土包，有些垂钓者就下水趟过去，在石头或土包上设钓位。

有的是因为钓线钓钩被水中的障碍物挂住，为了钩线而下水，也有的是因为钩上的鱼窜到水中的乱树枝、草丛中间而下水取鱼。以上这些情况都易发生意想不到的事故。有篇文章提倡趟水钓鱼，但我不同意这种做法，水中的深浅有时难以预测，若落入水中怎么办?尤其是中老年人和不会游泳的钓者，千万别冒险趟水钓鱼。在水库、湖泊、河流中钓鱼时更应注意，因为这些水域水深，有的江河中还有急浪，所以绝不可为了一条鱼去冒生命危险。

（七）防止疲劳钓鱼

钓鱼由于时间长，活动量大，体力消耗较大，应适当注意休息。一是眼睛的休息，防止眼睛疲劳。每隔半小时应抬起头向远方有树阴的地方眺望几分钟。夏天最好戴墨镜，避免强阳光刺眼；二是每隔一段时间站起来活动活动手脚，促进体内的血液循环。三是坐凳不能太低，坐下后膝部不要过于弯曲，双腿能伸直为好。四是午饭后应当小憩，尤其是在夏天，应停止钓鱼，在树阴下或坐或躺一段时间，闭目养神。因为夏天的中午鱼也在休息，是很难钓到鱼的，何不去放松放松解除疲劳呢？钓鱼也得劳逸结合，有张有弛，疲劳钓鱼不可取。

（八）防止过量抽烟

抽烟有害健康，众人皆知。可是抽烟的人也不见减少。多数钓鱼人都爱抽烟是有其原因的，因为钓鱼时人感到格外寂寞无聊，以烟提神。有些钓友烟瘾特别大，一支接一支地抽，一天下来能抽一两包烟，这就不好了。尽管当时没什么异样的感觉，但过量吸烟肯定损害健康。希望这些钓友还是克制一些，少抽点烟为好。

（九）防止摸黑回家

无论是春季、夏季还是秋季，下午5时后是钓鱼的一个黄金时间段，鱼上钩快，天气凉爽，因此一些钓友舍不得离开钓场，直钓到天黑，方才收竿。从安全考虑还是应该早收竿，避免摸黑回家。尤其是骑自行车，骑摩托车的钓友更不应摸黑回家，以防止路途中出现交通事故。按时回家，也避免家里人担心。

（十）防止东西丢失

我的一位朋友去农村钓鱼，到了塘边后将钓具和食品放下就去另一边打窝子。待他打窝子回来，发现所带的食品、卤菜全没有了，可能是村庄的小孩拿光了，弄得他哭笑不得。还有位钓友也遇到这种情况，将鱼竿提包放在塘边去另一处打窝子，打完窝子回来后发现鱼竿没有了，问村庄的人都说不知道。显然他的钓竿被人偷走了。

出外钓鱼一定要防止这些情况的发生，有的人将食品随便往地上一放就去钓鱼了，村庄的狗、猪、鸡很容易来吃掉他的食品。有些高级钓竿、钓具配件也应妥善保管。最好是竿不离身，走到哪带到哪。即使中午休息也要将竿放到身边。

所骑的摩托车、电动车也要停放到可以看得见的地方，或掏点钱请人代管，千万不可粗心大意，也可以带个链子锁，将车锁到树干、电线杆上，以防丢失。

钓鱼人应具有人性、文明行为

先给大家讲一个小故事。

我国的一艘轮船远航到德国，停泊在汉堡港，一位海员在码头上溜达，见两位老人在钓鱼，热情的德国老人便邀请这位海员吃他们钓的鱼。那位女主人从车厢里取下炊具、煤油炉子，从鱼篓里抓出一条大鱼，这位海员要主动帮她宰鱼，就在他用刀欲砍鱼时，女主人慌忙喊道："STOP,STOP! "只见那老太太摇摇头，对海员说："鱼也是动物，不能太残忍了。在德国你这样宰鱼是违法的。"海员停下手，摇头表示不理解。老太太说："在德国是不能用刀砍鱼的，鱼也像我们人类一样有血有肉，活生生的，你用刀切它，有多疼呀! "海员止听着，就见老太太拿过一把小木槌，敲击鱼头，仅两三下，鱼就停止了挣扎，晕死过去。老太太才用刀刮鱼鳞，剖鱼腹。吃了两位老人烹制的鲜鱼后，这位海员深有感受。他在想，德国人吃鱼都要守规则，讲人道，崇尚纪律，真值得国人学习。

德国老人说用刀砍鱼是违法的(而不仅仅是错误的)，可见德国法律的健全性。此故事使我们很受启发，我们应该学习德国人的人道主义精神，在钓鱼活动中应遵循人性、文明的行为准则。

钓鱼人与鱼儿的关系就好比人类与大自然的关系，唇齿相依。鱼是一种动物，有血有肉，虽不会说话，但也知道疼痛与痛苦，也会"生儿育女，繁衍后代"。有文章指出，中国的鱼类资源的保护已到了"最危险的时候"。由于水土流失，城市的工业日用废水的污染，大型水利工程的增多，加之恶性捕捞，种种以追求眼前的经济效益为目的，置生态环境于不顾的行为，已经成为中国钓鱼人心中的忧患。野生的鳖、黄鳝几乎已绝迹了，河虾、野生鲫鱼也越来越少，一是因为很多河流湖泊断水，变成臭河、死河和死湖，二是这些稀少的鱼类资源没有得到法定的保护。有些钓鱼人在钓鱼时连最小的幼鱼也不放过，统统入护，也有些钓鱼人虽然有爱心，知道爱护鱼类资源，但缺乏科学的观念，不知道什么样的鱼不能钓，什么季节不要钓鱼，什么品种的鱼应得到保护，结果也办了蠢事。

在保护鱼类资源方面，我们应该向美国、加拿大等国家学习。在美国，与钓鱼相关的法律比较健全详细。这些法律有国家制定的，也有各个州制定的，是十分具体的。首先是“持证钓鱼”，也就是说，要想钓鱼必须持居住证明到指定的地方办钓鱼证，本地居民买证的费用多在10~20美元左右。外地居民要花20~30美元。如美国的新泽西州办一张钓鱼证是24美元。有了这张证可以在新泽西州钓鱼一年。若无证钓鱼，每次罚款达500美元。为了保护那些较为珍贵的、稀少的特殊鱼种，若在有这些鱼种的水域里垂钓，还必须另外购买标签或印花贴到钓鱼证上，即使你并没有钓到这种鱼也必须买标签或印花。各个州根据本地的情况还制定了十分具体的地方法规。例如，在什么季节只能钓什么鱼，不准钓某种尺寸以下的鱼，每天只准钓多少重量的鱼，当某一种鱼处于繁殖期时就禁止钓这种鱼，等等。垂钓者必须自觉遵守这些法律规定，其目的就是要保护鱼类资源。

加拿大，河流、湖泊比中国还要多，鱼类资源十分丰富，人均拥有的鱼类资源比我们要多得多，人们无论在任何水域都很容易钓到鱼。每年到加拿大旅游的人达数百万。人们在旅游观光中，钓鱼是其中的一项娱乐活动，观光钓鱼已经形成一个收益颇丰的产业。人们通过观光旅游无不赞叹该国鱼类资源的丰富和自然风光的美丽。加拿大被誉为世界上最适合人类居住的国家。这么美好的国家，这么丰富的鱼类资源与该国对环保和鱼类资源的保护的高度重视是分不开的。在加拿大，不允许在江河湖泊中张网捕鱼，钓鱼的法律规定非常具体。和美国一样，钓鱼必须花6加元买钓鱼执照，手续很简便，只需到渔具商店就可办理。店方将钓鱼人的申请寄到省自然资源局，经批准后该局给寄回正式钓鱼的卡。卡上写明钓者的姓名、性别、年龄、身高、体重，头发颜色和眼睛颜色等特征，以防止别人冒用。一张卡可用5年，但半年就必须交费。一年的费用15~25加元不等。交15元者，限制钓鱼的数量和种类。钓鱼人必须持卡钓鱼，经常会有人前来巡查。在常见鱼中，鲤鱼、草鱼、咽脂鱼可以随便钓，没有数量限制，对有些稀有鱼种，如鲑鱼、比目鱼，一次只能钓两条，长度必须在30厘米以上，不足这个尺寸的必须放回水中。放回水中时不能用脚踢或用单只手抛投，应该双手捧鱼，手到水边以礼相送，钓鱼规则还规定，不可使用有倒刺的鱼钩，为的是不给鱼带来痛苦。在鱼的繁殖期不能钓鱼，若钓了怀有鱼卵的鱼，罚款是相当严重的，是按鱼腹中的鱼卵的数量计算罚款，因为一个鱼卵就是一条幼鱼。因此，在加拿大钓鱼人是从来也不敢钓怀卵的鱼的。钓上来的鱼不能让其任意挣扎，取了钩后用木棒将鱼打晕。因为鱼中了钩后的挣扎说明鱼十分痛苦。

从以上两个国家的钓鱼法规中可以感觉到，制定法规者是将鱼当成一种有感情的动物对待，充满了人性和人道主义，对鱼像对待人一样尊重。

其实在我国古代，对钓鱼和捕鱼也有过明确的规定。孔子就曾提出“钓而不纲”。在《论语》中的《述而》篇里写着：“子钓而不纲，弋不射宿。”其意思是说“孔子钓鱼只有竿，不用网。”孔子在《家语》中写道，宓子贱治理单父三年，孔子使巫期去了解他的政绩，巫穿着老百姓的衣服进入单父境内，见渔人把捕到的鱼放归水中，就问：“凡捕鱼的人都是为了得到鱼，你怎么把抓到手的鱼放了？”捕鱼人说：“鱼大的叫鯈(音筹)，我们领导人喜欢它，鱼小的称为鱦(音绳)，我们的领导人要让它长大，所以我们捕到小鱼后都放了。”由此说明，在我国的古代就把保护鱼类资源作为施政的内容之一。之后的许多朝代也都延续了这一做法，《吕氏春秋》说，“竭泽而渔，岂不得鱼，而明年无鱼。”《淮南子》也说：“鱼不长尺寸不得取。”

改革开放以来，国家为了加强渔政管理，在大型湖泊和国有水面也实行了休渔和捕捞许可制度。如太湖从1990年起，每年从3月下旬至8月底实施休渔，在此期间，任何单位和个人均不得进入湖区进行捕捞作业。上个世纪90年代，国家又在南海休渔获得成功的基础上，将休渔范围扩大到东海和黄海。但是，截至目前，国家还没有制定与钓鱼相关的法律法规。但是我们绝不能因为没有钓鱼的法规，就用不文明、不人道的行为去钓鱼。法律只能起到约束和惩戒的作用，法律也得靠人遵守。只有在思想上充分认识不文明的钓鱼行为是不好的，用文明的人道的思想指导钓鱼行动，才是积极的健康的办法。

钓鱼人应首先了解钓鱼为了什么这个问题。如今靠钓鱼果腹的现象已不多了，这就是说，钓鱼的主要目的是为了亲近自然，怡养性情，强健体魄，钓鱼应是一种高尚的娱乐活动，有高尚就有文明，有文明就有人性、人道。有人性、人道，就少了粗俗野蛮。如果钓鱼人没有理智和爱心，不树立一种科学的生态观和可持续性发展战略，而是毫无节制地操伐每一条河流，每一片湖泊，每一个池塘，连一些小小的幼鱼都不放过，受害的最终又是谁呢?没有了鱼儿，又哪来钓鱼人呢?皮之不存，毛将焉附?

因此，我奉劝广大钓友要怀着爱心去钓鱼，用人性、文明精神指导钓鱼活动，对小鱼、怀卵的鱼手下留情。

钓鱼人要克服急躁情绪

一个人有什么样的性格，在处理事情上就是什么样的态度。俗话说，性急的人不能钓鱼，事实就是如此。他们在垂钓中耐不住等待，不能承受寂寞，表现在如下方面。

1.频频挪钓位

他们刚投下钓饵，就想浮漂马上会有反应，否则就立即提竿，看饵料是否脱钩。再次抛钩，若还不见浮漂动，就断定此处无鱼，于是又换一处垂钓。待半个小时无动静，又重新找新钓处。如此不断变换位置，仍然没钓到鱼。事实上，鱼上钩得一个过程，若是春末夏初，鱼上钩可能快些，若是初春或秋末，鱼上钩的时间肯定长。若是气象原因或饵料原因也会影响到鱼上钩的快慢。这时主要靠综合判断的能力和钓鱼经验是否丰富，若认为方法得当，池中又有鱼，肯定会钓到鱼，应耐心等待。若是“东一榔头，西一棒槌”，饵料投了不少，时间也过了半晌。仍然不会钓到鱼。钓鱼是磨性子，得有耐心。当然不能死守死等，若是一个小时了，仍不见浮漂沉浮，不妨先到别处试试，过一会儿再回来垂钓。

2.看到别人钓到鱼自己坐不住

同在一个塘口钓鱼，别人连连提竿连连获鱼，鱼护里鱼儿活蹦乱跳，自己的浮漂却纹丝不动，自己心里也乱蹦乱跳，沉不住气。事实上光急也没有用，还是应从自己方面找原因，看是否是饵料的问题，还是选位不当，然后采取相应的措施。

3.忽视下午的后3个小时

上午没钓到鱼，到下午3时了还未钓到鱼，于是心灰意冷，想草草收兵，准备扫兴而归。其实，下午3~6时(春、夏、秋季)是一天的第二个钓鱼最佳时段。有些塘因上午气温不断回升，到下午鱼儿才活跃，才四处游弋觅食。尤其是下午4~6时，更是钓鱼的黄金时间，其收获往往比上午还大。因此应安心垂钓，“既来之，则安之”。

4.四处乱跑，总是找不到好塘口

有些人外出到非养鱼塘钓鱼，若是对目的地不明确，对环境不了解的话，常常会乱跑乱投饵。由于缺乏钓鱼经验，不能判断塘中是否有鱼，于是先投放饵料试钓，若等了20~40分钟不见有鱼上钩，心里就想：这塘可能没鱼吧、别的塘可能比这个塘强。于是重新收拾钓具又翻山越岭，跨河越溪寻找新的钓点。去了以后又试试。不一会儿觉得不行，就又收拾家伙再寻找新地方，心中总认为前边的塘肯定会比这个塘强。就这样，半天时间跑了几口塘，饵料投了不少，路跑了不少，结果连个鱼鳞也没见着。教训是什么呢?是垂钓者的盲目性、缺乏垂钓经验造成的。这也是耐不住性子的表现。

钓鱼者应该发现自己个性上的毛病，不断在钓鱼实践中培养自己的耐性。这样，不但对钓鱼有好处，对日常生活和工作也有好处。

附:家常鱼菜谱

自己钓获的鲜鱼,再亲自烹制出几样风味独特的鱼菜,品尝时一定会有一种特别的兴致和感觉,现介绍三十余种家常鱼菜谱供钓友们参考。

(一)油泼鳊鱼

鳊鱼肉质细嫩,个头不大,大则一条装一个盘,小则2~3条装一个盘,用油泼法烹制鳊鱼,其味道格外鲜美。

主料:新鲜鳊鱼

配料:葱、姜

调料:酱油、糖、鸡精、胡椒、盐、油、醋、料酒。调料量的多少,根据鱼的大小,尤其是用油,以能浇住鱼的全身为准。

制作方法:

(1)锅里上水适量(可以淹住鱼身),把水烧开。

(2)鱼剖开、洗净,由头至尾从腹部剖开,仅脊背相连。

(3)将鱼放入开水中,肉变色即捞出。

(4)将鱼腹部朝下,脊背朝上,放入鱼盘中。

注意:此时鱼已扒开成两片,均贴近盘身。

(5)将酱油、料酒、糖、鸡精、胡椒、盐、醋混合成浓汁。

(6)锅内放油100~150克,油热后放入切碎的葱、姜,略炒片刻。然后放入混合的调料。

(7)待油烧热锅中起泡时,将油及调料趁热浇到鱼身上,浇匀即可。

此法烹制的鳊鱼格外鲜嫩,是笔者从一本杂志的一篇文章中学到的,曾做过多次,效果很好。

其他鱼(如鲫鱼、鲤鱼)也行,若是大鱼,切成小薄鱼块也可以。

(二)油酥小鱼

鲫鱼在水中呈金字塔形分布,也就是说,小鱼最多,大鱼较少。钓鱼人经常钓到许多每条不足50克的小鱼,尤其是小鲫鱼,有些塘中几乎全是这样的小鲫鱼。其实,这种小鲫鱼烹制成油酥的,特别好吃。现将笔者常用的烹制方法作一介绍。

主料:小鲫鱼

配料:葱、姜、淀粉、鸡蛋

调料:酱油、糖、鸡精、盐、醋、料酒等。

制作方法:

(1)将鱼剖洗干净,可掐去(或用剪刀剪去)鱼头。

(2)葱、姜切碎,撒到鱼盆里。

(3)将各种调料也倒进鱼盆。

(4)打1~2个鸡蛋,搅到鱼盆中。

(5)放入适量的淀粉,搅拌,挂住鱼身。

(6)锅内入油500克左右,用量根据鱼的多少酌情掌握,油烧热后将小鱼一条条地放入锅中,炸成金黄色出锅,一边放生鱼,一边取出炸好的鱼。待全部炸好后入盘即成又香又酥的油酥小鱼,非常可口,比吃大鱼块的感觉还美。

(三)酱鲫鱼(天津风味)

主料:鲫鱼(1条或多条)

配料:葱、姜、蒜、大料、酱油、糖、醋、料酒、盐、油(香油或猪油)。

制作方法:

(1)将鱼剖开、洗净、鱼身抹上料酒。若有绍兴酒更好。

(2)锅内放入油(至少500克),油热后把鱼放到锅里炸,炸熟,取出。

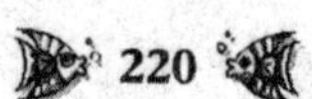

(3)倒出大量的油,仅留少许底油,以葱、姜、蒜、大料炝锅;再放入炸熟的鱼,稍后将醋、酱油、糖、料酒、面酱放入,若有高汤,对入高汤,否则用水也行,用小火烧到汁浓、味透,即可入盘。

(四)滑溜鱼片(杭州风味)

主料:鱼片(草鱼、鲢鱼均行)

配料:鸡蛋一个、淀粉适量、油、黄酒、盐、葱、蒜泥。

制作方法:

(1)将鱼剖洗干净,斩去头、尾。最好削去鱼皮,将鱼肉切成片,拭入蛋清、盐、淀粉。

(2)锅内放油,烧热,放入鱼片,使之互不粘连,待鱼肉炸熟后,捞出鱼片。

(3)锅内放少许油,将葱、蒜泥爆炒一下,放入鱼片,浇上黄酒(或料酒),将淀粉浆汁倒入,略翻炒出锅。

(五)氽鲫鱼(北京风味)

主料:鲫鱼(用量酌情)

配料:香菜(夏天用荆芥),猪油50克,鸡汤100克、盐、料酒、味精、香油、胡椒粉。

制作方法:

(1)将鱼剖洗干净,并在鱼身两侧斜刀切划,刀距约1厘米,不可切断骨头。

(2)香菜(或荆芥)洗净,切成小段。

(3)锅内加入鸡汤,放入鲫鱼,大火烧开,将50克猪油分次倒入锅中。因锅内的汤是沸的,油入锅很快与水相结合,成乳白色浓汤。待鲫鱼肉烂时,加入料酒、盐、味精、胡椒粉,然后倒入大碗或汤盆中。

(4)在盆中放入香菜(或荆芥),再淋些芝麻香油即可。

此汤肉嫩味鲜、香气扑鼻,尤其适合老年人、儿童食用。

(六)草鱼炖豆腐(上海风味)

主料:草鱼一条

配料:嫩水豆腐250克左右,青蒜辣椒、酱色、猪油30克,腌雪里蕻(或腌咸菜)20克、高汤300克、酱油、料酒、盐。

制作方法:

(1)将鱼剖洗干净,头、身、尾切成三段。

(2)雪里蕻洗净后切碎成小粒状。

(3)豆腐切成小方块,装入另一只碗内。

(4)青蒜切成1厘米长的段。

(5)锅烧热,放入15克猪油,待油热时,把鱼块和雪里蕻放入,接着加料油、酱油、辣椒、白糖、盐、高汤。

(6)汤菜煮沸后放入豆腐,待汤再烧开时用小火煨炖3~5分钟,然后放入青蒜和15克猪油即可。

草鱼炖豆腐肉嫩味鲜,冬季食用最好。

(七)苦瓜鲫鱼汤(上海风味)

主料:鲫鱼(1条、2条均行,总重量约500克)

配料:苦瓜(100克)、姜、葱白、料酒、香菇3~4个、盐、味精、油。

制作方法:

(1)将鱼剖洗干净。

(2)将苦瓜洗净、纵向剖开、去籽,再斜切成薄片。

(3)生姜、葱洗净、拍松。

(4)香菇洗净。若是干香菇需泡发,然后切成丝。

(5)开火、坐锅,锅内加一碗水,放进香菇丝,煮开后再放进鲫鱼和苦瓜,再放入姜、葱、料酒和盐。煮开2~3分钟后小火煨1~2分钟,盛入汤碗,加入香油、味精。夏季再加几片荆芥叶。

(八)糖醋鲤鱼(北京风味)

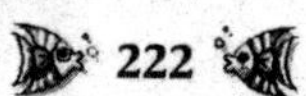

主料:鲤鱼一条(500克)

配料:糖、醋、酱油、淀粉、料酒、油(1000克,实耗100克)

制作方法:

(1)将鲤鱼剖洗干净,并抽去筋。抽筋方法:横刀切开靠近鱼尾的两侧,可以看到一条很细的血管。再在鳃后也横刀从两边各划一刀,这样鱼筋就划断了,然后拉住鱼筋从鱼身上抽出扔掉。因为鱼筋腥气很大,影响鱼味,所以要抽出。

(2)将淀粉加少量水调成糊状,涂满鱼身。

(3)锅内放油1000克,旺火,油熟后将挂了糊的鲤鱼入锅炸。

(4)把糖、醋、酱油、盐调成糖醋汁。

(5)待鱼炸熟、皮面焦黄时,捞出放入鱼盆。

(6)倒去其中大部分油,仅留底油30克,油热后把调料倒入,用勺搅,待汁浇热起泡时,浇在鱼身上,即成。

(九)焦酥鱼条(山东风味)

主料:鲜鱼300克(鲤鱼、草鱼、青鱼均可)

配料:姜、葱、味精、料酒、酱油、醋、香油、白糖、高汤、植物油500克(实耗50克)、面粉或淀粉50克

制作方法:

(1)将鱼剖洗干净后切成5厘米长,3厘米厚,3厘米宽的窄条,姜、蒜切成丝,葱切成长段。高汤、料酒、味精、酱油、糖、醋放入碗内,调成汁待用。

(2)把鱼条沾上干面粉,拌匀。

(3)锅内放油,烧到8成热时,将鱼条下锅,炸成金黄色取出。

(4)倒出锅中油,仅留30克,把葱、姜炒出香味,再放入炸好的鱼条,然后倒上调好的汁,翻炒片刻,淋上香油,盛入盘中。

此菜外酥里嫩,味香可口。

(十)蒸鱼蛋(福州风味)

主料:鱼(250克,鳊鱼、鲫鱼均可)

配料:鸡蛋2个、盐、葱、姜、料酒、白糖

制作方法:

(1)将鱼去鳞、鳃和内脏,洗干净,在鱼身上抹上盐,腌3个小时。

(2)葱、姜洗净,葱切成段,姜切成片。

(3)将腌好的鱼放入大碗,打入鸡蛋,然后放上葱、姜,倒入料酒,撒上白糖,再将鱼碗放入蒸锅,用大火蒸煮15分钟即成。

(十一)砂锅鱼头豆腐(杭州风味)

主料:鳙鱼鱼头(胖头),头大的只需半片,应带一段鱼肉

配料:嫩豆腐(水豆腐)500克、香菇、姜、蒜、白糖、料酒、酱油、味精、猪油(250克)

制作方法:

(1)鱼头洗净,去鳞去鳃。在鱼头背处切2刀,鳃盖处切1刀。

(2)在鱼头的里部涂上豆瓣酱,正面抹酱油。

(3)豆腐切成小块,放入开水中略煮,去腥味、收水分。

(4)炒锅内放入熟猪油,烧至8成热,放鱼头,煎成黄色,然后倒出多余的油,加入料酒、酱油、白糖略煮,并翻转鱼头然后加入水750克,再放入豆腐、水发香菇、姜、蒜,烧开后倒入砂锅,微火炖5分钟,然后中火烧2分钟,加入蒜、味精,再淋上少许熟猪油即成。若是冬天,也可用火锅置放餐桌上。

(十二)红焖老鳖(豫南风味)

主料:鳖1~2只(500~800克)

配料:大蒜、盐、酱油、葱、姜、味精、胡椒粉、红糖、骨头汤(500克),熟猪油500克(实耗100克)

制作方法:

(1)将鳖杀死、去头。杀鳖方法:把鳖放到一块木板上,背朝下,腹部朝上,鳖一定会伸长脖子抵板,意欲翻身,趁鳖露出头时用刀剁掉,鳖血应留在碗中。去鳖甲,然后剁成4厘米左右的小块。

(2)炒锅放入熟猪油,烧至8成热时,放入鳖块,至鳖肉变色时捞出。

(3)将姜、蒜入锅煸炒,加骨头汤、酱油、盐、味精烧开,再放鳖肉,加锅盖焖烧至汤稠。鳖肉焖烂时放入葱段,出锅前用水淀粉勾芡,淋入熟猪油适量,再撒些胡椒粉即可出锅入盘。

(十三)清蒸鳜鱼

主料:鳜鱼(500~800克)

配料:青椒(70克)、蛋清(3个)、姜丝、料酒、鲜汤、盐、味精、葱、湿淀粉、芝麻油

制作方法:

(1)剖鱼,并去鱼骨和鱼皮,切成3~5厘米长的鱼条,再片成薄片,放入盆中,加盐、味精、料酒腌。

(2)青椒切成3厘米宽、5厘米长的椒片。

(3)鸡蛋清与淀粉调成汁备用。

(4)将鱼片蘸上鸡蛋淀粉汁摆入盘中。也可摆成各种花样,蒸6分钟左右。

(5)炒锅置火上,加鲜汤、葱、姜、精盐、料酒烧开,撇去浮沫和葱、姜,加湿淀粉勾芡,再加芝麻香油,浇在蒸好的鱼身上即可。

摆盘时,鱼块可摆成牡丹花形状,用姜丝放入做花心,用青椒做绿叶,更增加了艺术气息。

(十四)烧鲇鱼(豫南风味)

主料:鲇鱼一条(800~1000克)

配料:水发玉兰片、水发木耳、红辣椒、猪五花肉(50克)、干淀粉、

盐、味精、蒜、葱丝、姜丝、酱油、白糖、醋、清汤、熟猪油(150克)、料酒

制作方法:

(1)将鱼剖洗干净,取出内脏。

用布沾开水洗净鱼身黏液、剁去头尾和鳍,用斜刀切成人字花纹,然后用盐、酒、葱丝、姜丝腌制。

(2)将玉兰片、猪五花肉切片,蒜瓣切片,红辣椒切段和木耳放入盘中。

(3)炒锅用旺火,添入熟猪油,烧至6成热,然后将鱼身上抹匀干淀粉,下锅煎至双面成黄色,出锅沥去油。

(4)锅内留油50克,烧热,放入蒜瓣片炒出香味,再下入猪五花肉片、玉兰片、木耳、红辣椒、盐、料酒、酱油、白糖、醋,再放入清汤。汤沸后,放鱼,再小火焖2分钟,加入味精,冬天加芫荽、夏天加荆芥。

(十五)橙汁脆鱼片(豫南风味)

主料:鱼一条(500~1000千克)

配料:酱油、盐、橙汁、糖、淀粉

制作方法:

(1)将鱼剖开,去内脏、鱼鳞,将鱼身切成连刀片,挂上粉芡。

(2)锅上油,油量根据鱼的大小而定,油烧热放鱼,将鱼炸至挺身微黄。

(3)将酱油、盐、橙汁(量要大些)调成汁。

(4)鱼出锅装盘,将调料汁浇到鱼身上。此鱼酸甜咸脆,十分可口。

(十六)霸王别姬

主料:活鳖1只(1000克),肥母鸡1只(约1.25公斤)

配料:冬笋100克、水发冬菇6只、花雕酒100克、葱节1个、生姜(拍松)1小块、精盐1.5克、味精1.5克。

制作方法:

(1)鳖背壳朝下放砧板上,当头探出伸长后,迅速用刀斩断颈骨,皮仍需连着,背壳朝下放入开水锅内,烫后捞出,用小刀刮去黑皮及腹部嫩皮,剔去头部气管、食管,斩去牙齿、脚趾,拆下背壳,挖净内脏,再下开水锅,肉变色捞出,洗净后装入汤盆内(腹部朝上)。冬笋刨成剑戟,冬菇菇面划几刀。

(2)肥母鸡去净毛桩、绒毛,洗净,沿脊背顺势(自尾至肩骨)剖开,切去鸡冠,斩去鸡尖嘴,挖出内脏、血块,洗净。

(3)将全鸡放入开水锅(约2大碗清水),烧开后转小火约煮5分钟,将鸡翻身再煮一下后取出,用清水将鸡身上血沫洗净。然后将鸡颈弯盘在脊背剖开的中间,翼尖弯盘在脊背处,鸡胸脯朝上放在鳖汤盆旁边,中间放上冬菇、冬笋花、葱节、姜块,倒入用细网筛过滤后的锅水,加上锅盖,上笼蒸约2小时,烂后取出,揭盖,除去葱姜,加盐、味精后原汤汁上桌。

此汤汤清、香味、醇厚,鲜而烂。

“霸王别姬”,是河南省信阳的一道名菜。信阳位于豫南,山清水秀,鳖是一大特产。鸡属土鸡,尤其是固始县的“三黄鸡”享誉全国。“霸王别姬”一菜多次在全省烹饪大赛中夺得金奖。

(十七)清蒸甲鱼

主料:甲鱼(1只,500克)、熟火腿(3片)、冬菇

辅料:猪板油、葱、绍酒、盐、味精、姜、鸡汤(100克)

制作方法:

(1)甲鱼仰放,待头伸出,迅速用手指掐住其颈,用力拉出,用刀齐背壳处割断颈骨,再将甲鱼身倒立排出血。然后放在盆里,倒入开水淹没,浸泡5分钟,见外壳泛起一层白衣,再放在冷水中,取出用刷子轻轻刷去背壳上的黑膜,再用小刀刮净裙边白膜和腹部腿上的黑膜,斩去尾

部和爪尖，随即仰放在砧板上，劈开肚壳，挖去内脏，再用水洗净，从头至尾斩成两片，每片切3块。

(2)甲鱼块放入锅里，加清水淹没，烧开后再焯2~3分钟，撇去血沫捞出，用清水洗去肚内黑污，沥干。取碗1只，以背朝下按原形扣在碗里，放上葱结、姜片、绍酒15克，上笼用旺火约蒸1.5小时至肉酥，取出，拣去葱结、姜片，翻扣在汤盆里，把火腿片平铺在甲鱼背上，再缀上猪板油丁、冬菇，加鸡清汤、味精、精盐、绍酒10克，再上笼蒸10分钟取出，及时上桌。

工艺关键：①加工甲鱼，注意保持裙边完整。②甲鱼先加葱姜料酒干蒸至熟烂，拣去葱姜，加汤后再蒸10分钟左右，肉质鲜美，又无腥味。

(十八)熘鱼片

主料：草鱼1条(1000克以上)

配料：胡萝卜片、青椒片各30克、盐、米醋、酱油适量。植物油30克，一个鸡蛋的蛋清、料酒、淀粉、葱、姜、蒜末。

制作方法：

1.鱼去头后，片成两片，去骨去皮，取中段肉约150克切成0.5~1厘米厚的片，再在鱼片中放入鸡蛋清、食盐、料酒和淀粉各适量，拌匀。

2.旺火起油锅，油四五成热时滑入鱼片。小心翻炒，至鱼片变成乳白色断生后，捞出。

3.锅内留底油，下入葱、姜、蒜末炒香，再下入胡萝卜片，水发木耳和青椒片，接着下入食盐、料酒，待菜炒熟后，下入鱼片，略翻即可。

(十九)软熘草鱼

主料：草鱼一条(700克左右)，粉丝

配料：葱、姜、盐、白糖、醋、料油

制作方法：

(1)将鱼剖洗干净，在鱼身上斜刀切成片。

(2)烧一锅开水(约2000毫升),将粉丝烫泡变软,捞出滤去水分,再放入少量香油,拌匀,放在大碗中热底铺开。

(3)然后在开水中放入葱、姜、盐,烧滚后淋少许料酒,再放入鱼片,改用中火烧煮1分钟左右,捞出、滤水,铺到粉丝上。

(4)锅内留少许水,加入白糖、醋,熬成汁,浇到鱼身,即可。

(二十)油炸草鱼段

主料:新鲜草鱼(1.5~2千克)、花生油(500克)

配料:葱末、姜末、五香粉(或十三香)30克、酱油、醋、啤酒、盐。

制作方法:

(1)鱼剖洗干净后,去头。将鱼身横切成1~1.5厘米的鱼段,放入盆内。加入全部佐料拌匀,腌4个小时。腌2小时后再拌一次。

(2)锅内放花生油,烧至8成热,把腌好的鱼段逐块下锅,炸成黄色,然后停火出锅,此法操作简单、省事,而且味美可口。

(二十一)鱼头木耳汤

主料:草鱼头(1个,约350克)

配料:水发木耳50克,冬瓜100克,油菜50克,猪油100克,葱段10克,姜片10克,细盐、白糖15克,味精5克,胡椒粉1克,黄酒50克。

制作方法:

(1)鱼头刮净、剜去鳃片,颈肉两面划两刀,放入盆内抹上细盐,冬瓜切片,油菜择好。

(2)锅烧热,加少许油滑锅,放猪油100克,将鱼头沿锅边下煎,至两面黄时烹料酒,盖盖略焖,加白糖、细盐、葱段、姜片、清水,旺火烧滚,盖上锅盖,用小火　20分钟。待鱼眼凸起,鱼皮起皱纹,汤汁呈乳白色而浓稠时,放冬瓜、木耳、油菜、胡椒粉、味精,烧滚后即成。

此汤鲜嫩浓香,属上海风味。

（二十二）红烧鲤鱼（北京风味）

主料：整条鲤鱼（500克）

配料：油75克，酱油50克，糖25克，醋10克，味精10克，料酒25克，玉兰片25克，肥肉片50克，湿淀粉15克，葱、姜各少许，高汤500克，明油少许

制作方法：

（1）将鱼去鳞，开膛取出内脏，挖掉鱼鳃，用清水洗净，在中部两侧各划七道斜刀口，并将玉兰片、肉、姜切成薄片，葱切成3厘米长的段。

（2）锅内放入油750克，放在旺火上，油热时把鱼放入锅内，炸至能挺住身并呈黄色时捞出。倒去锅中的油，仅留底油25克，将肉片煸炒成半熟，再加入料酒、玉兰片、酱油、糖、醋、葱、姜、味精，煸炒后加入高汤500克，用勺搅均匀，放进炸好的鱼，烧10分钟后取出来装入鱼盘。

（3）锅放火上，加入淀粉，搅好勾芡，并淋上香油，烧在鱼身上即成。

（二十三）干烧鲤鱼（北京风味）

主料：鲤鱼（500克）

配料：糖15克，醋10克，盐10克，豆瓣辣酱20克，油100克，料酒25克，笋丁20克，肥猪肉丁250克，香菇丁5克，味精10克，葱、姜、蒜适量

制作方法：

（1）将鱼去鳞、去鳃，开膛取出五脏，洗净，在中部两侧各划上斜刀口。

（2）锅内放入油在旺火上烧热，把鱼放入，炸至鱼身发挺，两面都呈黄色，捞出。

（3）倒去锅中的油，仅留底油25克，把肉丁煸至半熟，再加入料酒、豆瓣辣酱、笋丁，炒几下再放入糖、醋、味精、葱、姜，并放入高汤250克，搅匀。

(4)把鱼放入锅内,盖好盖,移到微火上烧5分钟,使汁液全部渗入体内,出锅入盘即成。

汤汁必须烧干,但不能焦底。此种做法,也适合于烧黄花鱼和鲫鱼。

(二十四)糖熘鲤鱼

主料:鲤鱼(1000克)、花生油(200克)

配料:葱、姜、蒜、酱油、淀粉、醋、白糖30克、清汤100克

制作方法:

(1)将鲤鱼刮净鱼鳞,掏净鱼鳃,内脏冲洗干净,沥净水分,在鱼的两面从鱼头至尾,每隔3厘米用坡刀贴背骨打成花刀,最后在头顶竖砍一刀,放在大盘内,加上酱油、湿淀粉。

(2)另用一只空碗放入酱油、醋、湿淀粉、清汤,兑成汤汁。炒锅放旺火上,加入花生油,烧至7成热,将鱼炸至金黄色时沥油,将鱼推到锅的一边。

(3)炒锅留少量油,先放葱丝、姜丝、蒜片,再放白糖,将碗内汤汁倒入锅,旺火烧开后,将鱼拨入汤汁,两面翻转爆汁后,将锅端离火眼,把鱼盛入盘内。炒锅内汤汁再上火,淋上鸡油,待汁爆出油花,浇遍鱼身即成。

(二十五)阳朔啤酒鱼

“游桂林,游漓江,逛阳朔,第一顿一定要吃啤酒鱼。”这是人们到桂林旅游后,经常可以听到的一句话,啤酒鱼成了阳朔旖旎风光中的一道亮丽的风景线。

阳朔啤酒鱼是从漓江捕上来的活鱼,有鲤鱼、草鱼、鲇鱼、桂鱼,也就是说,这些鱼都可烹饪成啤酒鱼。

我们不妨在其他地方用当地的这些鱼, 按照啤酒鱼的做法, 做成“仿制品”也未尝不可。阳朔啤酒鱼的做法是独特的,味道鲜美,读者朋友可以试做。

主料：鲤鱼（或草鱼、鲇鱼、桂鱼）一条。

配料：油（1000克，实耗200克）、啤酒（500~1000克）、青辣椒、西红柿块、姜、葱、盐、桂皮

制作方法：

（1）将鱼开膛破肚一剖两半，每半边斜刀至骨，两片并不敷料。撒上姜丝、桂皮填肚、抹盐。

（2）锅内倒油，烧热至8成，放入鱼，炸至双面金黄。倒出油，留底油，再倒入啤酒和酱油，啤酒尽量淹住鱼身，撒上青辣椒、葱段，盖锅盖小火焖，鱼菜皆熟，然后加入西红柿块。三分钟后出锅，装入大盘。

桌上先放火锅，火锅上面坐瓦盆，瓦盆里有热水。鱼盘再坐到瓦盆上。这种配置的好处是鱼盘受热均匀，热气腾腾，从而使盘内鱼味更为香浓。火可大可小，也就是说，鱼盘的热度可灵活控制。食客可根据当时的气温而使鱼盘的食温可高可低。与吃四川火锅是不一样的。

（二十六）红焖鲤鱼

主料：鲤鱼（750克左右）、辣酱（100克）、油（500克）

配料：醋、糖、料酒、葱、姜、花椒、干辣椒、盐、白酒

制作方法：

（1）鲤鱼剖洗干净，斜切数刀，放入盘中。

（2）锅内放油500克，烧至6成热，鱼入油锅，炸成金黄色。

（3）倒出油，锅内放汤，汤要浸住鱼，再放入干辣椒、辣酱、花椒、白酒、糖、味精、蒜片、姜片、葱。大火烧开，再小火炖半小时，收汁后将鱼装盘，锅内的汤汁中加湿淀粉勾芡，然后浇在鱼身上即可。

（二十七）焦酥罗非鱼

主料：小罗非鱼（10条）

配料：料酒、白糖、姜片、醋、酱油、葱、芝麻油

制作方法:

(1)将罗非鱼刮鳞去鳃、鳍、内脏,洗净,沥干水分待用。葱去根洗净。

(2)在砂锅底垫衬竹箅子,铺上一层香葱,然后将罗非鱼腹向上,头向锅边排满一圈后,鱼上再放一层香葱,葱面上再如前法排一层罗非鱼。排齐后,加入绍酒、香醋、酱油、白糖、姜片,放旺火上烧沸后,撇去浮沫,取一只大圆盘压在鱼上,盖紧锅盖,用微火焖约2小时左右,待鱼骨酥透,卤汁将要稠浓,再加入芝麻油,待汤汁呈黏胶状时,带汁装盘即成。

工艺关键:①烹制酥罗非鱼需选用鲜活小罗非鱼,每条约50克左右。即清人曹寅诗中所谓“雀目新燔二寸鱼。”;②烹制时必须加醋,用小火焖,才能使成品原形完整,鱼骨酥化。

(二十八)烧鳊鱼

主料:鳊鱼(1条,600克左右)、熟五花肉(50克)、笋片、冬菇片

配料:葱、蒜、白糖、味精、盐、醋、酱油、姜、料酒、辣椒丝、鸡汤(250克)、熟猪油、芝麻油

制作方法:

(1)将鳊鱼洗净,两面剞上十字花刀。

(2)炒锅置旺火上,下入熟猪油,烧至7成热,放入鳊鱼煎成两面黄色,然后烹入黄酒、姜末、酱油、辣椒末、白糖、鸡汤、精盐、冬笋片、冬菇片,待汤沸后转入文火㸆15分钟。用手勺略转动一下,待鱼眼凸出时,加入味精,待汤汁浓稠时,淋上香醋、芝麻油,撒上胡椒粉、葱段即成。

工艺关键:大火烧沸,小火慢㸆,见鱼目凸出,即已熟透入味,收浓汤汁,最后加味精,淋人香醋、芝麻油,撒上胡椒粉、葱段上桌。

(二十九)椒醋鳊鱼汤

主料:鳊鱼(1条,750克)

配料:冬笋50克,水发黑木耳25克,黄酒25克,香醋25克,胡椒粉2.5克,葱节1个,生姜5片,精盐1.5克,味精0.5克,香菜末20克,生菜油50克

制作方法:

(1)鳊鱼去鳞、剖肚、去鳃,洗净,两面刻上翻花刀,冬笋切成长方薄片,黑木耳洗净,撕成小朵。

(2)烧热锅,放入生菜油烧至5成热,投入鳊鱼,两面稍煎一下,加入黄酒、葱节、生姜片、清水750克、笋片、黑木耳,烧开后加盖,用中小火煨烧约半小时,揭盖拣去葱姜,投入盐、味精、香醋、胡椒粉,烧开后起锅装入汤碗内,撒上香菜末即成。

此汤乳黄色,鱼肉嫩鲜,酸辣味香。

(三十)火腿鳊鱼汤

主料:鳊鱼(750克)

配料:金华火腿50克,黄酒20克,葱节1个,生姜1小块拍松,精盐3克,味精2.5克,生菜油50克

制作方法:

(1)鳊鱼刮去鳞、剖肚、去鳃洗净,两面刻上柳叶花刀,火腿切成薄片。

(2)锅置火上烧热,放入生菜油烧至5成热,投入鳊鱼两面稍煎一下,加入黄酒、葱节、姜块、清水750克、金华火腿片,烧开后加盖,用小火煨烧约半小时,揭盖拣去葱姜,投入盐、味精起锅,装入汤碗内即可。

此汤清色,鱼鲜香,味浓醇。

(三十一)鲫鱼松

主料:小鲫鱼(50~100克)数条、油。

配料:姜片、醋、料酒、白糖、花椒、八角、鸡精、葱白。

制作方法:

(1)将鱼择洗干净,用盐腌。

(2)锅内放油适量,油烧开后,将鱼逐条放入,轻轻炸一下,捞出控油。

(3)高压锅底铺一层葱白,把炸过的鱼一条条摆齐摆满,然后在鱼上面再铺一层葱白,再码一层鱼,放入各种作料,加入一小碗汤或清水。用大火蒸5分钟左右,再用文火蒸15分钟。停火。

蒸后的小鲫鱼已成鱼松。鱼刺、鱼骨已酥软,可吃。

(三十二)清蒸翘嘴鲌

主料:翘嘴鲌(800~1 000克)、肥猪肉(50克)

配料:玉兰片(水发)、火腿、冬菇(各25克)、味精、料酒、葱、猪油、盐、姜、鸡汤(300克)

制作方法:

(1)将鱼去鳞、鳃、内脏,清水洗净,在开水中稍烫,用凉水冲凉,刮净黑皮,两面刻上斜刀口,摆在盘内。

(2)把猪肥膘肉切成1寸长的木梳花刀片,玉兰片、火腿、油菜切成长薄片,冬菇切两半,分别摆在鱼身上。撒上精盐、味精、料酒,放上葱姜块,添上鸡汤、猪油。

(3)蒸锅上气后,把鱼放入,蒸20分钟。熟后取出葱姜块。将鱼摆入盘内,把汤调好口味,浇在鱼身上。

(4)食用时,加姜末和醋。

(三十三)泥鳅钻豆腐

主料:泥鳅500克(小泥鳅最好),水豆腐1 000克。

配料:水油、姜丝、蒜瓣、红辣椒、葱、鸡精

制作方法:

(1)把活泥鳅放入清水盆中养2~3天,使泥鳅将肚内的泥、杂物吐尽、以清洁肠肚。

(2)将锅烧热,放入适量水油、姜丝、蒜,加水和食盐,再放入泥鳅和

豆腐，后用小火慢炖。水温慢慢升高，而豆腐里面还是凉的，所以泥鳅就会往豆腐里面钻，水烧开后，泥鳅在豆腐中也会被炖烂了。这时再放入红辣椒、葱段、鸡精。

泥鳅性甘味平、肉质细嫩，有解毒养颜之作用，而且含有丰富的蛋白质、维生素、钙、脂肪，而豆腐则是高蛋白食品，多吃此菜有益于身体健康。

(三十四)鳝鱼粉丝汤

主料：熟鳝鱼肉(250克)、鳝鱼骨清汤(1500克)、细粉丝(75克)

配料：盐(适量)、味精、白胡椒粉、黄酒适量

制作方法：

(1)将细粉丝用开水泡软后捞起。锅上火，放入一半鳝鱼骨清汤，烧沸后，将细粉丝放入烫透，捞出，装入砂锅。将鳝鱼肉也放入略烫，捞出，放人沙锅。

(2)另取一只锅上火，放入另一半鳝鱼骨清汤，烧沸后，加精盐、味精、黄酒略烧，倒入砂锅中，撒上白胡椒粉即成。

此汤汁醇清，鳝肉鲜嫩，粉丝滑爽绵软。

(三十五)绣球鳝鱼

主料：粗活鳝鱼(500克)、青鱼肉(或草鱼肉150克)、熟火腿丝(25克)、木耳丝(水发25克)、鸡蛋皮(25克)、绿菜叶丝(25克)、鸡蛋清(2个)

配料：味精、黄酒、葱、姜、白胡椒粉、淀粉、鲜鱼清汤(750克)

制作方法：

(1)鳝鱼宰杀，剖腹去内脏、去骨、去皮，入清水漂洗干净，与青鱼肉分别刮成茸，再分别放入碗中，各加黄酒、葱姜汁、精盐、味精、鸡蛋清、淀粉搅和上劲，将两种茸混合在一起待用。

(2)将熟火腿丝、熟鸡脯丝、木耳丝、蛋皮丝、绿菜叶丝混合在一起，放入盘中，铺散，用手将鳝魚茸挤成球状入盘中滚上各种丝，如此依次

做完。

(3)取大盘1只,里面抹上一层猪油,将滚上五色丝的鱼球逐个放入盘中,上笼蒸熟取出,放入大汤碗中。

(4)炒锅上火,放入鳝鱼清汤,加精盐,倒入大汤碗中,撒上胡椒粉。

此菜五彩纷呈,汤清汁鲜,滑嫩可口。

(三十六)干煸鳝鱼(重庆风味)

主料:鳝鱼500克

配料:菜油100克,豆瓣60克,酱油、醋适量,花椒粉适量料,酒25克,白糖适量,葱切成短节,芹菜100克,姜、大蒜切成小片。

制作方法:

(1)鳝鱼杀后去骨、去内脏、头尾,用干布抹净,切成约5厘米长的段。

(2)用旺火烧锅,下油烧至9分热,将鳝鱼下锅,反复煸炒,至8成熟时,放入豆瓣、酒、酱油、白糖、姜片、蒜片,葱段和芹菜等,再煸炒一会儿,浇少许清水,再煸炒,待水将干收汁时,淋上醋,起锅,入盘。再撒上一些花椒粉。

(三十七)红烧乌鳢

主料:活乌鳢(1条,800克)

配料:姜、料酒、盐、白糖、猪油(熟100克)、葱、酱油、醋

制作方法:

(1)将鱼去鳞,剪去鱼鳃、鳍,在背脊处从头至尾剖开,除内脏,留鱼肠,将鱼肠剪剖洗净,用刀在鱼肠上轻轻斩几刀。

(2)将鱼用清水洗净,出清脊椎骨,从鱼尾处用刀斜片,刀距约为七分左右,两片刀缝呈“八”字形。

(3)将锅置旺火上,舀入熟猪油125克,烧至5成热时,投入姜片、蒜段炸香,将鱼和鱼肠放入锅中,鱼肉朝下,鱼肠放在鱼下面,使鱼身膨

空，放入绍酒、精盐、酱油、白糖和清水，烧沸后，移小火烧约1小时，再移回旺火收浓汤汁，烹入香醋，淋上熟猪油25克即成。装盘时，鱼肉朝上，片片竖立，鱼肠放在鱼肉中间，卤汁浇在上面。

（以上菜谱是作者长期从报纸杂志上收集的，其中一部分是作者采访本地的厨师而记录整理的。由于出处较多，未能一一注明，敬请相关作者原谅。笔者在这里表示歉意。）